UP
Collection

新装版

子どもの「自己」の発達

柏木惠子

東京大学出版会

UP Collection

Development of "Self" in Childhood

Keiko KASHIWAGI

University of Tokyo Press, 1983 & 2015
ISBN 978-4-13-006529-0

目次

序　問題の所在と関心 …………………………………………………………… 1

第1部　"自己"の認識の諸相とその発達 ……………………………………… 11
―― 認識の対象として"自己"はどのような形であらわれ、また展開してゆくか ――

第1章　"自己"の存在の発見 …………………………………………………… 14

1. 自・他領域の未分化から分化へ ……………………………………… 14
2. 身体的自己の発見 ……………………………………………………… 16
3. 感覚運動的活動による"自己"の明確化・対象化 ………………… 17
4. "永続性"の理解――モノ、ヒト、自己の永続性 ………………… 20
5. 母親の応答性と"ヒトの永続性"の発達 …………………………… 23
6. 他者としての母親――自分と対立する母親の存在 ………………… 25
7. 鏡に映った"自己"の像の認知 ……………………………………… 26
8. 他者から知る自己の存在 ……………………………………………… 33
9. "自己"領域の広がり ………………………………………………… 35

i　目　次

10 反抗という自己主張と所有意識 ………………………………………… 39

第2章 自己についての認識（自己概念）の成立と展開

1 "自己"の内容の多様化と分化 ……………………………………… 42
2 "自己"の把握の明確化——安定した自己概念へ ………………… 48
3 他者についての認識の分化 ………………………………………… 50
4 社会的空間・対人関係の広がりと自己 …………………………… 54
5 個人空間の成立と分化——自己の領域の主張 …………………… 59
6 他者を知ることの意味——自己を見る"ものさし"を得る ……… 63
7 他者認知と自己認知はどちらが容易か・先か …………………… 64
8 他者を知ることのもう一つの意味——自己をみる"角度"を得る … 70
9 自己の客観化——自己評価と他者からの評価との関係 ………… 74
10 自己開放性——自我の硬さ・やわらかさ ………………………… 76

第3章 自己についての評価・感情・信念

1 即事的認識から価値的・感情的認識へ …………………………… 79
2 自己についての時間的展望——過去・現在・未来の自己 ……… 81
3 現実の自己と理想の自己 …………………………………………… 85

第2部 自己の行動統制（制御）機能の諸相とその発達

第1章 行動における "自己" の働きへの関心

1 "自己" 認識研究における適応と行動 ……………………………… 130
2 "自己" の機能へのもう一つのアプローチ ………………………… 130
3 行動の決定因としての "自己" への関心 …………………………… 131
4 快楽原理による行動とよらない行動 ………………………………… 138
5 始動（開発）と制止（抑制）——自己統制の二つの方向 ………… 142

4 適応の指標としての現実と理想の自己概念のズレ ……………………… 88
5 自己受容と適応をめぐる諸問題 …………………………………………… 89
  自己受容に影響する諸要因 97／適応と自己受容 100
6 女性における自己受容と適応 ……………………………………………… 103
7 発達初期の自己への信頼 …………………………………………………… 109
8 自己についての信念・理論としての "因果帰属" ……………………… 114
  子どもにおける "因果帰属" 117／因果帰属と人格特性との関連 120
9 自己評価の構造とその発達 ………………………………………………… 124

iii 目　次

第2章　行動制止機能の発達

I 外罰の内在化の過程

1 罰の機能 ……………………………………………………………… 145

　罰の強さ・きびしさの効果 146／罰のタイミングの効果 148／罰の理由づけの意味 150

2 罰の回避から罰の内在化へ ………………………………………… 152
3 罰の内在化（認知的自己統制）を促す条件 ……………………… 154
4 賞の除去・剝奪——もう一つの罰の効果 ………………………… 155
5 消去抵抗の強さとしての罰の内在化 ……………………………… 157
6 罰の基準の一般化——内在化のもう一つの条件 ………………… 161
7 自己概念とのかかわり ……………………………………………… 164
8 罰の内在化における"関係"の重要性 …………………………… 164

II フラストレーションと耐性の問題

1 フロイトの防衛機制 ………………………………………………… 166
2 フラストレーションへの反応様式 ………………………………… 167
3 フラストレーション耐性とその形成 ……………………………… 167
4 学習された無力感——フラストレーション耐性の欠如 ………… 169 171

目　次　iv

III 言語の行動統制

1 運動反応の統制 …………………………………………………… 176

　他者の言語命令による行動統制と自分の言語による行動統制 178／外計から内言へ 179／行動制止の難しさ 183

2 社会的行動の制止・抑制 …………………………………………… 186

3 誘惑抵抗を強める言語の働き ……………………………………… 188

4 言語の制止機能と始発機能 ………………………………………… 189

　制止の学習をめぐる諸条件 192／情緒・感情と制止 194

IV 認知的抑制 ………………………………………………………… 195

1 認知的抑制——認知スタイルの発達 ……………………………… 195

2 認知的抑制と他の制止行動との対応 ……………………………… 198

3 制止・抑制の基礎としての言語的媒介 …………………………… 200

4 抑制・制止を促す社会的・文化的背景 …………………………… 203

第3章　能動的・自律的行動とその発達 ………………………… 205

1 遅延強化（報酬）耐性——行動の自律性の一つのあらわれ …… 206

2 遅延強化耐性を支えているもの……行動を持続する力——消去抵抗の強さ…… 209

3 自己指示過程(言語の行動統制機能)の発達…… 213

4 遅延強化耐性と文化…… 216

5 未来への時間的展望をもつこと・もてること 219

6 自己達成基準の設定…… 221

7 自己評価から自己強化へ 224 ／自己統制システムのモデル 231

8 自己強化の形成と機能…… 232
反応維持機能をもつ自己強化 233 ／自己強化は消去抵抗を大きくする 234 ／自己強化は新しい反応も形成させる 237 ／自己強化機能の個人差 240

9 強制から自制へ(他罰から自罰へ)——罰の自己強化機能…… 245

10 向社会的行動——快楽原理によらぬ積極的・能動的行動…… 250

11 向社会的行動を支えるもの——共感性とそのルーツ…… 255

12 向社会的行動の発達とその先行条件…… 257

13 向社会的行動の構造——その一貫性と一般性…… 261

14 原因帰属と向社会的行動…… 266

15 自己の認識と行動の自己統制…… 271

目　次　vi

第3部 自己と文化についての断章

第1章 自己と文化の交叉する諸相
1 否定的自己認識 ………………………………… 281
2 自己認識の強さ・弱さ——自・他の分化・対立の度合い ………………………………… 285
3 課題志向的・抑制的傾向 ………………………………… 288
4 集団志向——他者との親和への志向 ………………………………… 290

第2章 "自己" の発達をとりまく文化・価値
1 同調——自己決定 ………………………………… 291
2 秩序と目標志向性 ………………………………… 294
3 自律をめぐる文化・宗教的背景 ………………………………… 294
4 規律のきびしさ ………………………………… 296

第3章 社会の規範・価値を媒介する教育風土・育児文化
1 親子（とくに母子）間の強い絆と小さい心理的距離 ………………………………… 297

15 認識と行動——行動統制の発達とメタ認知 ………………………………… 272
16 認識と行動との関係——行動を左右する認識の要因 ………………………………… 277

298 301 301

2　しつけの担い手
3　課題志向を推進する学校文化
4　協調、画一性を促す学校風土

引用文献　305
参考文献　307
新装版あとがき
あとがき　311

序　問題の所在と関心

　「"自分"とは何だろうか？」「"私"の存在の意味は、一体どこにあるのか？」「自分に何ができるのか？」「自分は何をしているのだろうか？」――こうした"自己"への関心や問いは、人間誰しもが一度は抱くものにちがいない。

　この自己への関心は、人間を対象とする学問や芸術の中でも古くから大きなテーマとなってきた。たとえばホメロスの詩に、アリストテレスの人間の霊魂に関する論の中に、人間の本性への問い、自我や自己の特質についての考察や思念が披瀝され、以来、"己を知る"ことへのあくなき願いと試みは、東西の哲学、文学そのほかさまざまな領域で展開されつづけられている。

　人間の心の学問とされる心理学では、"自己"の問題はどのように扱われてきたのだろうか。今日の心理学が生まれてからざっと一〇〇年、他の学問に比べれば、その歴史は長くはない。しかし、どのような視点から、何を対象とし、どのような方法論によって、"人間の心理"や"自己"に迫るかの試みは、その歴史の短さに比してさまざまな揺れ動きを経、相異なる立場を生みながら今日に至っていて、あとからたどる私たちにとって、むしろ曲りくねった長い道に見える。その短くも長い心理学の歴史の中で、"自己"の問題は、端的にいって中心的な研究対象ではありえなかった。そこにはワトソ

1

ンに始まる行動主義心理学の大きな影響がある。行動とそれを生起させる外的条件（刺激）間の法則関係を明らかにしようとした行動主義では、客観的に外から観察・測定しうる行動に研究の焦点がおかれていたので、行動者の意識や自己は研究対象の圏外にあった。

今日、心理学は、心の学問というよりは、行動の科学とされる。それは、ワトソンに始まる行動主義が、細部の理論や方法論の上でいくつかの修正、展開を果たしたとはいえ、基本的には"行動から"人間の解明に迫ろうとする点で、長いこと傍系にあった"自己"の問題の理論的考察は細々とつづけられながら、心理学の本流の中で、同じ流れとしてつづいていることを意味している。こうした心理学の基本的アプローチである実証的な研究は概して乏しかった。

その後、より高次な複雑な反応を理解するために、行動主義にさまざまな修正や概念の付加・展開が施されていったなかで、外的刺激と観察可能な行動との間を媒介する過程に焦点があてられ、そこに生活体自身のもつ特性が関与する可能性が認められるに到ったことは、それまで圏外におかれてきた"自己"の問題史の上でも、注目すべきことである。

しかし、この間の"自己"に関する論考はむしろ、心理学の外、精神分析学の中で結実していった。フロイトの自我に関する一連の理解がそれで、当時の心理学が科学的・客観的研究として極力排した意識、さらに人間心理の深層にある無意識に目を向け、それら無意識の働きが人間行動のあり方やパーソナリティーを大きく規定するメカニズムについての学説を提出した。彼の説は、実証的根拠が必ずしも十分ではなく、一般性の乏しいフロイト独特の思弁的体系といわねばならない面も少なくない。

しかし、外的刺激や観察可能な行動、あるいはせいぜい直接経験しうる意識などに限って人間を理解

序　問題の所在と関心　2

しようとしてきたそれまでの心理学の限界を人々に認識させ、異常心理や人間の発達過程の理解に新しい洞察を与えることになった功績は大きい。

ところで、心理学の傍系にありながら、細々とつづいてきた〝自己〟についての関心は、質問紙法の開発と相まって、ようやく自己意識の実証的研究を中心に展開していった。しかし、この〝自己〟に関する実証的研究には、発達的視点をもったものは比較的乏しい。主要な方法論である質問紙法の適用可能性から、研究対象は青年（成人）に集中し、その年齢範囲の〝自己〟について何がしかを明らかにした。しかしそこでも〝自己〟について長期的な展望や発生的なメカニズムまでを解明しようとしているものは、全体としてきわめて乏しい状況がつづいてきた。このような状況は、フロイトをはじめ〝自己〟についての理論・考察が、発達初期の自己・自我の発現、その後の発達への規定性・連続性などにかなりの力点をおいた発達的視点の色濃いものであることと対照的である。

その理由の一つは、〝自己〟に迫る方法論の限界にあったであろう。〝自己〟の研究者たちは、自己についての感情や認識の仕方がその人の行動や適応を規定する基盤であるとして重視しているが、そうであるなら、それを青年や成人レベルの既にできあがったものとして捉えるにとどまらず、それがどう形成されてきたのか──幼少期にどう現われ、そこにどのような要因が関与しているか──といった、発生的あるいは発達的な問題が解明されなければならない。発達初期の経験が、その人の後の〝自己〟にかかわる特徴、さらには適応を大きく規定するということは、フロイトをはじめエリクソンなど、精神分析の立場の人々が早くから指摘しているところである。その主張は、主として、適応上の問題をもった成人の幼少時の経験や生育歴をあとづけることにもとづいている。だが、それほど

3　序　問題の所在と関心

数も多くない臨床的ケースから得られた結果を、ただちに普通の人々にまで一般化することにはためらいがある。成人した後の特徴が、発達初期のあり方と密接に関係している、初期経験が後につづく発達を規定するというその主張は、理論としても魅力的であり、また実際的な意味も大きいのである。それだけに、発達的な視点からの分析や、幼少期そのものに焦点をあてた研究が望まれるところであった。

ようやく最近になって、言語理解や表現に限界のある幼少期の自己に迫る行動観察や実験的手法が工夫され、それまでの質問紙法一点張りでは手のとどかなかった部分が、少しずつ解明されつつある。青年期について集中的に扱われてきた自己概念は、幼児、さらに乳児においても問われてしかるべき自己についての知覚、概念形成の問題である。これが長いこと研究対象の圏外におかれてきたのには、前述の方法論上の理由もあるが、知覚や概念形成の研究領域の伝統にもよる。

だいたい、乳幼児の知覚や概念形成に関する研究は、けっして少ないものではない。しかし、そこでは、外界の刺激事象の認知、とりわけ物理的属性の認知に関する研究が大方を占めつづけ、子どもが自分自身を、内なる自己をどう見るかについての研究は、ごく最近までまことに乏しかった。これは、乳幼児の知覚発達研究のいわば下敷になっている知覚心理学の伝統を反映している。知覚実験という研究方法では、客観的な操作・測定が容易なことから外界の物理的刺激がまず研究対象とされた。また、刺激―反応という枠組みで捉えようとする行動主義的な発想も、知覚対象である刺激は即外界であるとされた背景にある。こうした伝統が知覚の発達研究にもつながってきたといえる。

序　問題の所在と関心　4

このような歴史的事情の中で、これまで主流であった限られた年齢集団についての研究のほか、異なる年齢集団をつなげた横断的資料によらず、同一対象についての逐年的なデータによって発達的変化を構造的に捉えることを目指した縦断的研究も、少しずつではあるがみられるようになっている。それらを展望して、"自己"の形成、発達、また機能の解明のためにはどのような研究が今後行なわれるべきかを整理してみたい。

さて、"自己"に関する心理学的研究では、自己概念——自己をどう認知・評価するか——という認識あるいは意識的面からのアプローチが、これまで主要なものであった。しかし、"自己"は、個体の認識・意識の対象としてだけではなく、行動をおこす力として、あるいは行動の特徴をつくり出す源として機能している。そうした行動上の機能として捉えることができるのではないか。

行動の学として心理学は、人間の行動がどのような要因にいかに規定されるかの研究を主たる課題としてきた。人間の行動は、行動主義心理学が明らかにしてきたように、外的刺激や強化によって規定される。しかし、人間はそれほど受動的な存在では終始しない。人は何を見、どう記憶するのか——与えられた視覚的世界、記憶材料の中から、期待するところのものを知覚し、既にもっている枠組みに適合する仕方で情報を選択的に取り入れる主体的・能動的な存在でもある。このことは、既に三〇年ほど前 "知覚における知覚者(perceiver)の要因" として指摘されていることで、事新しいことではない。にもかかわらず、なお考え直し、追究すべき問題を多く残しているように思われる。きわめて刺激規定も "主体的・能動的な存在" という特質の上で人間はけっして皆、等しくはない。

5 序 問題の所在と関心

的な傾向の強い人もいれば、また同じ人でも主体性・能動性をいつでも十分発揮できているとは限らない。さらに、発達的な差、また文化的な差も見逃すことができない。

行動を、発達的な観点からみる場合、その行動に対して外的刺激による支配がどれほど大きいか、行動者自体の主体性・能動性がどれだけ機能しているかは、一つの重要な視点であろう。新生児は、いくつかの反射をもって生まれてくる。唇にものが触れれば口をすぼめて吸う、掌に何か入ってくるとそれを握る、などで、これらの反射は、いずれも一定の場所に一定の（幼児が感知しうる程度の）物理量をもった刺激が与えられれば、例外なく生起する、圧倒的に刺激規定的なものである。この種の反射は、胎児期に既に観察されているものがあるほど発達初期に特有のもので、乳児期にほとんど消失してしまう。この刺激規定性の著しい生来的な反射の消失・後退と入れ替わって、新しい多様な行動パタンが習得されていく。掌に触れるものは玩具であれ綿ごみであれ、何でも同じように握りしめてしまうのではなく、"これは"と思うものは手にするが、しかしいらないものは握らされても手を離してしまうというように、行動の選択性・主体性が出てくる。何を握るのにも掌全体でくるむようにもつ、指と掌の両方を使って握るといった変化――分化――をみせるようになる。このような意図的行動、適応的行動様式の発達は、刺激規定的で受動的な反射の消失と表裏をなすものである。さらに、この生後の新しい行動パタンの習得過程の中にも、受動性、外的規定性から脱して、より能動的で個体ごとの選択性・主体性の大きい行動が増えてゆくという変化がある。罰が子どもにどんな効果をもっているか、その役割の変化にも、そうした行動発達の特徴を端的に

みることができる。幼少時の子どもは、親からいけないといわれたり、ゴツンとぶたれたりすると、その行動をやめる。しかし親がいなかったり、いても何かのかげんで罰を与えないと、その行為をしてしまう。だからある行為を子どもに禁止するには、その行為に対してはいつでも例外なく罰を与えることが必要であり、また効果があるということになる。しかし、子どもはいつまでも、叱られるからしない、罰せられるからしない、親がみているからしない、というふうではいない。親がいてもいなくても、ある行為——たとえばキャンディーの包み紙をそこらに捨てること——はしなくなる。また、ある子どもは他の子どもが捨てようとするとそれをとめたり、代って屑籠に入れたりさえする。このような子どもの行動の変化は、外的に与えられる罰の役割が変化してきていることを示している。罰が、与えられたその時限り、その場限りしか効果をもたなかったのが、時や所を越えて広く効力をもつようになるという変化である。

何がこのような変化をもたらすのか、何が罰の効果を時間的・空間的制約を超えた、より広い転移可能なものとしているのだろうか。それは子ども自身の中に行動を制止させる機能が成立したことを意味する。外的罰あるいは外的強化そのものの効力の後退、これにとって代って子ども自身の中に成立する禁止機能の成立、これは動物と人間のちがいであり、また子どもの発達過程に生ずる画期的な事件でもある。

ある人は、この変化を（外）罰の内在化（internalization）ということばで表現し、またある人は"良心"という道徳的な心性であると概念化している。どのような用語で表現するかは、領域のちがい、問題へのアプローチのちがい、による。そのちがいはさておき、行動における外的規定性が小さくな

7　序　問題の所在と関心

り、行動者自身による統御が大きくなる、つまり"自己"の行動上の機能に注目したい。

このような"自己"についての研究は、これまで、前述の自己概念を中心とする認識の対象としての"自己"の研究とは、ほとんど無縁な形で扱われてきた。しかしこれは、認識的自己の研究に加えて、"自己"の発達を考えてゆくうえでもう一つの生産的な方略ではないかと思う。自己概念の研究者は、その人の自己概念のありようが、その人の行動や適応を左右する基盤だという。そして、自己概念上の特徴をその人の行動特徴や適応状況との相関的分析から実証しようとする。しかしそうした相関的分析以上に、より直接的に"自己"と行動のつながりに迫れないだろうか。また、認識面からの"自己"研究が、方法論上の制約、また認識ということがら自体の性質もあって、幼少期からの発達過程を捉えるのに限界があった。その限界も破れるのではないか。

外的強化や規範に代る"自己"の行動上の機能の成立にどんな要因が働き、どのような条件がこれを可能にするのか、といった問いに答えようとする実験的研究が、最近少しずつ蓄積されてきている。この種の研究をあとづけてみることは、学習理論のうえでも子どもの教育という実際上の必要からも重要であり、"自己"の発達の様相を明らかにすることになると私は考えている。

これまで別個に散発的に扱われてきた認識面における"自己"と、行動上の機能としての"自己"とは、やはり相互に関連のない別個の過程なのか、それとも同一個体の中で、ある関係をもっているものなのか。いずれも子どもにおける"自己"にかかわる発達的な変化であるのだから、まったく無縁、無関係ということはないであろう。認知的な面と行動機能的な面との関係の仕方そのものに、発達レベルに応じた差や特徴があるのではなかろうか。これらの問いに対する答えはいまのところ、そ

序　問題の所在と関心　8

う簡単に出せそうにもない。せめてどのような関連が見出しうるか、どう統合しうるかを探り、より統合的〝自己〟の理解のためにどのような検討が今後必要なのかを整理できれば、と考えている。

以上のような問題意識から、まず〝自己〟の認知的面、ついで行動機能の面について展望した上で、両者の関連について検討・考察し、最後に、〝自己〟の発達に深くかかわる文化の問題に関連する研究を取り上げて考えてみたい。

第1部 ”自己”の認識の諸相とその発達

——認識の対象として ”自己” はどのような形であらわれ、また展開してゆくか——

表 1・1 "自己"(self)[a] にかかわる概念・用語の整理分類

本章での	self——の類	——self の類	その他
i "自己"の発見 (自己知覚)	self image self recognition self percept self perception self consciousness self awareness	bodily self physical self sensory self (Buss) existential self (Lewis & Brooks) private (aspect of) self (Buss)	performer としてのI (Mischel) I (Mead)
ii "自 己"概念	self concept self conception self consciousness self awareness	psychological self cognitive self (Buss) categorical self (Lewis & Brooks) public (aspect of) self (Buss) infered self (Epstein)	audience と してのI (Mischel) me (Mead)
iii "自 己"評価	self esteem self regard self identity	cognitive self public self affective self	character performer (Mischel)

a) "self" の代りに ego が用いられる場合がある。たとえば ego identity.

"自己"の認識とその発達を扱った研究をみると、研究者によってそれぞれ少しずつ異なった用語や表現が使われていることにまず驚き、困惑してしまう。その差異は、主として、"自己"の認識のどの面を扱っているのか、発達的な視点からどの辺のレベルに焦点をあてているのか、のちがいによっている。いま、主要な文献から、そこで使われている多様な用語を拾い出し、相互の異同を整理してみたい。その際、私が、第1部で"自己"の認識発達を捉える際にとろうとする観点——子どもが"自己"をどの面について捉えているか、またその"自己"認識がどのくらい多角的・多面的なものかの観点——から分けた三つの相にそれらの用語がどう該当するか分類してみよう(表1・1)。

i、ii、iiiの区分(それぞれ第1、2、3章と対応する)は、あくまで相対的でゆるやかなものであるが、発達的な推移は、iからiiiの相へとたどると考えられる。表中のそれぞれの用語が、どのような

第1部 自己の認識の諸相とその発達 12

視点、強調点をもったものか、また本書ではどの用語を（どのような日本語で）用いるかを吟味しながら、以下の各章で、各相の特徴と発達の様相をみることにしよう。

第1章 "自己"の存在の発見

1 自・他の領域の未分化から分化へ

 新生児は、十分に保護的で快適な胎内環境、そして文字通り母子一体化した一個の存在として離脱させられる。ほかの動物にほとんど類をみない長い胎内生活のあと、突如、一心同体だった母親から切り離される誕生という出来事は、新生児にとって母体からの分離に伴う心理的不安、それに加えて、狭い産道を抜け出ねばならない身体的苦痛もある大きな事件である。誕生に伴う心身の"痛み"の経験を出産外傷とよび、後年の神経症の遠因となりうると指摘する人々もいるほどである。

 出産外傷が、その人々が主張するように、永続的で決定的な影響をもつか否かについては、ただちに一般化した結論は出し難い。その主張は、無意識過程を幼少時から認めていること、前決定的な自我の存在を前提とする立場と結びついていて、大人の目からの解釈に傾いているきらいがある。その是非はここではおき、母子一体から分離されて母親とは別個の一人の存在となったということに限って考えてみれば、それは、本書で扱おうとしている"自己"の認識、さらに個の認識、という問

題の出発点である。

しかし、誕生という母子分離が実際生じたにもかかわらず、赤ん坊には、しばらくの間〝自分〟というものが他とは別個な存在であるとは受けとめられてはいないと考えた方がよさそうである。授乳のために口に含ませられる乳首も、暖かく柔らかに抱いてくれる母親の腕や手も、新生児は、外界からの刺激だとはっきりと受けとめてはいない。赤ん坊は、自分と外界との境界を知らず、一切の非我、一切の他者はまだ知られておらず、自分の周囲にあるもの、自分にかかわるものはすべて自分と混然と結びついており、漠然とした分ち難い一つの世界、いわば〝全〟なのである。自分の体の姿勢が変えられても、別なところに移されても、また目に入るもの、耳に響くものが変わっても、誰かが外からそうしたからだとは思わない。赤ん坊は、母親と自分とが一緒に動いているとしか感じない。母親と自分とは、まだしばらくは文字通り一体なのである。

こうした漠然とした自他未分化な世界に住んでいた乳児に、やがて〝自分〟と他の区分が少しずつ芽生えてゆく。最初の〝自己〟は、自分という身体部分が、外界から区分した存在だということを知ることに始まる。どこまでは〝自分〟で、どこからは自分ではないという自・他の識別がつく、換言すれば、自分という領域の境界が、初めはおぼろに、やがてしだいに明確に捉えられてゆく。

一般に、ものの知覚の原初的なレベル（段階）は、地と図の分化に始まり、図の色、形、きめ等細部の分化した把握は、そのあと徐々に成立してゆく。それとちょうど同様に、子どもの〝自己〟の知覚は、その内容が細かく認識される以前に、まずその物理的存在が〝図〟として〝他〟領域という地背景の中でクローズアップしてゆく形をとる。

15　第1章 〝自己〟の在存の発見

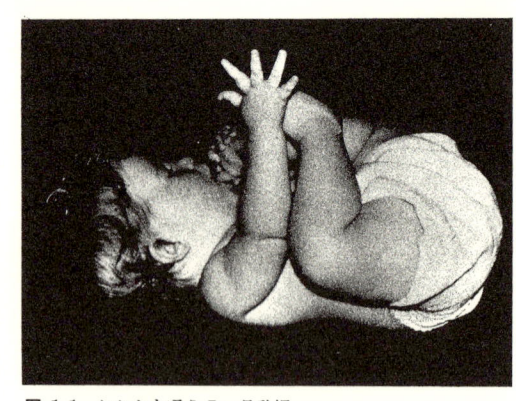

図 1・1　かかとを吸う7ヵ月乳児
(Kravitz & Boehm, 1971)

2　身体的自己の発見

　身体的自己 (bodily self)、物理的自己 (physical self)、存在としての自己 (existential self) という表現は、このような最初の"自己"の特徴をいいえている。ここでは、自己の内容、その心理的な特性は認識の対象となっていない。モノとしての自己領域と外部（他）領域との分化・識別にとどまるものであることから、感覚的自己 (sensory self) とも表現される。のちの自己認識が、単なる物理的境界の知覚以上に、どんな自分かという内容的判断までも含む認知的自己 (cognitive self) であるのと対照・区別しての表現である。
　ところで、乳児は、何でも口にもってゆき、なめたり、かじったりする。これは、何が食べものなのか、ものがどんなものか──おいしいものかどうか、固いものか柔らかいものか、などを知るいちばん確実な方法だからである。口唇部は、乳児の感覚の中で最も早くから発達している敏感な器官である。この器官を駆使し、目や手での知覚を補って、ものがどんなものかを乳児は知る。食べものはもちろん、玩具でも、手にしたごみ、ころがっていたスリッパも、片っ端から口にもってゆき、なめたり、かじったりしている。この頃、自分の手や足の指を口にもってゆき（図1・1）、ほかのものと同じように思いきりかじってしまって泣き出

乳児をしばしば見聞きする。クラヴィッツらによると、自分の足のゆびなめは、約八四％の乳児に四ヵ月から八ヵ月頃に頻繁にみられるという[168]。この乳児は、自分の手や足を、食べものや玩具、スリッパなど外の世界に属するものとまだ完全に区別してはいない。どちらも興味ある探索の対象として外界に混然と存在しており、自分の体の一部が、まだそれとは受けとめられず、外部のものなみに扱われている。自・他の境界がまだ存在していない状態の乳児は、自分のしっぽを追いかけ、じゃれている子ネコと同じなのである。

仰向けに寝ているばかりの乳児が、顔の前に自分の掌をかざして、じっと見つづけている光景はよくみうけられる。乳児の行動の生態的研究において "visual regards to hand" として、行動観察項目の一つとして必ず設けられているほどである。この行動を直接みたことのある人は、行動観察項目その乳児のまなざしが "regard" ということばにふさわしい真摯なものであることを知っている。目の前にかざした掌をゆっくり動かしたり裏表に返しながら、ためつすがめつみている様は、珍しい外界の刺激を、"いったいこれは何か" と調べている風情そのものである。自分の掌は、この乳児にとって外界探索の対象のひとつにほかならないのである。

3　感覚運動的活動による "自己" の明確化・対象化

このような自分と他・外界とが分化していない混然とした世界から、自分と自分以外のものとが別個のものとして分化し、"自己" の存在が身体的・物理的な自己としてクローズアップされるのは、どのようにしてなのだろうか。

表 1・2 乳児期（誕生〜1年）にあらわれるリズミカルな反応パタン
(Kravitz & Boehm, 1971)

月齢	手を吸う (N=140)	足を蹴る (N=200)	唇をかむ (N=200)	頭を揺する (N=200)	かかとを吸う (N=200)	頭を振る (N=200)	頭を打ちつける (N=200)	歯ぎしりする (N=200)
誕生〜1	140 (100.0)	14 (7.0)	—	—	—	—	—	—
2	—	127 (63.5)	—	—	—	—	—	—
3	—	41 (20.5)	26 (13.0)	—	—	—	—	—
4	—	8 (4.0)	59 (29.5)	33 (16.5)	5 (2.5)	3 (1.5)	—	—
5	—	6 (3.0)	56 (28.0)	65 (32.5)	35 (17.5)	2 (1.0)	1 (0.5)	—
6	—	2 (1.0)	23 (11.5)	34 (17.0)	44 (22.0)	3 (1.5)	2 (1.0)	2 (1.0)
7	—	—	9 (4.5)	26 (13.0)	47 (23.5)	3 (1.5)	7 (3.5)	16 (8.0)
8	—	—	9 (4.5)	16 (8.0)	32 (16.0)	2 (1.0)	1 (0.5)	22 (11.0)
9	—	—	2 (1.0)	4 (2.0)	2 (1.0)	1 (0.5)	—	14 (7.0)
10	—	—	—	4 (2.0)	2 (1.0)	5 (2.5)	2 (1.0)	30 (15.0)
11〜12	—	—	2 (1.0)	—	—	1 (0.5)	1 (0.5)	28 (14.0)
>12	—	2 (1.0)	14 (7.0)	18 (9.0)	33 (16.5)	180 (90.0)	186 (93.0)	88 (44.0)
中央値 レンジ	.001 —	2.7 1-12+	5.3 3-12+	6.1 4-12+	6.7 4-12+	>12 3-12+	>12 5-12+	10.6 6-12+

　一つは乳児の感覚運動的活動とそれに対するフィードバックの経験の積み重ねである。前述のように乳児は、探索すべくものを手あたりしだい口にもってゆく。その揚句、あるものはおいしく甘く気持よく、いつまでもしゃぶっていたいと思う、また別なものは少しもおいしくなく、すぐ放り出してしまう。また、がぶりとかんで痛くて泣き出してしまう。手の届くものをあれこれいじったり引っ張ったりするが、オルゴールメリーなら美しい音がしたり、くるくる回ったりして目や耳を楽しませてくれるし、お母さんの手なら優しくなで返してくれたり、抱きとってくれる。ところが、自分の髪を

第1部 "自己"の認識の諸相とその発達　18

メリーのひもと同じようにいやというほど引っ張ってしまうと痛い目にあう。このように、乳児は自分が始めた運動からひき起こされた反応や触覚、さらにそれらへのフィードバックなどから、混然としていた世界の中に、自分に属する部分とそうでないものとがあることをまず知る。かじると痛い、引っ張ったりひっかくと痛みやうずきがわが身に起こるものは、やがて、そうでないもののようにやたらに強くかじったり引っ張ったりはしなくなる。

誕生直後から一年間、乳児の自発的身体運動を仔細に観察したクラヴィッツらによると、自分の体に向けた自己刺激的運動がさかんなのは、生後六ヵ月から一年くらいまでの内である（表1・2）[168]。この時期は、ちょうど人見知りの開始や、移動行動の発達に対応している。自己刺激的運動は一見、自己指向的、閉鎖的にみえるが、実は、他者や外界の存在に気づき始めた乳児が、他者や外界と一線を画す自己の領域を確認しているのだと見なせる。換言すれば自己刺激的運動を通して、乳児は自・他を分化させつつある。

フィードバックのちがいによって自己領域とそれ以外のものに分化してゆく過程のほかに、子どもが自分で自分を刺激した場合と、外から刺激された場合とではちがった感覚的経験が起こるという経験も、自・他の分化を認識させる別な契機となる。足の裏がくすぐられるのでも、自分の指で自分の足の裏をさわった場合とはちがって、二種の感覚が起こる。足をさわっている手指の感覚と、さわられている足の感覚、つまり自分自身がやっている能動的な感覚と、刺激をうけている受動的な感覚という二重の経験である。他人からくすぐられている時は、後者の感覚だけしか起こらない。二重の感覚がある時とそうでない時という異なった経験も、自分というもの、

19　第1章　"自己"の存在の発見

ことに刺激をつくり出す存在としての自分に目覚める契機となる。加えて、外からの刺激に関係なく、自分の体の中に時折生じる飢え、渇き、筋肉や内臓の緊張やうずきなどの内部感覚も、自分の体に注意を向けさせることになる。

以上のように、さまざまな感覚運動経験が乳児の世界に自・他の分化を促し、自己の存在をクローズアップさせることになる。

4 "永続性"の理解——モノ、ヒト、自己の永続性——

人間は、ただ外界の刺激をうけ、その刺激の性質に規定される受動的な存在ではなく、外界からうけた刺激に応じて次の自分の反応も変容させながら自分から外界に働きかけ、その結果、自分の知覚的経験を編成してゆく能動的な存在である。このような性質は、発達の初期から既に認められる。

ピアジェは、最初の知能の発達段階の特徴を感覚運動的知能ということばで巧みに描いている[259]。乳児は自由になり始めた自分の手や腕を使って外界のモノを探索し、その感覚運動によってモノに生ずる音や動きを目・耳などで捉える一連の活動を通してモノの特質を知り、シェーマを形成してゆく。

この時期の乳児は、自分が使える感覚運動を駆使して外に働きかけること自体を楽しんでいる。働きかけた結果生じる世界の変化を心待ちして受けとめ、自分の感覚運動活動——モノの変化——知覚というサイクルを飽かず何度も繰り返し試みている様は、よくみられるところである。このような乳児の感覚運動器官を使った能動的活動は外界のモノについてのシェーマの形成にもあずかっているはずである。知覚・認知発達の研究者たちが主として問題としてのシェーマの形成にもあずかっているはずである。

第1部 "自己"の認識の諸相とその発達　20

表 1·3 ヒトとモノの永続性テストの成績　(Bell, 1970)

項　　目	結　果 (33名中)
（ⅰ）ヒトの永続性の方がすすんでいる乳児	23
（ⅱ）モノの永続性の方がすすんでいる乳児	7
（ⅲ）差のない乳児	3

してきたモノについてのシェーマの形成の鍵としての"永続性"の理解は、自己についても同様に重要な要件であり、それはやはり前述したような感覚運動的経験の中に求められるであろう。ごく幼少のうちは、母親が見えなくなるといつまでも泣き、母親が傍らにくるまで泣きやまない。ここでは、母親の存在は、現にそこに見えていることによってのみ保証されている。しかし、やがて、実際にそこにいなくて直接知覚できなくても、母親の存在そのものは疑わなくなる——今はなぜかどこかよそにいったけれども、また現われることを信じている。だからいつまでも泣きやまずにいることはなく、待っていられる——。ヒトの永続性が子どもに成立したことを示すこうした徴候が生じるのとおそらく時をそう違えずに、自己についての永続性も捉えられているのであろう。このようなモノやヒトの永続性の成立は、ピアジェの認知発達の枠組みから、実験的に検討されている。

たとえばベルは、次のような実験を行なっている[21]。魅力的な玩具を乳児に一度見せてから、箱の中やスクリーンの陰に隠してしまう。玩具がすっかり見えないように完全に隠してしまう場合から、玩具の端の方だけは少しのぞいているように隠す場合、また次々と隠し場所を別なところに移してしまう場合などを設け、元の場所に玩具がないことに乳児が気づいた時、なくなった玩具を探すかどうか、どんな探し方をするかをみる。三三人の乳児を八ヵ月半から一三ヵ月半まで追跡的に調べた結果、最初の八ヵ月半の時に、中程度の難しさのテスト——隠し場所を二ヵ所に変える条件——に合格するほどの成績を示した。つまりモノの永続性はこの頃、既にある程度成立していることが示されている。

21　第1部　"自己"の認識の諸相とその発達

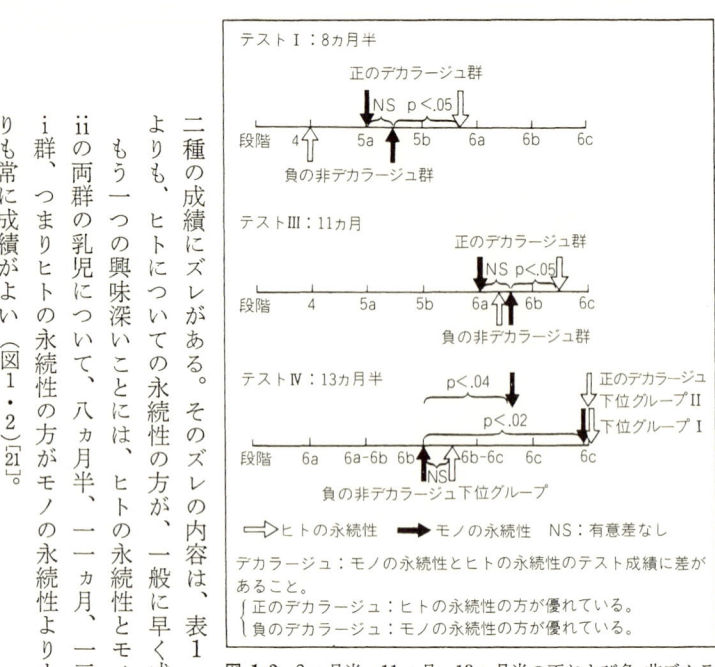

図 1・2 8ヵ月半, 11ヵ月, 13ヵ月半の正および負-非デカラージュ群におけるモノとヒトの永続性の平均　(Bell, 1970)

ところで、ヒトについての永続性とモノについての永続性とでは、どちらが先か、またどちらが容易か、また無生物と人間というちがった対象についての永続性は、同一の子どもの中で、どんな関係をもっているのだろうか。この点についてもベルは、母親あるいは実験者がスクリーンやドアなどのうしろに隠れた時の乳児の反応で追跡している。それによると、ヒトの永続性とモノの永続性との成績が一致しているケースは稀で、大部分の乳児が、八ヵ月半、一一ヵ月、一三ヵ月半のテストで、モノについて

二種の成績にズレがある。そのズレの内容は、表1・3のとおりであった。ここから、ヒトについての永続性の方が、一般に早く成立するといえよう。

もう一つの興味深いことには、ヒトの永続性とモノの永続性の成績のズレが異なる表1・3のi、iiの両群の乳児について、八ヵ月半、一一ヵ月、一三ヵ月半ごとの成績を比較すると、どの時期でも、i群、つまりヒトの永続性の方がモノの永続性よりも優れている乳児の方が、この逆の成績のii群よりも常に成績がよい（図1・2）[21]。

表 1・4 母親への愛着の強さとモノの永続性　(Bell, 1970)

	ヒトの永続性の早い乳児	モノの永続性の早い乳児	差のない乳児
A	23	0	1
B	0	4	1
C	0	3	1

以上のデータは、モノの永続性よりもヒトの永続性の方がやや早く成立する、またヒトの永続性を理解することが、無生物についても同様な理解をもつベースになることを示唆している。これは、人間の方が無生物よりも子どもに対する刺激もフィードバックも豊富で多様だし、まして母親は自分の子どものささいな動きや変化にも敏感に対応するのが普通であることを考えれば、当然かもしれない。こちらから動かしたり、刺激を与えない限り反応の起こらないモノよりも、応答性が高く敏感であるヒトの方が、子どもの注意をより喚起し、その特質を理解する手がかりを多く与えるであろうから。

5　母親の応答性と"ヒトの永続性"の発達

しかし、ヒトの反応の敏感さ、母親の子どもに対する応答性には、幅広い個人差がある。いま述べたように、ヒトがモノよりも反応性・応答性の豊かさの故に、その永続性を理解するうえで有利であるなら、母親の子どもへの応答性、子どもと母親との関係、母親への関心・愛着の強さは、ヒトの永続性の成立を左右する要因である可能性がある。

ベルは、この点について、乳児の母親への愛着の強さを変数として検討している[21]。母親への愛着の強い群（二四人）（母親から短時間分離されたあと、母親に近づいたり接触を求めるなどの行動をさかんに示す乳児）、(B)愛着の弱い群（五人）、(C)愛着行動が曖昧で、母からの分離場面での活動も低い群（四人）について、さきのヒト、モノの永続性の成績をみると、母親への愛着の強い乳児で、モノよりもヒトの永続性の方が早く、高いレベルに達している（表1・4）。

23　第1章　"自己"の存在の発見

乳児の愛着の形成に関する研究によると、愛着の対象となるのは、乳児に対して応答性の高い者であるという。母子関係に焦点をあてたエンズワースらは、発達初期に母親が子どもに対して受容的、応答的であることと、その子どもの母親への強い愛着との間に明確な対応関係を見出している[2]。

ベルの研究では、当の乳児の母親について厳密な測定はしていないが、補足的になされた母親との面接で、ヒトについての永続性が早い乳児（したがってモノの永続性の理解も概してすすんでいる乳児）の母親の方に、子どもに対して受容的である、外に連れて出る機会（多様な人的・物的刺激に接する機会）が多い、子どものよい面を認める反応が多い（拒否、叱責が少ない）、といった特徴を見出している。これらと従来の愛着の形成に関する知見とを考えあわせると、ヒトの永続性の形成を促すといえよう。

モノやヒト（他者）に関しての永続性の成立については、このほかにも同様なデータが少なからずあるが、"自己"についての永続性に関する説得的データはほとんど見あたらない。モノや他者についての、前述のように検証方法があるし、乳児の日常の行動にその徴候を認めることもできる。これに対して、自己についての永続性といった個体内部にかかわる認識を、言語以前の乳児について外から検証する妥当な方法を編み出すことに難関がある。この難問を解くことは、今後の課題の一つである。自己の永続性が把握されることは、後々の自己同一性 (ego-identity) 成立の必要条件だというガルドらの指摘はもっともだと思われるだけに[9]、その実証的検証は重要である。

今のところは、モノやヒトについての永続性が、相前後して八ヵ月頃に成立してくるという知見から、"自己"についても、これらとそうちがわない時期に永続性が把握されると推論しておこう。

第1部 "自己"の認識の諸相とその発達 24

6 他者としての母親——自分と対立する母親の存在——

乳児における自・他の分化、自己の発見に、感覚運動的経験とともにもう一つ役割を果たしているものがある。それは、乳児にとって母親（養育者）が自分とはちがう、時には自分と対立していると感ずる経験である。

まったくの無能無力な存在として誕生する新生児に対して、母親（養育者）は乳児の飢え・渇き・温度その他生命の維持にかかわる世話を万全にし、赤ん坊は十分に保護されている。おなかがすいた、のどが渇いたと思うまもなく授乳されるし、おむつもたいていぬれにみてもらえて不快に感じることは少なく、乳児はその欲求をほとんどフラストレートされることなく母親によって充たされている。母親は、まだ自分ではできないことを過不足なく代わってやってくれる存在である。このような役割を果たしてくれている間は、母親は乳児にとっては他者とは受けとめられにくい。乳児の欲求を即刻、適切にかなえてくれる、自分の手足、自分の延長である。

しかし、乳児の成長に伴って、母親はいつまでもこのような存在ではいない。たとえば授乳は、生後一ヵ月以内くらいまでは、赤ん坊が泣けば夜昼を問わず与えられる。しかし次第に、夜中は泣いても昼間のようには与えられずに我慢させられる。これは、乳児の側に一度に沢山の量を飲める力がついたことを前提にしながら、親が、人間の生活には休息・静寂の時としての夜と、活動の時間である昼間とがあり、昼間に食事をとるという社会生活のパタンに子どもも従わせ、慣れさせようとするためである。社会化、親のしつけの第一歩といえる。乳児は、母親がもはや自分の思いのま

25 第1章 "自己"の存在の発見

まにはならないというこの体験から、母親はもはや自分の延長まして一部ではない、別な存在だということを思い知らされる。

前述のように母と子は、子どもが母胎から出て誕生した後も、しばらくは共棲状態にある。おなかがすいていないか、水分が欠けてはいないか、着物が厚すぎはしないかと、母親が細かに気を配り、子どもが不満、不快を抱くよりも早く充たしてもらえる新生児期は、子どもにとって母親は文字通り自分と一心同体であろう（母胎内にいて自動的に十分な栄養が補給され、羊水という快適な環境内にぽっかりと安楽に浮かんでいた胎児の頃と変わりがない）。一方生まれたばかりの赤ん坊をもって間もない若い母親にとっても、乳児が泣いたり痛がったりすることは、わが身自身の悲しみ・痛みのように感じられもする（病気の赤ちゃんが注射されて泣くと、一緒に泣いてしまう若い母親は稀ではないという、小児科医の話を聞いたことがある）。つまり、母と子は出産を境に身体的には別な存在になったにもかかわらず、どちらの側にとっても、しばらくは、心理的一体関係にある。このような母子のつながり、自分のためになにごとをもしてくれるという母親への絶対的信頼感をもつことは、後にみるように子どもが自己尊重の感情を育む基盤として重要である。しかし一方、母親が自分とはちがう別な存在であることを知る経験も、自己の認識を形成してゆくうえで重要なのである。母子関係の心理的距離、あるいは母子一体関係の特徴は、このような観点からも問題となる。

7 鏡に映った"自己"の像の認知

自己の存在を発見しているか否か、身体的な自己をそれと認知できるか否かを、端的に調べた、い

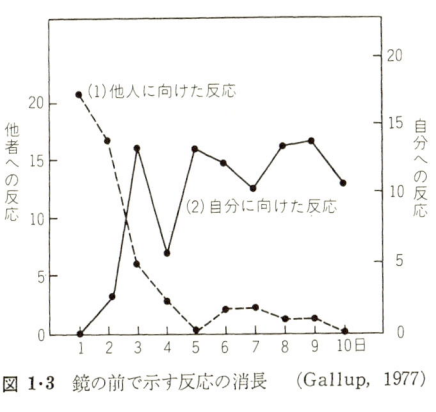

とも簡潔な観察データが提出されている。それは、鏡に自分の像を映してみせ、それに対してどんな反応をするかをみたものである。ギャラップは、チンパンジーの檻に等身大の鏡を据え、鏡に映る自分の像に対してどんな反応を示すかを一〇日間観察した[78]。そこでチンパンジーが示した行動には次の二種のものがみられた。

(1) "他者"に対する社会的反応——他のチンパンジーがいる時にその相手に向かって示す典型的な行動。相手を叩く、声をかける、おどしをかける、など。

(2) 自分自身に対する反応——鏡の中の像にではなく、自分の体をなでる、さするなどの身づくろい行動。歯の間にはさまった食物片をつまみだす、つばでふうせんを作って吹く、顔の表情をいろいろ変えては鏡に映してみる、など。

図1・3は、この二種の反応が一〇日間にどのように起こったかを示している[79]。鏡を見せられた当初は、自分の映像に向って、対"他人"反応を示すばかりだが、これは日を追って急速に減少する。これに代って"自分"に向けた反応が出始め、増減のゆれはあるものの、三日以後はほとんどこの反応だけになる。この変化は、鏡に映った像は、ほえたりおどしたりする必要のない自分自身にほかならないことを、そう日数を要さずに認知できるようになることを示す。鏡なしでは直接見られない場所——背中や口の中の奥の方など——を鏡の中に捉え、その像に対してではなく、鏡に映った部分に相当する自分の体の方に働きかけている。

図 1・3 鏡の前で示す反応の消長 (Gallup, 1977)

グラフ内: (1)他人に向けた反応、(2)自分に向けた反応、他者への反応、自分への反応、1〜10日

27 第1章 "自己"の存在の発見

ギャラップは、このような鏡映像での自己認知が確かかどうかを、さらに次のように確かめている。

一〇日後、そのチンパンジーに麻酔をかけて熟睡している間に、チンパンジーの耳の上部、まゆなどに、重さや匂いなどのない塗料で、赤いポッチをつけてしまう。そしてもう一度、鏡の部屋に戻し、麻酔からさめた時の反応をみる。チンパンジーは鏡で赤いマークがついている像をみせられない時の二五倍も示したという。チンパンジーは、明らかに鏡の中の像と自分とを同一視しているのである。

この実験的観察は、その後多くの研究者によって、チンパンジー以外の動物、また、人間の乳児についてなされている。それによると、チンパンジーより低次の動物——サルの仲間、さらにネコ、イヌなど——では、この種の自己認知は成立しないという。

では、乳児ではどうだろうか。

三～四ヵ月くらいの乳児は、鏡の前で体を動かすと映像が動くのを楽しみ、しきりに反復する（アムステルダム[4]、ディクソン[52]）。しかしその頃はまだ、鏡の中の像を叩いたり、手や顔をそれに近づけるなど、像を別な赤ん坊だとみなしている行動の方が多い。ディクソンは五人の乳児を追跡的にみているが、四～五ヵ月ではまだ完全に〝他者〟としての反応に終始している。そして自己認知が成立したと推定される反応——鏡像にではなく自分の体に向けた反応——が顕著になるのは、一歳をすぎてだという。

三ヵ月から二四ヵ月まで追跡したアムステルダムの研究によると、これとはやや差がある[4]。三～六ヵ月ではまだ鏡像に向って笑いかけたり手でさわるなど、〝他者〟への反応を示す点では同じである。

第1部 〝自己〟の認識の諸相とその発達　28

この頃の乳児は、鏡のうしろに誰か本当にいるのではないかと探すこともしばしばだった。ここでは、鏡の中の像は自分ではなく、別の赤ん坊なのである。その後、一歳頃に、鏡像を避ける傾向が一時現われる。そして、一八ヵ月頃、自分の体に向った反応がようやく現われ始めて、鏡像と自己とを同一視していることが認められている。

ルイスとブルックスは、ギャラップの手法を乳児に適用し、乳児の鼻のあたまに赤い口紅をつけて反応をみている[175]。自分の鼻をさわる反応＝鏡像が自分だと認知しえたことを示す反応は、三二一人の乳児のうち、九～一二ヵ月ではゼロ、一五～一八ヵ月では二五％、二一～二四ヵ月で七五％と、報告している。

乳児の自己認知の成立を鏡像への反応でみる手法では、最近、さらに工夫されてその発達過程をより詳しく分析している。デンバー大学のグループは、鏡像の呈示の仕方や呈示するものの差により難易度が段階的に異なるテスト場面を設け、鏡像での自己認知が一挙に成立するのではなく、段階的に徐々にすすむことを明らかにした（バーテンサールら[26]）。

百合本もこれとほぼ同様の手続で、鏡像の成立過程を同一の子どもにいくつかの課題で試みて検討している[33]。鏡像を自分と認知できる（「○○ちゃんはどこ？」「これは誰？」「鼻につけた口紅を鏡でみて自分の鼻をふく」等）以前に、まず他人の存在を鏡像で認知することが可能になる（図1・4）。また自己認知も「○○ちゃんはどこ？」という質問に答える、いわば受動的な認知に始まり、自分から名前がいえたり、口紅をとるなどの明確な形での自己認知を示す反応は、それよりあとになる。その推移の過程は表1・5のような段階に区別でき、一五、一九、二二ヵ月の年齢上昇に伴って

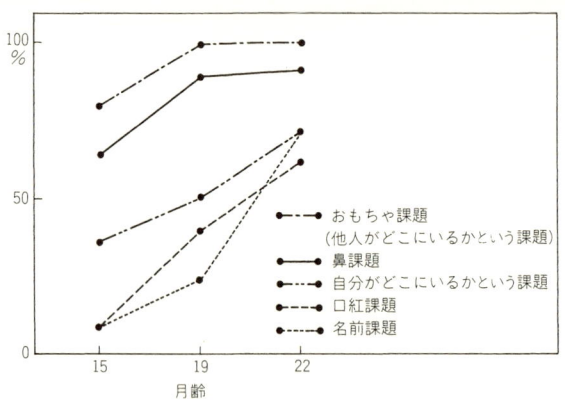

図 1·4 月齢別乳児の5課題の正確さ　　　　（百合本，1981）

表 1·5 課題段階別の成績　　　　　　　　　（百合本，1981）

段階	おもちゃ	他人がどこにいるか	鼻	自分がどこにいるか	口紅	名前	15月	19月	22月	総数
1	−	−	−	−	−	−	2			2
2	+	+	−	−	−	−	2	1	2	5
3	+	+	+	−	−	−	1	2		3
4	+	+	+	(+)	−	−	2	2		4
5	+	+	+	+	−	−	3	1		4
6	+	+	+	+	+	+	1	3	7	11
									計	29

人についての認知の方が先行するという点である。他者は既に外的対象として直接知覚してきた経験があるため、その客観的属性を把握しやすく、鏡像が実際の人物ではなく、その映っている姿だと認めるのが容易なのであろう。これに対して、自己は、外から観察する客観視の経験は初めてであろえ、おなかがすく、遊びたい、くたびれた、といった具体的感情経験も同時にもっている。この生々

この段階を徐々にすすむ。三三ケース中二九ケースがこの段階を辿っており、デンバー大学の結果とほぼ同様の段階と順序を追った年齢的推移が得られている。前述のディクソンとアムステルダムの研究結果で、鏡像での自己認知が成立する時期について一致しなかったのは、それぞれ異なる課題で測定していたため、こうした段階を異にする時期を捉えていたと考えられる。

ところでここで興味深いのは、自分の像が認知できる前に、他

表 1·6 自己像に向って乳児が示した行動の数
(百合本, 1981)

段階	総数	A 鏡の裏側を見る	B 人差し指で繰り返しつつく鏡を見ながら鏡の自己像	C 鏡を独占する	D 鏡像を相手に見立てて遊ぶ	E 自分の身体と鏡像との連動性を確かめる	F 鏡像と自分の身体とを見比べ目に見える身体部位とその鏡の自己像を指して示す	G 鏡に指さして示す鏡の自己像を保母や実験者
I	8	4 (50)	6 (75)	0	5 (62.5)	5 (62.5)	0	3 (37.5)
II	8	5 (62.5)	5 (62.5)	1 (12.5)	7 (87.5)	6 (75.0)	0	5 (62.5)
III	12	0	1 (8.3)	8 (66.7)	2 (16.7)	1 (8.3)	9 (75)	2 (16.7)

( )内はパーセントを示す.

しい主観的実感としての自己と分離して、他者と同様に自己を観察の対象とすることは難しいのであろう。ことに、鏡像を、自分の像と認めながら、実在の自己ではなく映像であると理解するのには、モノや他人の場合とはちがった困難がある。

鏡像の自己像に向って乳児が示す行動は、表1・6のようにさまざま観察されているが、ここには、乳児が自分が直接経験している自己〈他ならぬ自己〉と鏡像〈他者の一人としての自己〉とを十分分離できるまでにたどる過渡的な状況がうかがえる[33]。

身体と自己との関係には、自己＝身体というレベルと、身体を所有する自己という、二つのレベルが区別される。前者は、自己とは身体そのもの、自分の身体即自分という認識で、これは空腹、痛みなどの主観的感覚運動的経験に対応した最初の身体自己である。ここでは自分の身体は赤ん坊にとって自分そのものであり、所有するものとはなっていない。鏡像での自己認知の成立は、この自分の身体の所有性ができたという次のレベルの自己を客体として自分に属するものでありながら、その自己を客体として認めるということは、このように、現に外的刺激として示されても一挙には成立しない、かなり難しいことなのである。

31 第1章 "自己"の存在の発見

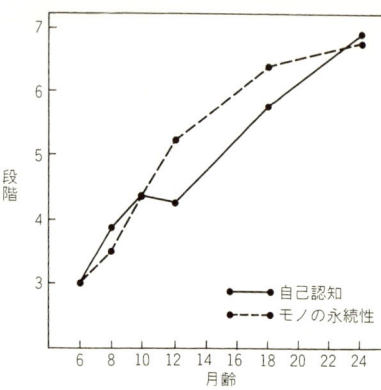

図 1·5 自己認知とモノの永続性との関係
(Bertenthal & Fischer, 1978)

バーテンサールらは、自己認知の成立が、モノの永続性の理解とどのように関係しているかの検討もあわせて行ない、二つの過程はほぼ平行的な発達過程をたどることを明らかにしている（図1・5）[26]。両テスト間に見出された〇・八四という高い正相関は、永続性の理解が自己認知の一つの基礎であることを示唆している。ヒトについての永続性が、モノの永続性とほぼ相前後して成立することは、既に述べたとおりで、"自己"についてもおそらくそう違わない時期に成立していると想定した。この相関関係は、鏡像での自己認知ができることは、自己の永続性を前提にしているとも、また鏡に自己の像を認知する経験が自己の永続性を把握・理解させるものであることを示すものであろう。相互規定的に密接に関係しながら発達するものであることを示すものであろう。

以上のような鏡像での自己認識は、その後の自己認識の出発点、そして基礎であろう。これがチンパンジー以下の下等動物には成立しないという事実は、自己を認識するということには、系統発達的な限界があり、外界の刺激の認知よりも高次のものであることを物語る。

後にみるが、ウィックランドは成人が自己についての意識を高め、自分について考え、評価を明確にさせるのに、鏡の前に坐らせることが効果的だという実験を数々行なっている[322]。乳児とはちがって、既に自・他の分化はもちろん、自己についての概念や評価も成立している成人において、改めて鏡に向わされ、自己の像を直視させられることで、自己を客体化して眺め、自己についての認

第1部 "自己"の認識の諸相とその発達 32

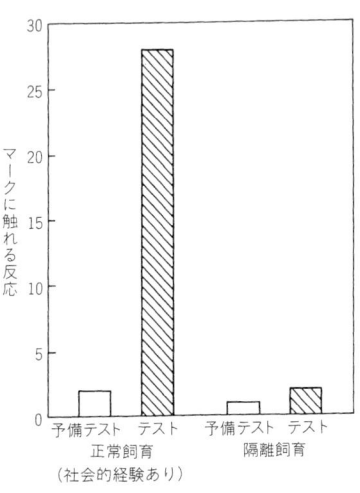

識、洞察が深まるという。この実験をみると、乳児が、鏡の中の像を自分だとわかったときの驚き、それによって子どもの中に生じる変化がどんなに大きいことかと思わされる。そして、下等動物にはこの鏡像の自己認知が不可能だということから、"自己を知る"、自己の認識をもつことが、下等動物には存在しない、人間に固有な特徴的なことであるといえる。

8 他者から知る自己の存在

しかし、チンパンジーや人間でもこの自己認知は即座には成立せず、ある一定の期間と何度かの鏡をみる機会を必要とする。これは、自己の認知というものが、他方で、他者の存在を知ることを通して可能なことを物語る。生まれた後一匹ずつ隔離されて他の仲間とまったく社会的接触なしに育てられたチンパンジーでは、普通のチンパンジーとはちがって、日を重ねても、鏡像への反応に変化が現われない。また、一〇日後、麻酔中にマークをつけられて鏡を見せられた時も、普通のチンパンジーのように自分の体でマークの場所を触ろうとする反応はほとんどみられない（図1・6）[79]。

自己を知ることは、他者との接触によるといえる。古くクーリーの"looking glass"、G・H・ミードの"反映自我"ということばは、この間の事情を指摘している。自分にいろいろな表情やいろいろな行動を示し、またフィードバックを

図 1・6 鏡の前でチンパンジーが示す反応
(Gallup, 1970)

33 第1章 "自己"の存在の発見

表 1·7　Yの他者との関係の変化（姉との関係を中心に）　　　（山田，1982）

★1歳9ヵ月頃～
・自他の関係の言語化の開始
　「ユー（自己の名前）(1：9：27)」「ユー　ノ　チィー（姉の名前）ノ (1：10：10)」「ユー　モ (1：10：18)」「チィー　モ (1：10：21)」「チィー　ガ (1：11：16)」「ユー　ガ (2：00：02)」「チィー　ハ？ (2：00：03)」「チィー　ト (2：00：05)」「ユー　ハ？ (2：00：16)」

★2歳1ヵ月頃～
・自他の関係の言語化
　「オ・トウチャン　チンキチ　ト　ダンダ　アイル」「オ・カアチャン　ト　ジャージャ　ノンデ　ネンネ　カワイイ　オ・カアチャン (2：01：15)」（おとうさん，真吉と風呂に入る。おかあさんと牛乳飲んで寝る。かわいいおかあさん）「チィー　チィチャイノ　ユー　オオキイノ　イイノ (2：01：29)」（チィーは小さいの，ユーは大きいのが欲しい）「チィー　チュキ　ダケド　チュコチ　イジワルスル (2：04：05)」（チィーは好きだけれど少しいじわるする）

★2歳3ヵ月頃～
・他者からみた自己の意識化
　公園で「イタル　クント　ナオチャン　オウチ　デ　ケンカ　チテルカモ　チレン，ユークン　イナイナイッテ (2：03：28)」（いとこの到君と直ちゃんがお家で，自分がいないのでけんかをしてるかもしれない）「キチャ　ユー　チュキダカラ　マチマチ　チテテクレルノ？ (2：03：26)」（汽車はユーが好きだから待っていてくれるの？）

もたらす他者と接する経験は，鏡で自分を見せられたときに，見知っている他とはちがうことに気づかせる重要な経験である。隔離チンパンジーは繰り返し飽きることなく鏡の中の像を眺めつづけていても，それを"自分"だとは認知できず，いつまでも別な動物だと思っているというデータは，このことを裏付けるものであろう。

さきのベルの研究で，母親が乳児を外によく連れ出すことがヒトの永続性の成立と関係していると指摘されていた。これも人的・物的な刺激との接触，つまり社会的経験を豊かにもつことが，自己認識の発達にとって重要であることを示唆するものであろう。

自己認識は，けっして自生的な過程ではなく，他者との接触，他者認識と相互に結びついており，他者の存在があってはじめて可能となる。さらに，鏡像や触運動を通して知らされる感覚的・物理的側面以上

第1部　"自己"の認識の諸相とその発達　34

に、自己の存在や意味を客観的に捉える萌芽は、山田の観察にみることができる（表1・7）[325]。他の存在を知る、"自分"との分化ができる、ことについで、"他者からみた自己"が、二〜三歳でようやく現われ、父母や同胞、友だちとの接触が、"自己"をクローズアップさせてゆく様相がここにうかがえる。物理的・身体的自己の把握・認識が成立したあと、子どもは"自己"の内容をより複雑に充実させてゆくことになるが、そこでは他者との交渉は一層重要性をもつ。

9 "自己"領域の広がり

混然、漠としていた世界に、自・他の二つの領域分化が生ずることに始まる原初的な自己認識は、身体的自己、身体我であることをみてきたが、その後、外界や他者と自己との区分をいっそう明確にしてゆく一方、同時に自己領域の広がりもみせてゆく。

植村は、同一の保育園児を一ヵ月から二歳二ヵ月、自然場面での観察や統制場面での実験的観察によって追跡し、自己の認識の広がり、明確化の過程をあとづけている（図1・7）[312]。これをみると、"名前"というものが、"自己"の認知、自分と他者（友だち）の区別を明確にしてゆくうえで大きな役割を果たしていることがよくわかる。しかしこの名前も、初めは"呼ばれれば笑う""だれの名前に対しても笑う"というように、ほかのあやしことばやオルゴールの音などと同様の快い感覚的刺激としてしか受けとめられていない。自分の名前だけに反応するようになるのは一歳三ヵ月以後で、名前を手がかりにした自己認識は、呼ばれたら、ハイと返事したり、指さすというふうな、自分の名前への明確で多様な反応に展開され、さらに後には、自分から自分の名前をいう行動が現われて、"名

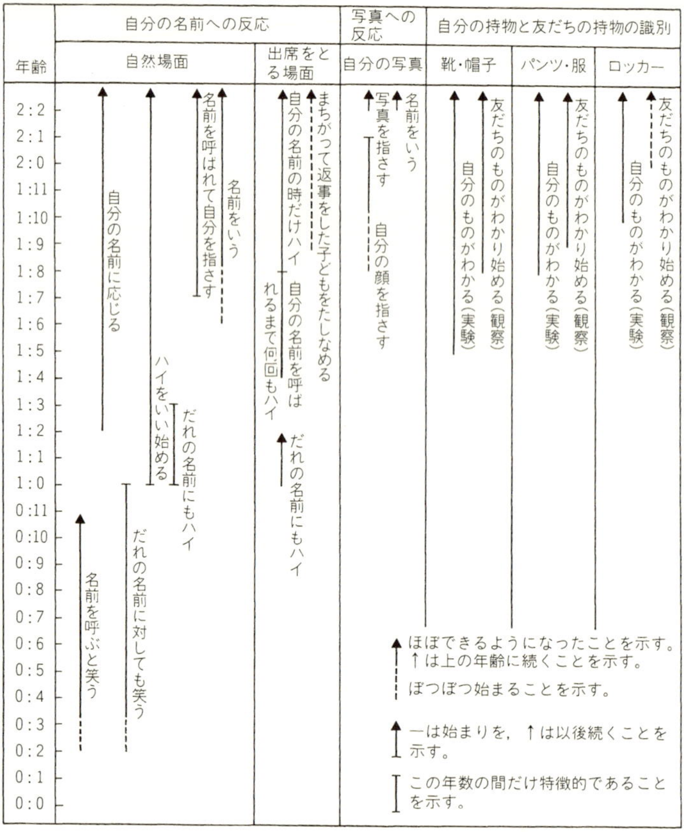

年齢	自分の名前への反応 自然場面	自分の名前への反応 出席をとる場面	写真への反応 自分の写真	自分の持物と友だちの持物の識別 靴・帽子	自分の持物と友だちの持物の識別 パンツ・服	自分の持物と友だちの持物の識別 ロッカー
2:2	↑ 名前を呼ばれて自分を指さす	↑ まちがって返事をした子どもをたしなめる	↑ 名前をいう	↑ 友だちのものがわかり始める（観察）	↑ 友だちのものがわかり始める（観察）	↑ 友だちのものがわかり始める（観察）
2:1	自分の名前に応じる	自分の名前の時だけハイ	写真を指さす	自分のものがわかる（実験）	自分のものがわかる（実験）	自分のものがわかる（実験）
2:0			自分の顔を指さす	自分のものがわかり始める（観察）	自分のものがわかり始める（観察）	
1:11	名前をいう	れるまで何回もハイ 自分の名前を呼ば				
1:10						
1:9						
1:8						
1:7						
1:6						
1:5						
1:4	ハイをいい始める					
1:3		だれの名前にもハイ				
1:2						
1:1						
1:0						
0:11		だれの名前に対しても笑う				
0:10						
0:9	名前を呼ぶと笑う					
0:8						
0:7						
0:6						
0:5						
0:4						
0:3						
0:2						
0:1						
0:0						

↑ ほぼできるようになったことを示す。↑は上の年齢に続くことを示す。

↑ ぽつぽつ始まることを示す。

↑ ―は始まりを，↑は以後続くことを示す。

↑ この年数の間だけ特徴的であることを示す。

図 1・7 自己認識および自・他の分化の様相　　　　　　　　　　　（植村，1979）

前"を自己のラベルとして能動的に使うようになる。

写真での自己認知が成立するのは、さきの鏡像を用いた研究が一歳八ヵ月頃としていたのよりはやや遅く、二歳に近い。これは、写真が、鏡像のような、動きやフィードバックがない静的な刺激だからであろう。靴、帽子、服、ロッカーなどが、次々と自分の持物だとわかってゆく過程は、自己の領域の広がり・明確化を示すものとして興味深い。

人物画を描かせ、身体のどこをどの程度精密に描かれているかを評定して、身体自己の明確さと広がりを見ようと

第1部 "自己"の認識の諸相とその発達　36

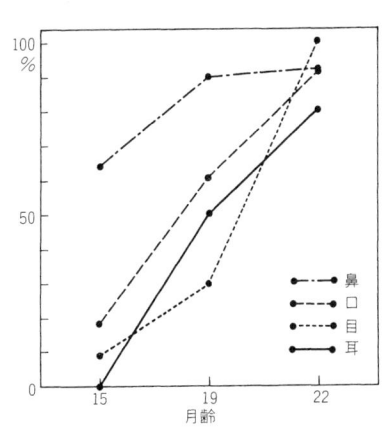

図 1·9 年齢別に見た顔の部位同定の正確さ
(百合本, 1981)

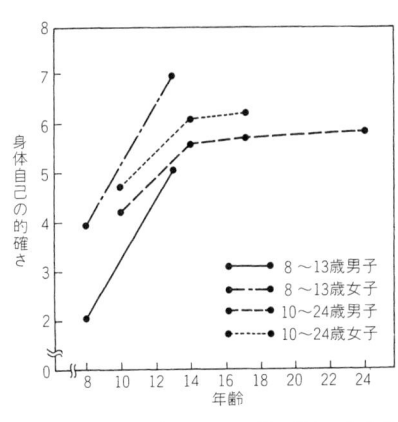

図 1·8 8〜13歳, 10〜24歳の男女の身体自己の描写の的確さの平均
(Faterson & Witkin, 1970)

いう試みがあるが、ファターソンらは、八歳から一三歳までと一〇歳から二四歳までの二群について、この縦断的調査を行なっている(図1・8)[68]。

この手法によるスコアは、同一個人ではかなり安定したものだとの報告もある。しかし多くの研究を概観してみると、描くという運動スキルの要因が大きく介入している、評定法に難があるなどから、自己像の測度としての妥当性、信頼性には疑問が残る。それよりも、鏡像実験と同時に、顔の各部位を「〇〇はどこ?」と尋ねて、正しく指さし同定できたかどうかをみた百合本のデータは興味深い(図1・9)[331]。これによると、まず鼻、ついで口、耳、最後に目の順で、同定が成立していく。この順序は、顔の中央にあり、また一つだけであるために目立ち、知覚しやすいのか、あるいは鼻ということばをいちばん頻繁にきかされるからなのかはわからず、これには別な検討が必要である。また、名前に対して正しい同定ができなくても、自分の体の部分として理解しているところもありうる。しかし、さきにも述べたように、そのものの名前を知る、言語で指示することを知ることは、その対象の把握を格段と明確なものにするこ

37 第1章 "自己"の存在の発見

表 1·8 4歳児の「わたしは○○をもっている」の内容 (4歳児17人、全209反応の分布) (柏木, 未発表)

"もっている"もの	反応数(％)
身体部分	86.2
（顔の中のもの	41.2
顔以外のもの	45.0）
玩具	7.4
服	1.0
その他	5.4

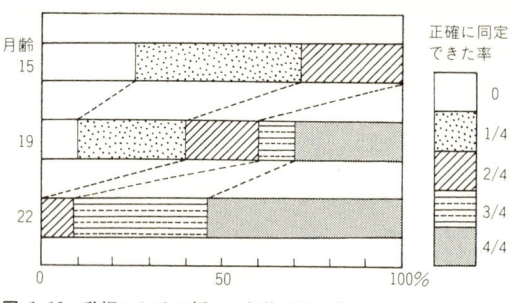

図 1·10 乳児における顔の4部位（目、鼻、口、耳）同定の正確さ (百合本, 1981)

とを考えると、ここで明らかにされたどの部位から名前との対応がつき、同定ができてゆくかは、乳児が自己の身体のどの部分から明瞭に自己のものとして認識してゆくか——身体的自己の広がり——を示唆するものと見なせよう。百合本によると、一五ヵ月児ではこの同定が一つもできない有様だが、二二ヵ月児では半数以上が四部位できる者は一人もいない有様だが、二二ヵ月児では半数以上が四部位とも可能になり、一つもできないものは皆無になり、この七ヵ月ほどの間に急速な変化が起こっている（図1・10）。おそらくこの間顔以外の他の身体部分についても著しい進歩が生じ、身体的自己の認識は広くかつ明確なものになっていると想像される。

子どもにとって身体は、自己の中核としてその認識の中で大きな位置をかなり長いこと占めつづける。四歳児でも「わたしは○○をもっている」として挙げるもののうち、実に八六％が身体部分であった（表1・8）[148]。その内容は、目、口など顔の部分はいうに及ばず、背、膝、脳、わきの下など広く全身にわたっている。この"もっている"ものという認識は初期の身体＝自己とは異なる。身体を所有するものとしての自己であり、広く全身にわたる各部位はその位置や意味までも捉えられているにちがいない。これは漠然とした原初的な身体自己ではない。自己の属性の一つとして身体が認識されている。

この後、子どもの自己の領域は身体だけに限らず、さらに広がりをみせて

いくであろう。自分に属するものとして、子どもがどのようなものから、またどのようなものまでを認めてゆくのだろうか。この辺を植村や百合本のような手法でさらに年長まで追ってみることは、自己の領域の展開を明らかにするうえで有効であろう。また社会性の発達、成人での自己意識の個人差、さらに精神障害や発達障害のケースでの自我の崩壊・未発達の理解にも役立つであろう。

10 反抗という自己主張と所有意識

二、三歳の子どもにしばしばみられる反抗現象は、自己の発達と深いかかわりがある。

それまで親のいうことをきく〝よい子〟だったのが、親がこうしようといえば、あれをといい、また〝イヤ〟を連発する。手を借そうとするとまだうまくできもしないのに手を振りはらって自分でやろうとする。これは、自分の意志が強く頭をもたげてきて、ほかの人の意志との差や対立に気づき、そして自分の意志や欲求の方を通したいとすることのあらわれである。

こうした自己意識は、友だち関係の中でもあらわれる。幼児はある時期、自分の玩具を「ボクの!」といってかかえこんでしまって、ほかの子どもに貸さない。また一緒に遊ぼうとしない。これは、いずれは、友だちに貸してあげたり、分けあって一緒に遊べるようになってゆくはずのものである。そうした協同や貸し借りなど社会的な行動が成立する前に、いったん「これは自分のものだ」という明確な所有意識と自己主張をもつことが前提ではなかろうか。自分のものと他人のものの区別もわからずに一緒に玩具で遊ぶのと、これを一時友だちにも貸すことができたり、一緒に分けあえるのとはちがう。また明確な自己認識や自己主張もなしに、ただ他人に

39 第1章 "自己"の存在の発見

従っていたり、他人と一緒に行動するのと、自己について明確な認識をもちながら他人と協同し他人の主張を認めることとは、ちがうのではないだろうか。

この辺については、子どもの自己主張の強さ、自己認識の明確さが、後のその子の他者との協同、協力とどう関連していくのか、また、そもそもたとえば"ボクの"という行動がすべての子どもに協同遊びができるようになる前に、必ず現われるものなのかどうか、実証的に確かめなければならない。ゲゼル児童研究所のエイムズが一八ヵ月から四歳までの子どもの言語反応から、"自己"の感覚がどう芽生え、進展してゆくかを捉えようとし、ある時期、子どもがしきりに使う人称代名詞が、その時期の遊び、友だち関係のあり方と対応しているとして、次のように記している[3]。

「二歳頃：子どもはまだ友だちとおもちゃを分け合って遊べない。自分の所有物をもつことや、それをかかえこんだりすることで、"自己"の感覚を保っている。"わたし（ボク）の"（mine）というのがお気に入りのことばだ。

二歳半頃：協同遊びは少なく、平行遊びの方が多い。非常に自己中心的で、何でも自分の思いどおりになることを要求する。"わたし"（me）"わたしの"（mine）"わたし欲しい、したい"（I need）"わたしがする、自分でする"（Do it all by myself）をしきりに口にする。

三歳頃：友だちと分け合って遊べるようになる。順番が待てる。"私も"（me too）につづいて"わたしたちの"（our）、"一緒にしよう"（Let's）なども。……」

この間の変化を、エイムズは、"何でも自分の方にひきこみたい時期＝me、mine、I need の時期から、逆転して、外に、他者に向けられてゆく時期＝me too, we, our, Let's の時期へ"というよう

にまとめている。この変化は、子どもにおける自己の意識の深まりと広がりを物語っている。

成人の自己認識についても、どこまでを自己の領域とするか、何に〝自己〟を認めるか、また自己の領域の壁の固さといった点について、個人差が問題にされる。たとえば「私は……」の文章完成を求める二〇答法、あるいはWAI（What Am I）テストで、どんな領域を、何を自己に関連づけるか——自己領域内容の広さ、分化度など——の個人差が分析されている。幼少期から成人に到るこうした自己領域の広がり過程から、どのようなものが原初的なものか、普遍的なものか、またその個人差が明らかになるであろう。

第2章　自己についての認識（自己概念）の成立と展開

自・他の物理的境界の分化、自分で自分の体を刺激した時の二重の感覚経験、鏡像での自己認知の三つは、感覚的・身体的自己の成立を示すものであるが、このうち前二者は、ある程度成長すれば、大方の動物がもっていると推定できる（自分のしっぽにじゃれつかなくなった子ネコはこの例であろう）。その限りでは感覚的自己は、動物にも成立するといえる。しかし、鏡像での自己認知は、人間、またせいぜいごく人間に近い高次な動物にしか成立しない。この基準でいえば原初的な感覚的自己もすべての動物にはない、人間にほぼ固有のもの、"自己"の認識は高次なもの、といえるであろう。人間の子どもは、感覚的・身体的自己から、さらにすすんで外から知覚し得ない、より内的な面についてまで、自己の認識の内容を広げ、深めてゆく。感覚的・知覚的自己に対して認知的自己といわれ、自己概念といわれるものにあたる。この人間に固有な"自己"の認識の発達過程を次にみることにしたい。

1　"自己"の内容の多様化と分化

子どもがどのような面にまで"自己"の内容を広げていくかについては、比較的早くから関心も高

表 1・9 幼児の"自分"の内容   (Keller et al., 1978)

分類	3歳児 男子	3歳児 女子	4歳児 男子	4歳児 女子	5歳児 男子	5歳児 女子
行　為	29(26)	33(12)	40(34)	61(39)	50(31)	49(17)
習慣力	3	14	6	17	4	17
能力	0	7	6	5	15(4)	15(19)
助力	4(2)	5(0)	12(5)	10(3)	4(1)	19(10)
関係 おとな	2	5	5	7	10	9
クラスメート	4	0	7	0	0	0
身体イメージ	19	17	15	3	3	1
もちもの	11	26	6	3	1	0
名　前	2	1	11	5	1	0
性	1	3	0	1	7	0
年　齢	4	1	0	3	0	2
評　価	12	3	6	14	5	11
好　み	11	10	1	2	15	15
不　幸			6	2	10	3

　く、数々の理論的指摘があるわりに、方法の難しさの故に実証的データは乏しい。ケラーらは、三・四・五歳児に「○○ちゃんは……」と文章完成法のような問いを与え、それに対する頻繁に現われるの内容を一〇領域に分類し、検討している（表1・9）[156]。三～五歳を通して、もっとも頻繁に現われるのは、"行為"のカテゴリーだが、そのウエイトは三歳ではまだ小さく、四・五歳でそれが半分を占めるようになる。年少の三歳では"もちもの"（……をもっている）や"名前"が大きな比重を占める、などの発達的変化が認められる。

　さらに、「○○ちゃんは歯をみがけます」と「○○ちゃんはかわいい顔をしています」というふうに、"行為"についての記述と"身体"についての記述を対にしていってきかせ、どちらの方が○○ちゃんのことをよくあらわしていると思うかをえらばせる。表1・10は一五対の選択結果である[148]。身体についての特徴が、幼児の自己認識の中で占めるウエイトは、さきの自由回答の結果と考えあわせても、もうそれほど大きくなくなり、自分の日常の行為、あるいはどんな行為を自分ができるかが、幼児の自己認識の中でしだいに大きくなっていく。このことは、同じテストを六週間後に再テストしたところ、他の領域ではかなりの変動があるのに比べて、"行為"についての反応はかなりの安定

43　第2章　自己についての認識——自己概念——の成立と展開

表1·10 〈行為〉対〈身体〉の記述文の選択結果 （柏木, 未発表）

	男子	女子
3歳	9.4	10.0
4歳	11.6	9.75
5歳	10.5	9.0

スコアが7.5より大であるほど〈行為〉についての記述選択が多いことを示す.

表1·11 文章完成式質問に対する自発的回答数（6歳児17人）（柏木, 未発表）

わたしは……です	6.71
わたしは……できます	5.88
わたしは……をもっています	10.71

おりで、平均でも "もちもの" は他の二種よりずっと多いが、もちものについては、一一個とか一八個と数多く答えられるケースが目立つ[148]。状況、行為、もちものに限ってみると、"もちもの" は幼児にもっとも自然に "自己" の内容として捉えられているといえよう。

"もちもの"、ついで "行為" 中心の就学前幼児の自己概念は、その後より多様な面に広がりを見せる。「私は……」の形式の文章完成法（二〇答法）での回答内容を分類した、モンテマイヤーらによる自己概念に包括される領域は、一〇歳以降で、年齢とともに広がり、かなりの範囲にわたる（表1·12）[234]。また、「……ができる」とか「……に自信がある」といった自分の能力に関する記述のように、どの年齢でも自己概念の中でほぼ一定の比重を占めつづけるものもある。国籍、もちもの、身体的特徴などは、低年齢群ほど比重が大きいが、やがてしだいに低下してゆくし、これとは逆に、年少段階では低率だったものが、その後大きなウェイトを占めるよ

性をみせていたことからも裏付けられる。

しかし、回答数を限定したり、強制選択法によらずに、子どもに自由にいえるだけ答えさせた自発的反応では、六歳でも、"もちもの" は、自己概念の内容として他の面より大きな位置をまだ占めている。「……です」「……できます」「……をもっています」の三種の不完全文をヒントに与えて、子どもが自発的に回答できた数は、表1·11のとおり、個人ごとにみても状況記述（「わたし

第1部 "自己" の認識の諸相とその発達　44

表 1·12　文章完成法の回答内容の分類
(Montemayor & Eisen, 1977)

分　類	10	12	14	16	18
性　別	45	73	38	48	72***
年　齢	18	35	30	25	41
名　前	50	10	8	11	31***
先　祖	5	4	2	13	15
宗　教	7	0	4	5	10
親族関係	37	28	18	25	57***
職　業	4	12	29	28	44***
学生だという役割	67	59	37	54	72**
政治的信条・感情	0	0	4	3	5
社会的地位	4	0	0	2	3
国籍，市民権	48	16	21	13	11***
個としての存在感	0	34	19	26	54***
思想や信念	4	14	24	24	39***
好　み	69	65	80	45	31***
知的関心	36	28	40	24	23
芸術活動	23	36	30	21	18
その他の活動	63	62	82	75	60
もちもの	53	25	24	14	8***
身体的特徴	87	57	46	49	16***
道徳的価値観	4	23	17	28	26*
自己決定の意識	5	8	26	45	49***
個としてのまとまりの感覚	0	0	15	21	21***
能力の意識	36	37	44	48	36
対人関係のもち方	42	76	91	86	93***
気分のタイプ	27	42	65	81	72***
他人の判断に帰する	23	23	24	28	57**
その他	19	15	10	6	8
平　均	53	50	55	65	39

* $p<0.05$　** $p<0.01$　*** $p<0.001$

になるものもある（対人関係のもち方，ものごとを自分が決定しているという自己決定意識，など）。

このような自己の認識の広がり・多様化と同時に，どのような領域の，どんな特徴が"自己"として，より強く認識されるかにも発達的な変化が生じる。その特徴の一つは，知覚的・外面的なものから，内面的な特徴の把握への変化である。

もちもの，名前，住んでいる場所，身体的特徴など，自分に密着した物理的事実，外から知覚できるような特徴が幼少期では中心を占めていたが，その後，対人関係の中で自分が示す傾向，気質や個性といった，必ずしも直接外から知覚することのできない内面的な特徴がしだいに大きなウェイトを占めてくる。これらの内面的特徴は，事実の単なる知覚以上に，いくつかの行動や日常の感情などから推論したり総合的に判断したりする，より高次の思考過程によって導き出されるものである。感覚的・知覚的自己に対して，認知的自己といわれるゆえんは，この辺にある。

45　第2章　自己についての認識——自己概念——の成立と展開

表 1・13 "私"についての記述内容（％）　　（遠藤，1981）

	小学5年 男子	小学5年 女子	中学1年 男子	中学1年 女子	中学3年 男子	中学3年 女子
身 体 的 特 徴	10.7	8.6	0.5	0.6	3.1	1.5
能力（うまい，とくい へた，にがて）	18.1	11.5	6.0	1.8	3.1	1.5
生 活 態 度	17.9	13.2	24.0	16.5	14.5	13.5
対 人 関 係	14.1	11.5	18.2	27.2	9.4	14.4
性 格 気 質	20.1	26.1	32.9	43.1	40.5	50.0
自 己 的 評 価	11.0	9.9	12.1	6.7	19.7	15.6
好 き 嫌 い	13.5	14.4	5.8	4.0	5.2	2.7

二〇答法による遠藤のデータもほぼ同様の結果を示している[62]。一五分間に、"私"について記述した数では、小学五年、中学一・三年の年齢段階間に差はない。どの年齢群も平均七〜八の記述をしており、どれだけ多くの面を自己について捉えるかという量的面に関しては、この年齢くらいになればもはや差はない。ただ、その内容についてみてみると、どの面をより重視しているか、何を"自己"に関するものとして捉えているかに、前述のモンテマイヤーらにみられたのとほぼ同様の発達的な変化がある（表1・13）。

このような自己認識の広がり・深まり——外面的特徴や能力といったものから内面的なものへの自己認識の移行——は、同時に"私的自己"への展開でもある。自分の直接経験にだけ根ざした自己像に加えて、他者から自分がどうみられているかを把握することが可能になることによって、自己の認識はいっそう多様なものとなる。他人が自分をどう思っているか、つまり社会的自己が捉えられると、主観的にだけ捉えてきた私的自己は一時的に混乱するが、その後修正されたり補足されたりする。

自分自身や自分の行動に対して他人がどう思っているか、どうみているかに気づき始めた子どもは、自分のしたことに"当惑"を示すようになる。これは、他人の目、思惑に照らして自分を眺め、私的自己と他者に映じている公的自己とそのズレに気づいた証拠とみなせよう。バスが母親への質問によってみたところ、そのような"当惑"は、三歳頃から現われ始めている（表1・14）[40]。

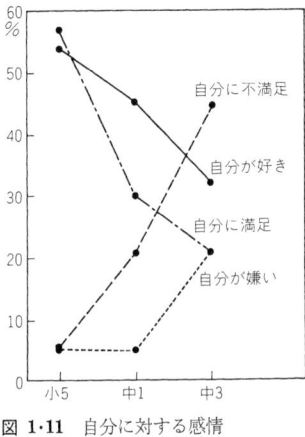

図 1·11 自分に対する感情
（遠藤，1981）

表 1·14 "当惑"の発達
（母親の報告による）
（Buss, 1980）

年齢	比率[a]	％
3	3/14	21
4	2/20	10
5	15/30	50
6	28/39	72
7	35/49	71
8	34/50	68
9	30/50	60
10	24/32	75
11	13/21	62
12	13/18	72

[a] 分母は当惑を示した人数，分子は総人数を示す．

　この"当惑"——私的自己と公的自己とのズレや混乱——を経験し、それを統合してゆくとき、自己像は感覚的なものから認知的なものに転換してゆく。他者の目から見た社会的自己（公的自己）の発見は、単純に私的自己にとどまっていた時とはちがって、自己に対する不満や批判を生むことになる。遠藤の被験児でも、自己の認識の深まりが、自分についての即事的把握からさらにすすんで、自己に対する感情・評価にまで展開してゆくことになるを意味する。これはのちにみるように、現実の自己に対して理想の自己が生じ、現在の自分に単純に満足できなくなったり、今の自分を好きではなくなったりするのと同様の、自己への評価・感情のはじまりである。
　この変化は、自己を客体として眺めることへの変化でもある。
　「……をもっている」「……ができる」等、幼少児にとって自己は、自分の具体的な直接体験に密着した、いわば「行為の主体としての自己」である。それから「自分がものごとを決定している」という意識や、「自分はまとまりのある統一的存在だ」といった自己認識が生まれる。個々の具体的行為をもつ存在だ」といった自己認識が生まれる。個々の具体的行為を超えた総合的推論や概括を行なったり、自己を直接体験から切り離して距離をおいて眺めること——つまり、自己の客体化——が

表 1·15 4種の"自己"測度間の相関 (Keller et al., 1978)

群		質問および文章完成法による"自己"	I can・I am・I have 法による 動作 / 身体	動作の比率
3歳	男子	.96***	.67 −.22	.54
	女子	−.08	.60 .97***	.06
4歳	男子	.91***	.72 .20	.84***
	女子	.20	.50 .05	.39
5歳	男子	.76*	.78* .46	.82**
	女子	.42	.47 −.22	.92*

* $p<.05$ ** $p<.02$ *** $p<.01$

可能になる。このような真に自己概念というにふさわしいものが現われるのは、このデータによれば一四歳以降、そしてその後の青年期には、こうした面がいっそう顕著になってゆく。

2 "自己"の把握の明確化——安定した自己概念へ——

"自己"の把握の明確化——安定した自己概念へ——この点を、ケラーは、同じ子どもに同一のテストを六週の間隔をおいて実施し、テスト・再テスト間の相関から検討している（表1・15）[156]。測度による差がかなりあるうえ、性差の著しいところもあるが、概して年長になるほど相関は高くなり、自己の把握がその場限りのものではなく、かなり安定したものになってゆくことがうかがえる。

バニスターらは、自己の把握の明確さの発達を、巧妙な手続きで検討している[19]。まず子どもと面接して、「あなたはどんな子？」「好きなものは？」「学校ではどんなことをする？」といった質問をし、その答えを収録し、六人の子どもが答えた全プロトコールを、誰の答えかがわからないように、同じ人の声で録音し直した。改めて被験児に聞かせ、どの答えが自分の答えかを再認させた。その成績は、九歳でも約半分くらいの再認にとどまるが、五歳に比べると徐々に上昇している（表1・16）。この変化は、「自分とは何か」が、その場限りのいい加減な反応ではなく、

自己認識は多様化・分化と同時に、より的確で安定したものとなる。

表 1·17 自己の把握の手がかり（"自分だ"とする手がかりにどのようなものを使うか）
(Bannister & Agnew, 1976)

手がかり	5歳	7歳	9歳
1. 自分がする（しない）活動だから	48	15	18
2. よい（わるい）特徴だから	15	13	5
3. "覚えていた"	82	29	22
4. 好き（きらい）だから	33	67	64
5. 同じ叙述をくり返す	11	13	13
6. 感じが自分らしい（らしくない）	8	49	54
7. 確かかどうかわからない	40	54	63
8. その他	3	0	1

表 1·16 自己の把握の明確さ（自分についての記述を再認できた数）
(Bannister & Agnew, 1976)

年齢	男子	女子	計	最大可能数
5	11	29	40	120
7	25	25	50	120
9	27	33	60	120

安定した把握になってゆく様相を示している。再認にあたって、何を手がかりにしたか、なぜ自分の答えとわかったかを尋ねた結果からも、それが明らかである（表1・17）[19]。五歳では「覚えていた」「そういうことを自分がしたことがある」といったものが圧倒的に多い。それらは年長になると減少し、代わって、（その答えを自分が）好きかきらいかとか、自分にあてはまる、ふさわしい、といった理由が増える。つまり、初期の"自己"の把握は、機械的な記憶やしたことの有無という具体的経験的事実に即した知覚的レベルにあったが、それが、自分にあてはまるものかどうか、また好きかどうかを推論し統合的に概念化し、また時や状況を超えた特質を捉えるようになってゆく。知覚的なもの、外にあらわれる特徴は、時に変化する。またそうした知覚的属性についての直観に頼るうちは、まちがいも起こりやすく不安定なものになる。このことは、保存の成立として明らかにされているところである。みかけの大きさが変ろうと、どんな形になろうと、それに惑わされずに、加減の操作がない限り、ものの量や数は不変で、永続性をもつものだ、という理解である。物理的モノについてと同様のことが、自己についても理解されてくる。外にあらわれる行動や身体的特徴によらず、それを超えたより内的な過程についての推論と、時間・空間を超えて不変なものを統合的に判断することが可能になったとき、自己の把握は安定したもの──自己概念

表1·18 自己の性別の認識(%)
(Guardo & Bohan, 1971)

	年齢	誤反応	正反応	どちらともいえない条件つき
男子	6	5.9	82.3	11.8
	7	0.0	91.7	8.3
	8	6.7	73.3	20.0
	9	0.0	80.0	20.0
女子	6	0.0	100.0	0.0
	7	5.0	85.0	10.0
	8	7.7	69.2	23.1
	9	23.1	46.1	30.8

——となる。その意味で、自己概念の形成は、認知発達の一環である。自己についての認識を、人間であること(人間性)、性別があること(性)——男の子(女の子)であること——、他人とは別個の存在であること(個別性)、過去から現在、さらに将来へと、ずっと同一の人間が連続した存在であること(連続性)の四面について、就学前から九歳まで調べると、年少児の方が、正解数の限りではむしろ高いこともある(表1・18)[92]。年長児は、単純にそうだとは答えられず、条件つきの反応をする。たとえば、女の子が「あなたは男の子?」と尋ねられると、年少児は服装や体のちがいをあげて単純明快に「そうではない、女の子だ」と主張するが、年長児では、こうした知覚的見え、行動上の差異は指摘するものの、さらに現在の特徴が変われば——たとえば神様がそうしたら——そうはいえないというふうに、知覚的事実を超えた、仮定的推論をするようになる。また服装とか身体といった外から見える特徴ではなく、男女の感情や態度など、より内的な面を考慮に入れた理由が述べられる。このような"自己"についての認識の質的変化にも、認知発達の基本である保存、永続性などの成立と同じ姿をみることができる。自己意識は、言語、論理などと同じく、分析的なもので、大脳の左半球の働きによるという最近の大脳生理学の知見(エクルズ)は、この点からも注目される[58]。

3 他者についての認識の分化

ところで、自己の認識の発達には、モノについての認識に対して、ヒトについての認識にかかわる

もう一つ別な面がある。自己についての認識は、当の自己だけを仔細に眺めて、深く考えることだけでは十分ではない。自己に密着し、自己だけに閉じこもることは、かえって生産的ではない。他者を知ること、また他との比較において、自己についての認識はいっそう明確なものへと展開する。

こうした社会的知覚としての面から乳児・幼児を眺めてみよう。

乳児の最初の"自己"の発見は、自分と外の世界との領域の物理的境界の発見、物理的な自・他の分化に始まり、これが自分と他人（母親）とが別個の存在だという心理的な自他の分化に展開してゆく。ここでモノとしてではない、社会的知覚の対象であるヒトとして、自己が位置づけられたことになる。

たとえば、乳児が、以前は一体であり、そして現在ももっとも接触の多い母親と自分とを分化させるのと、そう時期を違えずに他人についても分化が生ずることは、愛着に関する諸研究が明らかにしている。自分の傍らからいなくなった時のむずかり方に人によって差が生じ、また不機嫌なときに誰があやしてくれるかで泣きやんだり、なおも泣きつづけたりする、といった変化のあらわれで、誰でも傍にいさえすれば一様に満足していた時とは大きなちがいである。

このような、他者についての差の識別を、自分、母親を含むその他さまざまな人に対する分化的反応の起こり方として、ルイスらが詳しく検討している[175]。自分（鏡像）、母親、未知の女性、未知の男性（いずれも成人）、四歳の未知の女児、の五種の対象が、椅子に坐っている被験児に対して、入口のドアに立つ、中間に立つ、すぐ近くに立つ、さわる、の四種類のアプローチをとる。各対象ごとに、四アプローチ点で、乳児が示した表情や運動反応を一方視鏡から観察したものが図1・12である。

一歳以前の乳児で、すでに、五対象のうち自分と母親、子ども、男性と女性の大人、という対象別

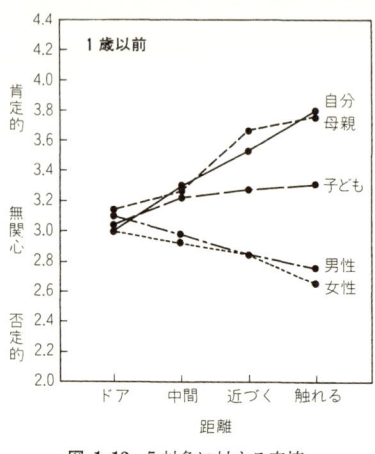

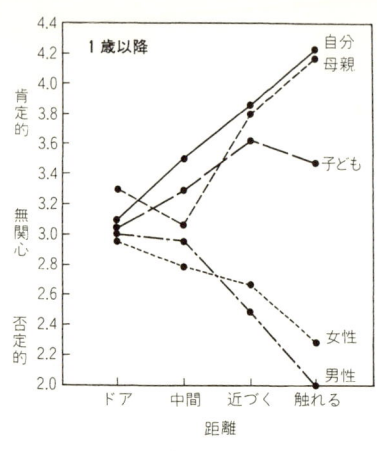

図 1・12 5対象に対する表情　　　　　　　　　　　　　　　（Lewis & Brooks, 1974）

に三種の反応の分化が生じている。またこの分化的反応は、対象が自分に近づくほど明確になる。一歳以降の群では分化のちがいはいっそう顕著になる。もっとも接近した時には、対象による反応のちがいはきわめて大きくなるし、また人の性別による差も現われている。

自分と母親には明らかによろこびや親しみの反応、逆に未知の大人に対しては恐れや驚きなど拒否的・回避的反応、そして未知の幼児にはその中間的な反応を、といった分化は、何を示すのだろうか。

未知のものと既知のもの、大人と子どもをかなり早く識別していることは、まず明らかである。そして一歳すぎると大人の性別さえも識別する。だが、この分化のパタンはどう説明されるだろうか。

サルやチンパンジーなどを対象としたエソロジーの理論では、対象が未知であるほど、恐怖を喚起するという。そうだとすれば、未知の対象はいずれも同様に拒否的な反応を起こさせるはずである。しかしそうはなっていない。未知の対象でも子どもには拒否的でなく、むしろ自分や母親など親しい対象への反応に近い反応をする。この点を、乳児が未知の子どもを「自分のようだ」というふうに認知したためではないかとルイスらは推論している。つまり〝自分〟というものに照らして、それとは異質なもの、類似したものといった判

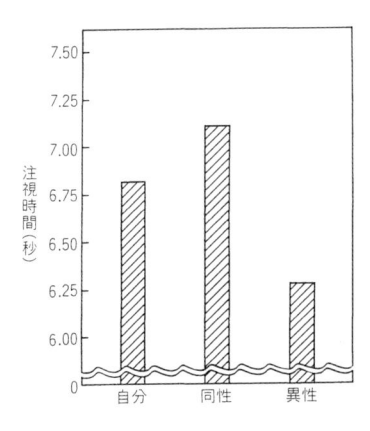

図 1·14 対象の性別による注視時間（平均）
(Lewis & Brooks, 1974)

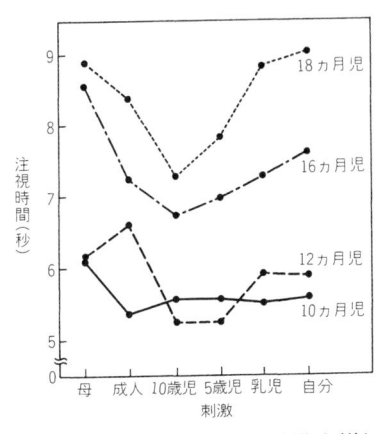

図 1·13 6対象に対する注視の時間（平均）
(Lewis & Brooks, 1974)

断をしている可能性である。"自分"のほかに、人を判断する際のもう一つの別な比較基準になるのは、よく見慣れ、親しんでいる母親ではないか。ただ、自分と母親については、いずれもほぼ同様な反応を示しており、他の三対象とはちがう、見慣れた対象として識別されていることは明らかだが、この二つの間ははたして十分に分化して識別されているのかどうかは、このデータからは十分にはわからない。

自分、母親、乳児（自分と同齢の）、五歳児、一〇歳児、成人について、注視時間や情緒的反応などを詳しく観察・評定して、ルイスらは、この点をさらに検討している。一〇、一二、一六、一八ヵ月児群の対象別の注視時間の変化をみると、まず月齢がすむほどに、対象による反応時間の差が大きくなることが注目される（図1・13）[略]。最小の一〇ヵ月では、母親が他対象よりわずかに長い注視をひき起こすほかは、どの対象にも、ほぼ同様な反応時間しかみせていない。それが、最年長の一八ヵ月児では、六対象への注視時間はすべて異なっている。対象の識別がすすみ、対象ごとの差や特徴を知り、それに対して分化した反応を示したのであろう。さらに、自分と同齢の乳児に対しては、性別に応じ

53　第2章　自己についての認識——自己概念——の成立と展開

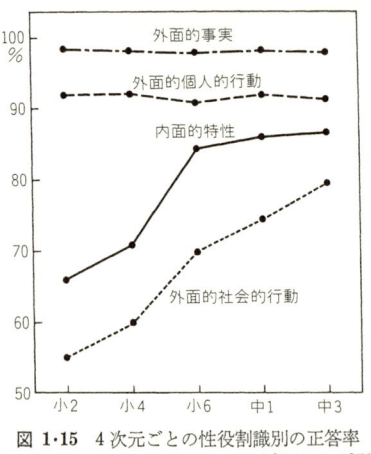

図 1·15 4次元ごとの性役割識別の正答率
(東ほか, 1973)

て識別した注視反応を示しており(図1・14)、性別がかなり早くから"自分"のカテゴリーとして成立していると推定できる。しかもここで、自分と同性の乳児の方をより長く注視するという結果は、他の乳児を、"自分みたい"といった仕方で捉えているとを示唆している。

性別は、自己の特性としては終生変わらないものである。身分、地位、さらには性格、能力など、自己の内容として、しだいに付け加わってゆくものは、性のように一定不変ではない。状態に応じ環境に応じて、また自身の見方そのものの変化によっても変化するものである。その点もっとも安定した特性である性別が、早くから"自己"の特性として認知されており、しかも他人(他の子ども)を認知する際の有力な基準となっていることは興味深い。しかし、さきにも述べたように、何によって性別を識別しているのか、どのくらい多くの手がかりを用いているかは、幼児期以後の長い期間を要し、その間に変わってゆくのである。

性別判断の手がかりは、知覚的・外面的事実から、より内的な性格特性や対人関係における特徴などへと、広がりと深まりを見せる(図1・15)[17]。知覚的・外面的特性だけによらず、内的特性についての推論、総合的判断が加わることによって、性別の識別もより安定し確実なものとなってゆく。

4 社会的空間・対人関係の広がりと自己

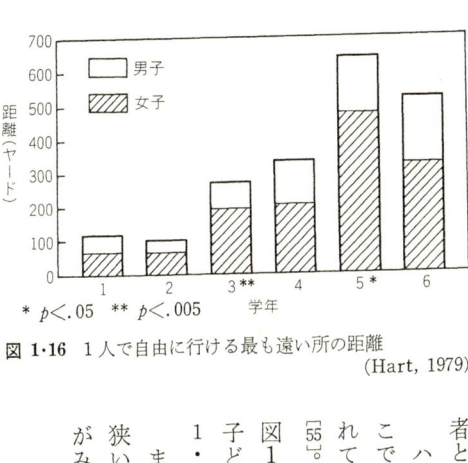

その後、運動機能、言語などの発達に支えられて、子どもの生活空間は大きく広がり、自己と他者との異同や関係の認識は、いっそうすすむことが予想される。これは同時に、自己についての認識の発達も促す。

乳児は、自力で移動できず、誰かに抱かれたり背負われるなど、他人の手をかりて外界に接するか、向うから自分のところにやってくる者としか接しえない。こうした受身の乳児期に比べて、自分で歩き、ことばで交流するなど能動的な社会的行動が可能になることは大きな変化である。この場合、幼児にどれほど広く多様な環境への探索が許されているかは、空間行動の発達はもちろん、社会性、他者と自己の認識など、いろいろな観点からみて重要である。

ハルトは、子どもがどんな所を知っているか、行ったことがあるか、そこで何をするか、自分だけで探索していい自由度がどのくらい親から許されているかなど、子どもの生活をいきいきと具体的に明らかにしている[55]。親から一人で行ってもいいと許されている場所は、距離に直すと、図1・16のように、学年が高くなるに従って、距離は長くなる。と同時に、子どもの性別によって親が子どもに許す行動半径はたいへん異なる（図1・16）。

また、実際の地図で具体的にみると、六歳児では自分の家の周辺のごく狭い範囲に限られるのに比べて、一一歳児では、これが格段と広がる有様がみてとれる（図1・17）。

図 1·16 1人で自由に行ける最も遠い所の距離
(Hart, 1979)

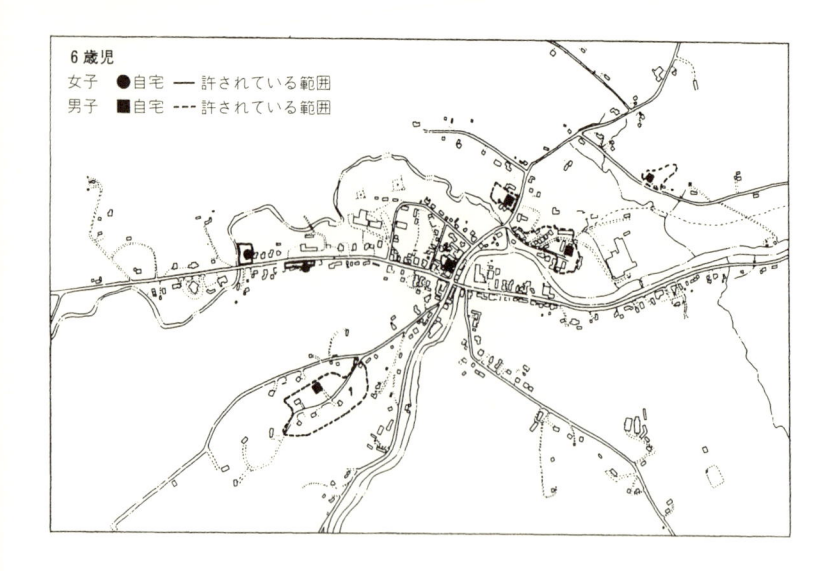

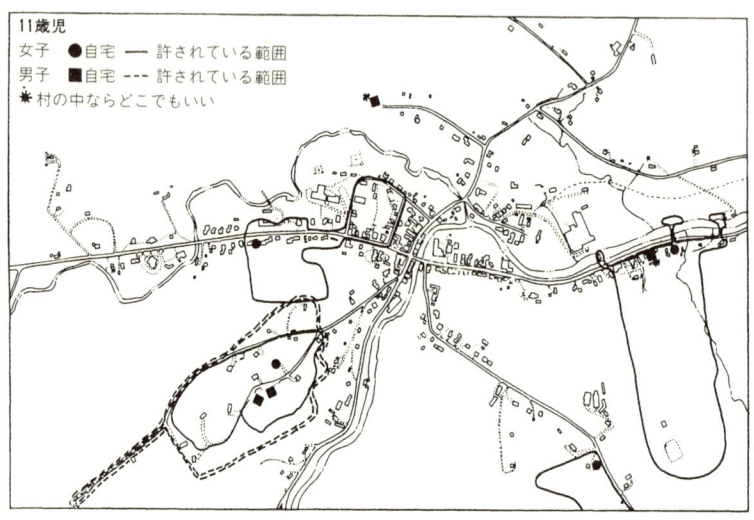

図 1·17 6歳児と 11 歳児の行動範囲地図 (Hart, 1979)

このような、子どもが自由に行動し、探索が許される範囲には、学年差、性差もあるほか、家庭によるバラツキもみられている（図1・18）。何がこの差をもたらすのか。親のしつけ観、親の性格——たとえば神経質で心配症か——などさまざまな要因が考えられよう。ハルトは、母親が外で働く仕事

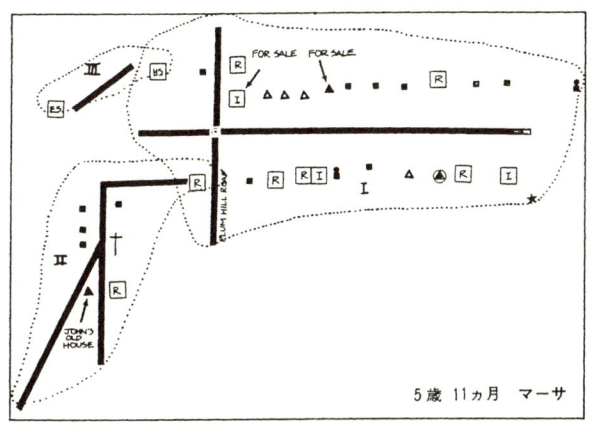

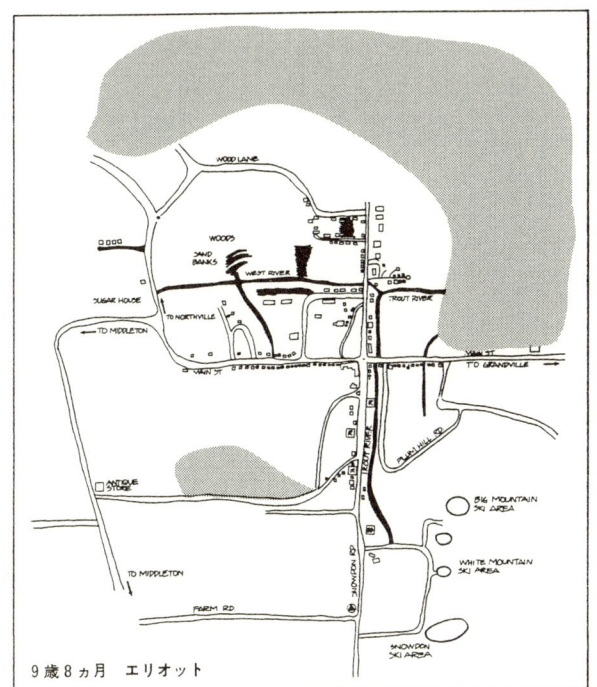

図1・18 子どもの探索行動範囲　　　　　　（Hart, 1979）

57　第2章　自己についての認識——自己概念——の成立と展開

A) 自己中心的　　B) 一方向的

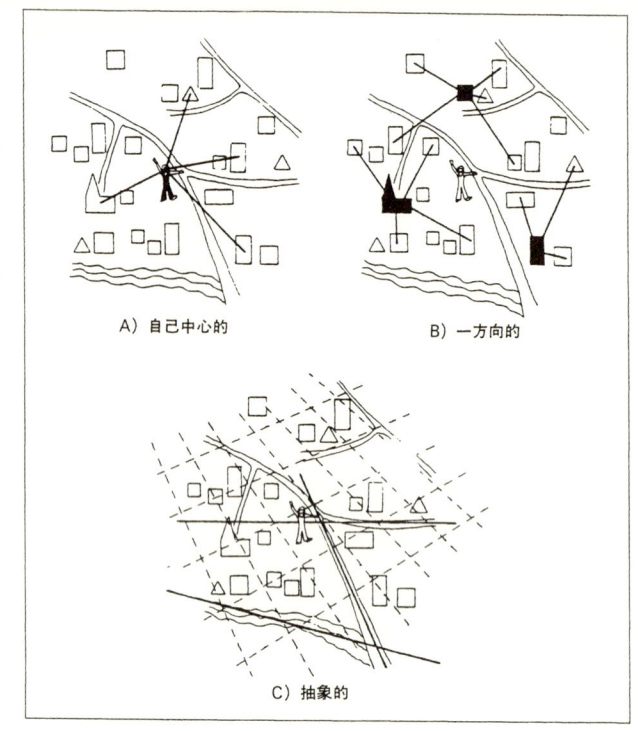

C) 抽象的

図 1・19 子どもは自分の住んでいる周辺地域をどう捉えるか——子どもの認知地図——とその発達
(Hart, 1979)

をもっている家庭で、子どもの自由度が大きくなる傾向を指摘している。そうした背景については、さらに綿密な実証的検討が必要であるが、ともあれ親から広い行動範囲が許されると、その範囲を子どもは活発に探索し、新しい知識を身につけ、新しい遊びを創り出す。その結果、子どもの空間的把握が的確になる（図1・19）ほか、自分が有能だ、これだけのことはできるという自信、自分についての有能感をもつことにまでもつながるであろう[94]。

ハルトは、子どもの空間行動を生態学的手法で捉え、"自己"の発達との関係を巨視的に論じているが、これを別の視点から扱っているのが個人空間の研究である。

個体は、他の仲間の個体との間に一定の距離を保つ。この個体距離 (individual distance) あるいは個人空間には、種による差異が見出されてきた。そして種に特有な個人空間を獲得していく発達的な過

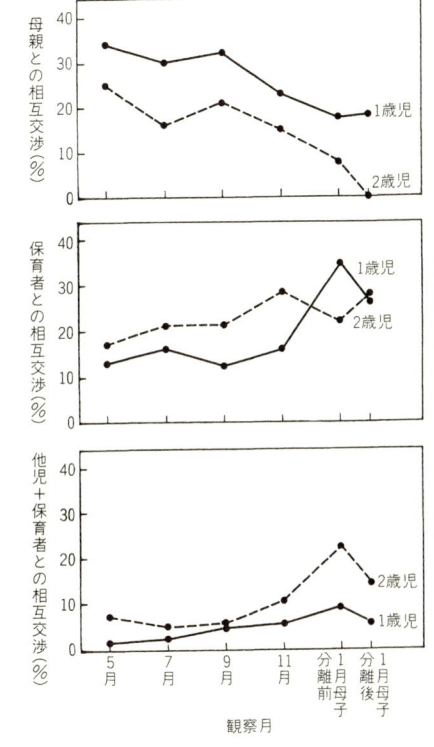

図 1·20 対人行動（交渉相手）の年間推移
（高橋，1980）

程は、子どもが自己と他者との差異や関係を識別していく様相を示すものと見なしうる。

約一〇人の一歳児・二歳児を、週二日集めて、社会的行動の発達を多角的に観察・実験したなかで、高橋は、母親、保育者、他の子どもの三種の人物に対する相互交渉が一年間に図1・20のような推移をみせることを報告している[294]。母親との交渉の減少は、母子間の距離の増大という物理的な空間行動の変化であるが、それは同時に、子どもが母親への心理的密着から脱却してゆくことの間接的指標とも見なせよう。こうして母親から心理的・物理的に離れていった後、さまざまな対人関係をもつ中で、相手に応じた個人空間のとり方を学ぶことになる。

5 個人空間の成立と分化──自己の領域の主張──

個人空間 (personal space, interpersonal distance) の発達的研究は、年齢の上昇に伴って大きくなる

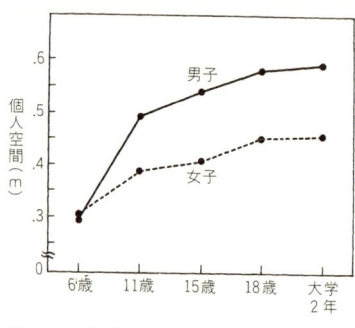

図 1・21　年齢および性別にみた個人空間
（Tennis & Dabbs, 1975）

傾向を、ほぼ一様に、指摘している。

友だちが一人で坐っているところに入室させて、どこに坐るかといった実際の行動で測定するか、人形を与えて、二人（人形）が話をする場合とか、知らない相手の場合といった仮定場面で人形の配置を求める方法で測定するかによって、多少結果にちがいが出る。しかし、幼児から成人までの諸データを眺めてみると、就学前の幼児では個人空間は不安定であり、また年少段階ほど個人空間は小さい（図1・21）[298]。この頃には、自分の個人空間がまだ十分確立していないようで、他人が近くにくる（近くに坐る）ことに抵抗がないのではなかろうか。それが、ここまでは自分の領域で、そこに他人が侵入してくると居心地がわるいといった感じをもつ、また他の人にもそうしたものを認めるようになると、自分と他人との間に適当な距離をとる、というふうになるのであろう。その意味で、個人空間の拡大・定着は、"自己"の確立を示し、自分の領域の主張とみなすことができよう。

個人空間が自・他の分化や対人認知を反映するものであることは、相手の属性や自分との関係に応じて、空間のとり方に差をつけてゆくようになる発達的消長からもうかがえる。親密度・既知度と性の異なる六種の対象に対する個人空間を検討したものによると、幼児では対象間の差は小さく、また対象と自分との関係に応じて個人空間を分化してとることはまだ十分確立していない（図1・22）[251]。それが年長になるほどしだいに人による差をつけ、未知の人より既知の人に、また、親しい者、同性の者に、より近い空間行動をとるようになる。

第1部　"自己"の認識の諸相とその発達　60

性、好意度の差について九歳から成人まで比較したデータでは、個人空間は同性ペアについては年齢とともに増大傾向、異性ペアでは思春期にいったん小さくなるUパタン、好意ペアにはより小さい距離、といった傾向が見出されている（図1・23、1・24）[6]。

子どもが、自分をもっとも開放する相手──心配ごとや悩み・よろこびなど個人的情勢や感情を誰に打ち明けるか──は、思春期以降、"友人"になるという（図1・25、1・26）。児童期以後に対象によって個人空間に差が生じるというデータは、加藤のいう"自己開放性"と関係があろう[150]。自己開放性の大きい相手には、小さい空間を許し、そうでない相手との間には大きく空間をとるというふうに。その意味で個人空間という物理的距離は、相手との心理的距離の反映といえる。対人行動の発達という観点からみれば、個人空間という非言語的手段によって他者への感情や態度を示すことでもある。その意味で、個人空間の成立は、対人関係の中で自己の座を主張し、相手についても同様にその人の座を認めることを示す発達的現象だといえよう。

この自分と他人の間に適当なま

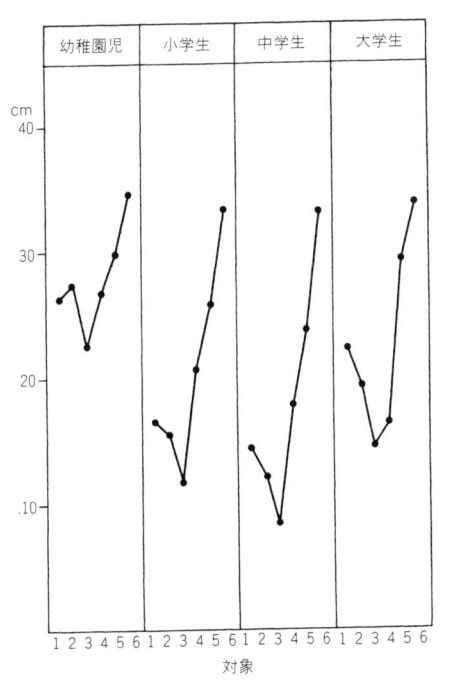

図 1·22 6対象に対する個人空間のとり方
（大泉・鎌田, 未発表）

1：父 2：母 3：親しい同性 4：親しい異性 5：未知の同性 6：未知の異性

61　第2章　自己についての認識──自己概念──の成立と展開

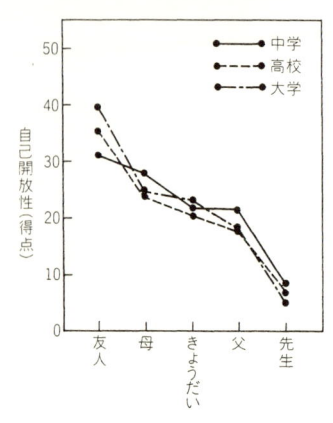

図 1・25 対象別にみた自己開放性（男子）
(加藤, 1977)

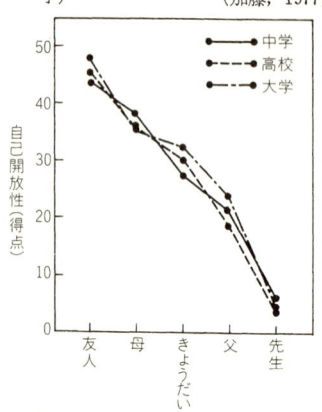

図 1・26 対象別にみた自己開放性（女子）
(加藤, 1977)

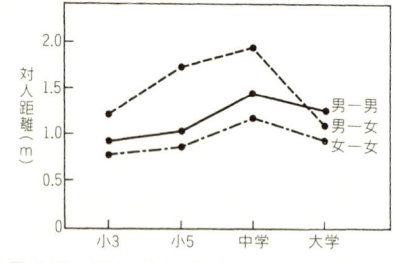

図 1・23 相手の性との組合せ別の対人距離の年齢変化
(青野, 1981)

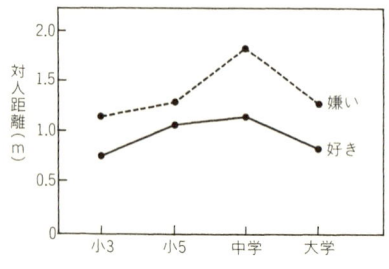

図 1・24 対人感情（好意度）による対人距離の年齢変化
(青野, 1981)

とれるということが、自・他の分化・識別、個別化の成立のしるしであることは、分裂病患者にこれが難しいといわれることからも示唆される。彼らは、他人との間の距離のとり方が下手で、通常の人からみると異常に近すぎたり、逆に適当な距離に近づけないというように不自然だという。また前述のような、子どもがしだいに身につけてゆく、相手によって個人空間のとり方を変える、といった分化がないともいう。このことを木村は、"人と人との間"に問題がある、と適切に記述している[22]。この分裂病の人々には、自分の体の中に他人が入り込んできてしまう、ピタリとはまりこんでとって代わられてしまう、といった自己の中に他者性があ

第1部 "自己"の認識の諸相とその発達　62

る、という**身体幻覚**、また他人に迫害されるといった他人からの圧迫・侵害・命令・干渉されるといった他人からの圧迫・侵害・命令・干渉の妄想が、特徴的、独特な症状だという。いずれも、自己と他者の分化が成立していない自己の個別性の障害である。これらを考えあわせると、"人と人との間"（木村敏）に適切な個人空間がとれる、また相手に応じて変化をつけたまがとれるようになる、という子どもの発達的変化の意味は大きい。

6 他者を知ることの意味——自己を見る"ものさし"を得る——

子どもが狭い家庭内の生活から広い世界に出て多様な人の存在、それぞれの人の差を知る、そして相手に応じて注視の仕方、空間のとり方、情緒的表現などを適切に分化させてとることができるようになる過程は、それ自体興味深く、かつ重要であると同時に、自己を知ることにとってもつ意味も大きい。

乳児が最初に自己を発見する時も、自分の身体内部の感覚経験と同時に、外界のモノからの刺激やフィードバックの経験がきわめて重要であった。物理的な自・他の分化においてもそうであったように、ヒトとしての自己の認識を確立するためにも他の存在は重要であり、そこで多くのことを学ぶ。

その一つは、多様な人と接することによって、人間はどんな特性をもっているか、どれほどバラエティーに富んでいるかを知ることにある。自分と自分以外（他）という大まかな分化に始まった自・他の認識から、他人の中にもいろいろな人がいることを知る。男性と女性、大きい人と小さい人、子どもにやさしくしてくれる人とそうでない人、元気のよい活発な人と静かで落着いた人、というふうに、多様な人に接するほど多くの特徴を見出すだろう。そして、それぞれの人の異同を識別し、自分

63　第2章　自己についての認識——自己概念——の成立と展開

との関係を位置づける。

　幼児はある時期からしきりに人のまねをする。母親がするように鏡の前で顔をぱたぱたしたり、新聞を読みながら食事する父親のふりをしたりする。また、遊びの中にも、学校ごっこ、ままごとなど、模倣遊びが現われ、子どもは、先生になったり、お母さん役になるなど、いろいろな人物のもつ行動や特徴を演じる。このような何々になったつもりの役割演技は、他者が自分とはちがったいろいろな特徴をもっていることを知り、それに興味をもっていることのあらわれである。他人について子どもが発見した属性——外面的な特徴から性格、行動様式、さらにものの感じ方・考え方など内面的なものにまでわたるさまざまな面——について、自分自身についてもふりかえって捉えることになる。

　さきに、自己の認識が最初は外面的・知覚的なものから、しだいに多様な面にまで広がりを見せてゆく過程をみたが、そのような発達は、他者との接触の一つの所産である。もし子どもが他者と接することなしにいたら、どれほど多様な面について自分とは何かを把握することができるか疑わしい。他者は、自己を見る″ものさし″を、それも多次元にわたる″ものさし″を提供してくれる、その意味で重要である。

7　他者認知と自己認知はどちらが容易か・先か

　他者についての認識と自己についての認識は、このように表裏の関係にあるが、この二つの発達はまったく平行して起こるのだろうか。

　子どもに自分の能力や特性を自己評価させると、年少段階ほど、自分には甘く、よい評価をする傾

表 1·19 読み方の成績についての自己評価（平均，低得点ほど自己評価が高いことを示す）および子どもの評価と教師の評価との相関　　(Nicholls, 1978)

年　齢	5	6	7	8	9	10	11	12	13
自己評価	3.06	5.12	9.06	9.00	11.88	13.81	11.63	12.88	15.06
標準偏差	3.82	3.88	5.16	4.76	6.32	5.76	5.94	3.91	7.16
相関係数	—	—	.21	.27	.58*	.71**	.57*	.80**	.78**

* $p<.05$　** $p<.01$

　向が指摘されている。たとえばニコルズは、一年生から六年生について、自分の学業成績の自己評価と実際の成績（教師の評価）との関係を調べ、低年齢ほど、自己評価が実際の成績を上回り、年長になるに従ってそれが現実の成績と一致したものになり、教師の評価との相関が高くなることを報告している（表1・19）[245]。もっと年少の四歳児でも、教師の観察評価に比べて子ども自身の評価は甘く、とくに社会的に望ましいとされている特性では、その傾向はいっそう著しいという（ワイナー[320]）。

　このように、自分については評価が甘くなりがちな子どもが、既に就学前幼児でも、他の子どもについては、その子の過去の成績に照らして将来の予測をかなり妥当にたてうることを確かめている（後述、スティペック）。

　このような研究から子どもには、自分についてと他人についてとでは、認知・評価の難しさが異なることが示唆される。「〇〇ちゃんはいじわる」「〇〇ちゃんはすぐ泣く」「弱虫！」というように、友だちの性格や特徴を幼児はしきりに親に話したり先生に言いつけたりする。ところが、「じゃ、あなたは？」と問い返すと、他の子のことは即座に、かなり的確に特徴を捉えていたのに、自分のことははかばかしく答えられない。そんな日常的な経験も思いあわされる。

　スティペックは、同一の子どもにおける自己評価と他者評価との関係を、それが教師や友だちからの評価とどのくらい一致し妥当なものとなっているかの観点から比較検討

65　第2章　自己についての認識——自己概念——の成立と展開

表 1·20 自己評価とクラスメートからの評価との相関 (Stipek, 1981 a)

クラスメートの評価	学年 5歳と1年	2年と3年
賢さ	.01	.45**
一番よくできる子	.16	.27
一番できない子	.16	-.28
一番よく考える子	.16	.30*
一番考えない子	.14	-.44**

* $p<.10$ ** $p<.01$

表 1·21 自己評価と友人評価で用いたカテゴリーごとの反応(%)(Stipek, 1981 a)

分類（例）	自己評価 5歳と1年	自己評価 2年と3年	友人(他者)評価 5歳と1年	友人(他者)評価 2年と3年
特殊な社会的行動(いつも私のことぶつから)	.00	.00	10.01	11.18
好ましさ(あの子は私の友だちだから)	3.12	.00	9.64	3.90
くせ(あの子はいわれたことをする)	28.13	21.88	31.85	41.51
性格(頭がいい，バカ)	15.62	25.00	13.12	20.52
特殊な課題成績(あの子は難しい本を読む)	15.62	50.00	23.04	20.48
先生の反応(先生がいい子だという)	6.26	3.12	.65	.22
その他	31.25	.00	11.69	1.99

している[23]。ゲス・フー・テストのような方式での自己評価と他者評価とは、就学前後では無相関（表1・20）だが、二、三年になると、"賢さ"から"一番考えない子"の五特性中三特性が有意に相関してくる（表1・21）。この自己評価の精度は教師による成績評価の高さと関係があるという。

課題場面で実験的に成功や失敗の経験を与え、それがその後の成績予想にどう反映されるかをみた場合でも、他人については、三、四歳で既に七、八歳児と同様に成功・失敗の情報に即した将来予測をたてられるのに、自分のことになると、三、四歳では、失敗体験を十分反映した予測をせず、甘い（高い）予測判断をしてしまう（図1・27）。

さらに年長レベルまでについて、自己および他人について自由記述させたものでは、やや異なった発達的推移が得られている。

ライブスレイとブロンレイは、「あなたはどんな人？」「○○（たとえば大好きな男の子）はどんな人？」といった質問に対する子どもの自由回答（言語反応）の内容分析から、次のような量的・質的発達的変化を指摘している（表1・22）[18][37]。異なった種類の記述種類数は、どの年齢でも、自己記述の方が多く、また年齢に伴う増加傾向はむしろみられない、一方、自己記述と他者記述の差はしだいに小さくなること、等である。ここから、ごく素朴に考えられるように、年長になるほど、たくさんの記述をするとはいえず、むしろ発達的変化としては、自分についてと他人についてとではどれだけ多面的に捉えられるかの差がなくなってくることの方が目立つ。また自他の把握の差がまだ上回っている。とはいえ、この年齢範囲では少なくとも記述数に関する限り自分についての方がまだ上回っている。

これがなぜかを示唆するのは、記述回答のカテゴリー分布である（表1・23）[37]。これは全年齢こ

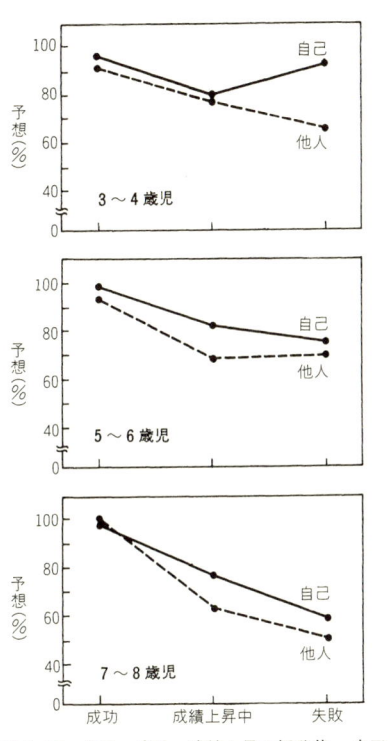

図 1・27 失敗，成功，成績上昇の経験後，自己および他人の成績をどう予想するか
(Stipek, 1981)

みの結果なので、各カテゴリーのもつ比重が年齢段階ごとに異なっているかどうかはわからない（他の研究から推論するとその可能性は大きい）。自己記述と他者記述のカテゴリーの順位相関は〇・七〇だが、いくつかのカテゴリーではかなりの順位差がみられる。自己記述で順位が高く、他

表 1·22 自己および他人についての記述数の年齢的推移　　　(Bromley, 1977)

年齢	7:10	8:10	9:10	10:10	12:4	13:2	14:3	15:3	平均
自己	14.2	12.1	11.8	10.9	13.0	11.4	11.1	10.7	11.9
他人	7.4	9.1	9.1	8.7	9.4	9.6	9.7	8.9	9.0

表 1·23 自己と他人についての記述の内容　(Bromley, 1977)

記述内容カテゴリー	自己 出現比率(%)	順位	他人 出現比率(%)	順位
1. 容姿	4.30	7	6.53	5
2. 全般的特徴と自己同一性	5.54	5	8.34	3
3. 日常生活，習慣	1.34	19	0.63	24
4. 実際におこった事件	3.46	9.5	4.24	7
5. もちもの	2.39	13	2.12	10
6. 生活史	0.58	24.5	0.31	30
7. 最近の社会状況	0.13	30	0.45	27
8. 身体的条件	0.58	24.5	0.52	26
9. 全般的な性格特性	10.50	2	12.96	2
10. 一貫性のある特定の行動	9.40	3	15.01	1
11. 動機づけ	2.70	11	0.38	28
12. 性向，行動傾向	1.36	18	0.35	29
13. 表出行動	1.47	15.5	2.29	9
14. 知的能力や適性	3.67	8	1.88	12
15. 能力，技術	3.46	9.5	1.98	11
16. 好ききらい	23.94	1	3.93	8
17. 興味，趣味	7.61	4	1.39	15
18. 信念，態度，価値観	1.99	14	0.52	25
19. 自分に対する態度	0.37	27	0.94	17.5
20. 評価	5.33	6	7.64	4
21. 社会的役割	0.76	22	1.77	13
22. 評判	0.50	26	0.90	19
23. 交友関係	1.42	17	0.94	17.5
24. 他者との関係	0.34	28	0.80	20
25. 自分への他者の行動	1.08	20	0.63	23
26. 異性との関係	0.87	21	0.69	21.5
27. 相互作用	無答	無答	6.71	
28. 特定の人に対する行動や意見	無答	無答	6.05	
29. 自分との比較	無答	無答	0.66	
30. 他人との比較	0.66	23	0.69	21.5
31. 家族，親類	2.47	12	4.90	6
32. 付加的な事実や考え	1.47	15.5	1.67	14
33. その他	0.31	29	1.25	16

者記述ではこれが低いものと、その逆のケースのカテゴリーを検討してみると、自己についてと他者についてとでは、それぞれ異なった面がより容易に把握されることがわかる。自分については、感情、好み、欲求といった内的過程で、自身の直接体験を通して知りうる面が、他人についての場合よりも把握されやすい。これに対して他人については、表てにあらわれる行動、公的で観察しやすい特性の方がまず把握されている。たとえば16（好き嫌い）、17（興味、趣味）、11（動機づけ）などが自己記述で、他方、13（表出行動）、21（社会的役割）が他者記述で、それぞれより高順位にあるのは、その端的な例である。自分と同じように他人も、好みや興味や動機づけの特徴をもつことは、外からは直接観察しにくいだけに、自分の場合よりもやや遅れる。しかし行動や社会的場面で示される役割は、自分については客観的に捉えることがむしろ難しいのに比べ、外在している他人では客観視が容易なため、その面から捉えてゆくことになるのであろう。

このように自己を捉えることと、他者を捉えることは、それぞれ異なった難しさがある。自己については、直接経験と切り離して外在させ、客観視することに、他方、他者については、外からは観察できない内面的な特性を推論することに、それぞれ難しさがある。ここでの主題である自己の把握についていえば、他人というものは、最初から観察の対象として（客体として）外にあり、その限りでは本や玩具のようなモノと同じである。ところが自分を、それらと同様に観察の対象として客体化することは難しい。みる自分と観察・判断の対象である自分とを分離しなければならないからである。これができないうちは、自分の欲目が鏡に入りこんでしまい、スティペックの年少児のように自己評価は甘いものになっ

69　第2章　自己についての認識——自己概念——の成立と展開

てしまう[234]。

こうしたことは、大人でもしばしば体験するし、あてはまることがある。"自分のことは自分がいちばんよく知っている"とよくいう。しかし、はたしてそうだろうか。"自分の夢や感情に巻きこまれて、現実の自己を冷静に眺め、的確に判断することができなくなってしまう。自分への夢や感情に巻きこまれて、現実の自己を冷静に眺め、的確に判断することができなくなってしまう。自分に対する他人からの思いがけない批判や評価にはっとさせられた経験などを思い出す。このような、自分を自分から切り離してみることの難しさ、その意味で自己を知ることの難しさは、子どもの発達の過程でも大変難しい課題なのではなかろうか。行為の善悪の道徳的判断を求めた場合、自分についての方が、他人についての場合よりも、その結果によらずに意図にもとづいた善悪判断がしやすいという（ケアセイ[155]、二宮[247]）。これは、自分自身のことでは、わざとした過失か、それとも知らないで犯してしまった過失かを直接経験から容易に識別できるし、また、「わざとじゃない」などと弁解することで、親からの罰を避けることも体験的に知っている。これに比べて、直接体験をもちえない他者の行為については、外にあらわれた行為の結果にもとづいた判断に終わってしまう。他者についてその意図や動機といった他者の内側まで考慮するには、たんに外からの表層的理解以上に、その人の立場に立つ、その人の内側にまで入りこむことが必要だからである。

8　他者を知ることのもう一つの意味——自己をみる"角度"を得る——

自分を他人と同様に的確にみることは、子どもにとって難しい。そのネックである自分を観察・認識の対象として他人と同様に客観化するという難しい課題を、子どもはどう克服してゆくのだろうか。何がこれを

可能にするのだろうか。

これもまた、他人、とくに自分とは異質な人と接することや、自分と他とが対立しぶつかり合う経験による。友だちとのけんか、他人からの批判や評価から、子どもは新しいことをたくさん知る。他の子どもも自分と同じ玩具を欲しがっていることや、逆に自分とは別の遊びをしたがっている他の人からのフィードバックや他の人の自分への態度から、自分が他の人にどんな子どもだと考えられているかを知る。そして自分がこうだと思いこんでいた自己認識とのズレを味わう。これらの経験は、自己を他人の目からみる、つまり自己の客観視という、自己への別な角度を学ばせる。

社会心理学者は、自己を反映自己（reflected self, looking-glass self）と呼び、自己とは自生的なものでも内省の産物でもなく、社会的産物にほかならないことを古くから指摘している。そして子どもが他者の役割をとれること、自分に対する他者からの反応に敏感であることが、自己認識の形成にとって重要な契機であるという観点から、役割取得行動や他者認知・対人認知の研究が多くなされてきた。

もっとも、自己を客体化し、外在化する契機は、他人＝人間によるとは限らない。はじめて自分の声をテープレコーダーで聞いたり、知らないうちにとられた写真やビデオを見せられたとき、思いもかけぬ自分を見出す。こんなに早口なのか、なんとかん高い声か、姿勢や歩き方がよくない、といったことを知って驚く。これらは、他人は既に見知っていることであるのに、当の自分ははじめて知ることである。自分について直接経験している面、たとえばすぐおなかがすく、涙もろい、といった面を私的自己（private self）として捉え、他者にさらしていない面、外からの情報によってあとから発見

71　第2章　自己についての認識——自己概念——の成立と展開

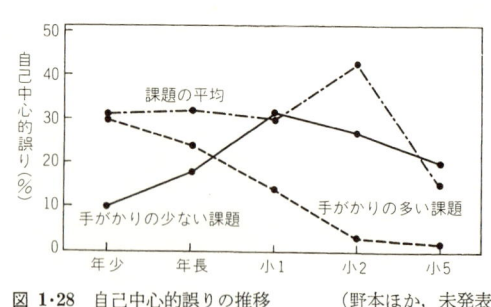

図 1·28 自己中心的誤りの推移　　（野本ほか，未発表）

する自己（public self）と区別することは（バス[40]）、その成り立ちのちがいからみて妥当であろう。テープレコーダーや写真、ビデオなどのモノ以上に、人間は、ことば、表情、態度と、よりダイナミックに多くの判断材料とフィードバックを送ってくれる。

ピアジェが自己中心性として指摘しているように、年少児ほど、モノも人も自分の観点でしかみることができない。自分の手については左右の識別ができても、向き合っている相手の右手や左手を正しく示せない[259]。右左というものは相対的な意味はもたず、自分の身体や手に密着した属性なのである。ピアジェのデータによると、自分の手の左右の識別は五歳で可能だが、相手の手について左右の識別ができるのは八歳であり（七五％の子ども）、さらにあとで、三つのものの位置について左右が識別できるようになるのは、さらに、一一歳までもち越されるという。このような自己中心性傾向をあらわす係数は、五歳頃は〇・五六前後、そして七歳頃には〇・三〇前後と減少し、それ以降、徐々に自己中心性を脱却して、視点の変換——他者や対象の視点からの観察——をし、相対的判断の成立にいたる。

もっとも、この自己中心的傾向は、課題場面の複雑さ・難しさ——自分の位置からの角度とか、課題場面の手がかりの多さなど——によって変わる（図1・28）[248]。

そしてモノについての自己中心性の脱却と同様に、他者についてその人の立場で考えられるか否かは、方向や形のような物理的属性以上に感情や意志などより多様な面を含むだけに難しいかもしれない。短

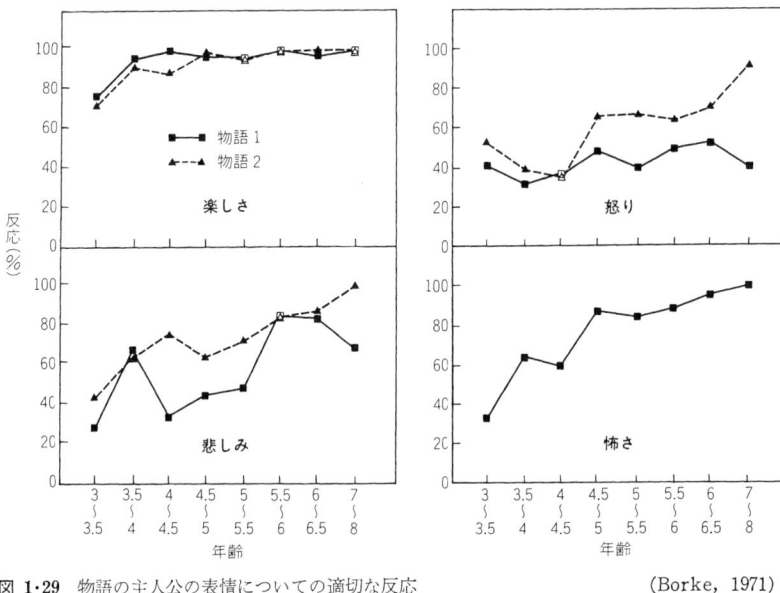

図 1·29 物語の主人公の表情についての適切な反応 　　　　　　　(Borke, 1971)

いお話をきかせ、その中の人物がどんな表情か、その人にふさわしい表情をえらばせたところ、感情の種類によって難易はあるものの、七、八歳頃にはかなりの的確さで他者の感情への共感——他者の立場に立ってみること——ができるという（図1・29）[33]。共感の成立は、自己中心性からの脱却のあらわれであり、さらには、他者への思いやり、援助行動ともつながる。

二人の子どもを一緒に遊ばせ、一人の子が玩具を落として散乱させてしまった時、片付けるのを手伝ってあげるか、また、ごほうびに一つだけもらったクッキーを分け合うかどうかなど、援助・愛他的行動を観察しておく。そして、愛他的行動を示した子ども（四一人中二六人）と示さなかった子ども（一五人）について、図1・29と同様の手法で測定した共感性スコアと、知覚的課題を自己中心的でなく対象の観点から判断できるか否かを示すスコアとを比較したところ、前群は明らかに両スコアとも高かっ

73　第2章　自己についての認識——自己概念——の成立と展開

表 1・24　他者評価・自己評価の相関
（Phillips, 1963）

	自己評価		
	3年	6年	全体
友人評価	.00	.40**	.28**
教師評価	.17	.57**	.32**

** $p<.01$

た（バックレイ[39]）。また、対象の観点に立った客観的な知覚的判断のスコアは三～六歳から八～一一歳のあいだに急激に伸び、愛他的行動スコアと高く正相関していたという。

9　自己の客観化——自己評価と他者からの評価との関係——

他者に対する共感をもてるほどに他者の身になり、他者の立場に立って感じることができるようになると、やがて自分のことも、他者の観点から眺められるようになる。子どもが自分の主観にだけ頼った一方的な判断から、自己を客体化し客観的に認知できるようになると、その子どもに対する他者（教師や友だち）の判断と子どもの自己評価とが一致してくる。

性格や学力などについて、一〇項目尺度で自己評価、教師評価、友人評価をおこなって相互の相関を求めたところ、三年生では、自己評価は、いずれの他者の評価とも無相関であるが、六年生では、有意な正相関をもつようになるという（表1・24）[258]。さらに、自己評価と他者評価とを比較してみると、三年生では、六年生に比べ自己評価が他者からの評価よりも高い（甘い）方に偏り（表1・25）、それは項目ごとにみても同様なのである（表1・26）。

これらは、自分自身を他人と同格な立場から客観的に眺められるようになることと、冷静で現実的な把握が可能となることとは不可分の関係にあり、そのような意味での正確な自己認知の成立が小学校の高学年頃に成立することを物語っている。

ソシオメトリーを用いて学級内の友人構造をみた研究によると、低年齢段階では一方

第1部　"自己"の認識の諸相とその発達　74

表 1·25 自・他評価の比較　　(Phillips, 1963)

他者の評価	学年	自・他評価の関係 自>他 自=他 自<他	χ^2
友人評価	3年	31　33　32	6.5*
	6年	17　47　32	
教師評価	3年	34　33　29	10.5**
	6年	16　50　30	

* $p<.05$　** $p<.01$

表 1·26　3年生，6年生における自己評価，友人評価の項目ごとの比較　(Phillips, 1963)

項　目	自己・友人 3年生　6年生
1. どのくらい親切か	−
2. 上手に読めるか	
3. 友達のためによく働くか	＋
4. 正直で公平か	＋＋
5. スポーツができるか	＋＋
6. 友達と分かちあうか	＋
7. どのくらい賢いか	−
8. 算数が得意か	
9. 不安で神経質か	＋
10. 社会科が得意か	＋

＋は 自己評価>友人評価 を，−は 自己評価<友人評価，無印は自己評価と友人評価に差がない場合を示す.

選択が多く，学年が高くなるに伴って相互選択が多く現われるという。これも，年少児が自分中心的で，一方的な対人認知しかできず，自分を他者の目からみる――他者が自分をどうみているかを考える――ことが少なく，そのために友だちの選択とかみ合わない事情を示している。

このような幼少期の自己認知と他人からの認知とのズレが，しだいに一致してゆく発達的変化は，対人認知，友人関係，学級集団，自己概念などいろいろな文脈で意味深く，研究も少なくない。その中から，現実の自己の認識が，他者からの認知と深く関係し，他者の中の自己をみるということを端的に示したデータを一つ紹介したい。

図1·30は，事前テストでは自己評価に差のない大学生二群で，一方には他者（実験者）からある能力に好意的な評価を，他方の群には否定的評価を与えた後，自己評価の変化をみたものである（ヴァイドベック[314]）。それぞれ他者からうけた評価の方向に，自己評価が動いている。そして否定的な評価の場合の方が他者評価の影響が大きい。しかもそれが，他人が直接言及した面に影響するのは当然として，直接評価の対象にはならなかった他の面にも，程度の差はあれ波及

75　第2章　自己についての認識――自己概念――の成立と展開

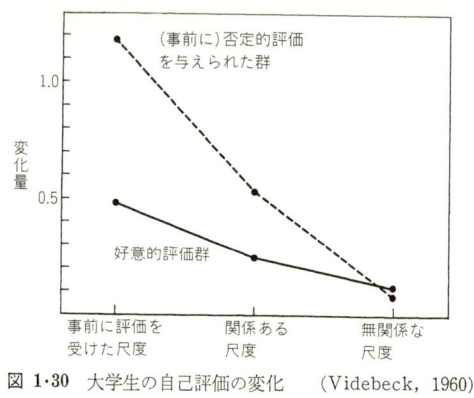

figure 1・30 大学生の自己評価の変化　（Videbeck, 1960）

している。自己認識が、いかに他者の評価に敏感なものかを示している。

このような自己認識と他者からの認識・評価との関係は、発達的な変化もあるが、個人差も著しいことが予想される。大人を見渡してみても、自分が他人からどう見られ、どう評価されているかを始終気にしている人、逆に、他の人が見ているのとはまるでズレた独り善がりの自負・自信にあふれた人がいる。いずれも他者からの評価への敏感さにかかわり、それが極端に強いか、弱いかなのである。いずれの場合も、自己についての認識、自己概念が安定性と柔軟さとをかね備えにくい。自己概念の的確さは、このような他者からのその人への評価との一致やズレから捉えることができる。社会的不適応の一因はこのズレが大きいことにあると考え、このズレを小さくすることに心理療法の主要な目標がおかれているのは、そうした認識からである。既にみたように、発達の初期ほど、自己評価が甘く、とくに社会的に望ましい特性を自分に過大に認める傾向が強いものであった。しかし、他者の批判や態度から、社会的に望ましくない特性も自分がもっていることを知らされ、それを認め、自己への甘い評価を修正することによって、自己概念は現実的で適切なものとなる。

10　自己開放性——自我の硬さ・やわらかさ——

このような現実的自己概念は、どのようにして獲得されるのだろうか。特別な心理療法をうけない

でも普通は日常のさまざまな他者との接触の中で果たされてゆくのだが、しかしここにも広い個人差がある。それはどこから来るのだろうか。

他者――多様で自分と異質な人――との接触を多くもつほど、それだけ多様な他者からの評価をうけることになるであろう。したがって社会生活の豊かさは、とくに幼少時には大きな要因であろう。しかし、接触の多さは必ずしもその他者との心理的情報の交換を豊かにすることにはつながらない。

このことは、ジェラードをはじめ多くの研究者が、自己開放性（self-disclosure）の個人差として問題にしているところである[132]。他人と接しても、自己の私的・内的な面を相手に開き、また相手からもそうした打ちとけた交流をもたなければ、他者評価によって自己評価を修正し、現実的なものとしてゆくことは起こりにくい。ジェラードは、この自己開放性は適応や精神衛生と関係があることを主張しているし、それを一部裏付けるデータもある。

この自己開放性には、発達的な変化（たとえば青年期になると、親への開放性は減じ、特定の少数の人に向けられる）や性差（一般に女性の方が開放性が大きいという――アメリカ人の場合）がある。さらに民族差もあることが報告されている（グッドシュタインら[83]）。これらは、発達過程におけるなんらかの環境的要因が関与している可能性を示唆している。しかしそれについては、今のところ実証的なデータはほとんどみられていない。

かつてレヴィンは、人格の心理学的構造を内部人格的領域と知覚運動領域、さらに内部人格領域は中心と周辺のいくつかの領域から成るものと考え、領域間の壁の厚さ・硬さや、他者に容易に開く周辺領域がどれほど浅いか深いか等で性格の差を捉えうるとし、ドイツ人とアメリカ人の対照的な国民

77　第2章　自己についての認識――自己概念――の成立と展開

性をこの観点から説明している[174]。レヴィンのいう壁の厚さ・硬さは、ジェラードらの自己開放性とかなり重なるものであろう。レヴィンは、壁や領域の位置関係について、共飽和や代償行動、フラストレーション等の諸実験によってかなり明らかにしているが、そうした人格の構造上の個人差や民族差がどのように形成されるかについては、ほとんどふれずに終っている。

自己開放性に個人差、発達的変化、また民族差があることは、これが環境的・後天的要因で形成されている可能性を示唆する。一方、遺伝的要因の強い精神病や分裂病と躁鬱病とでは、自己開放性(自己領域の壁)に対照的な特徴があることが指摘されており、一般に、前者が他者による侵入を恐れ他者に対して自分をとざし内部にこもりがちであるのに対して、後者は社交的・開放的な特徴をもつという。このことからは自己開放性が、かなり生来性の強い可能性も考えられる。

他者に心を開き、他者からの批判や評価に耳を傾け自己認識を変革してゆく、しかし、ただ他からの情報に圧倒的に支配され振り回されるのではなく、自分自身の認識も堅持している、この二つは両立していなければならないものであろう。それがどうして可能か。なぜある人では一方だけに偏ってしまうのか。いわば自我・自己の強さ・硬さとやわらかさにかかわるこれらの問いは、今後明らかにすべき重要な問いだと思われる。

第3章 自己についての評価・感情・信念

1 即事的認識から価値的・感情的認識へ

 自分の側からの主観的自己認識に加えて他者の視点に立って自己を見ることができたとき、子どもは、二つの自己概念をもつことになる。自分自身の自己についての認識——現実の自己概念——と、他者における自己についての認識——他者による自己概念——とである。この二つは、平行・独立に存在しているものではなく、前者は後者によって影響され、修正・変容を迫られ、その結果、自己認識は、たんに即事的なものではなく、価値判断や感情的評価を含むものになってゆく。他者が自分に対して向ける行動に、賞賛、叱責、批判などを見出して、子ども自身、自分についての感情や価値を抱くようになる。

 守屋らがおこなった子どもが自発的にかいた作文や日記の内容分析に、その辺の事情がうかがえる[236]。比較的長い期間にわたるケースを拾い出してみると(図1・31)、作文や日記にかかれた対象は、必ずしも自己についてばかりではなく、他者(友だちや先生)も含まれているが、対象は問わず、認識の仕方という観点から、九つのカテゴリーに分類している。年少段階では単純な即事的記述が主

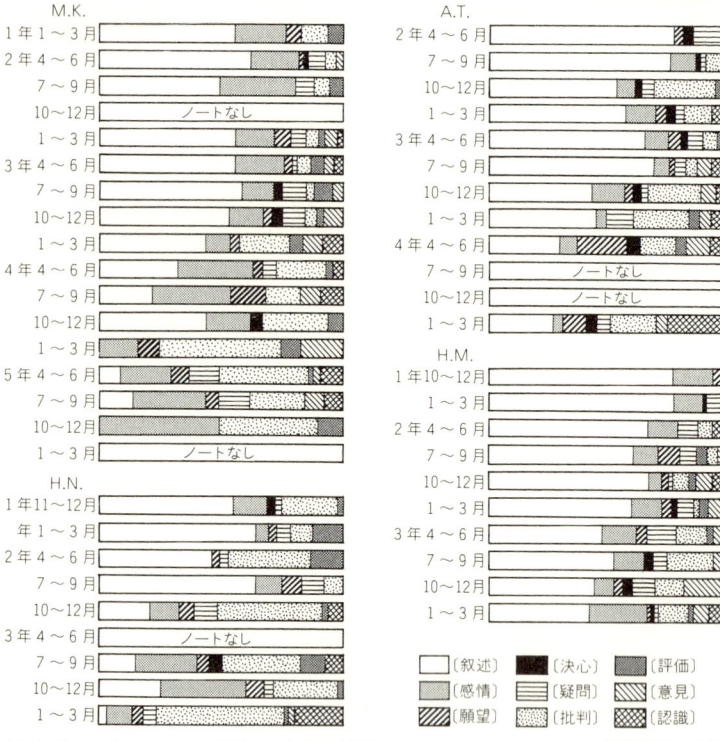

図 1·31 自分についての認識のしかたの推移 　　　　　　　　　　　　　　　（守屋ほか，1972）

凡例：〔叙述〕〔決心〕〔評価〕〔感情〕〔疑問〕〔意見〕〔願望〕〔批判〕〔認識〕

要な内容であるのが、しだいに願望、批判、感情などが大きな比重を占めてゆく逐年的変化がみられる。このような変化はケースにより多少の差はあれほぼ共通に認められ、現在、現実に存在しているものの認識のほかに、あるべき姿、未来のあり方といったものが、子どもの中でしだいに認識されてゆく様子がみてとれる。

これはやがてもっと明確な形になり、現在の現実の自己に対して、こうありたいと考える理想の自己概念をもつことになる。

こうして、自分の側からだけの認識（現実の自己概念）に、まず他者における自己概念が、ついで、あるべき理想の自己概念が加わる。すると、現在の自分について、これでは

第1部 "自己"の認識の諸相とその発達　80

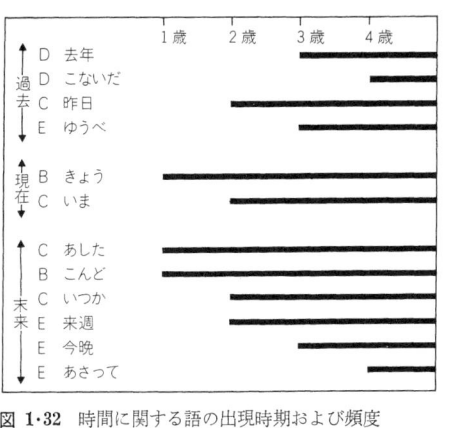

図 1·32 時間に関する語の出現時期および頻度
（大久保, 1967）
6歳までの使用頻度——A：100回以上，B：50〜99回，C：10〜49回，D：2〜9回，E：1回

いやだとか、こんな点は好きだが嫌いなところはここだ、というふうに、感情や価値づけが加えられる。自分自身の自己概念が、他者における自己概念に出会って変容し影響をうけたように、今度は、自分の中の二つの自己概念——現実の自己と理想の自己——とを照応し合わせることになる。

2 自己についての時間的展望——過去・現在・未来の自己——

ところで、現実の自己に対する理想の自己を子どもが明確に認識する前提として、自分が今生きている現在のほかに、既に経験してきた過去、さらに今後、自分が生き経験してゆくことになるはずの未来というものを知っている必要がある。

この時間的展望、過去——現在——未来の区分とそれらの連続的関連性を、子どもがどのように、いつ頃把握するようになるかを扱った実証的研究は乏しい。一人の幼児の言語発達を誕生時から就学時まで丹念にあとづけた大久保の研究の中から、時間に関する語を拾い出し、その語の出現時期と頻度を過去から現在・未来の順に配列してみると（図1・32）、一歳では、現在についてと"あした"というごく近い未来か、"こんど"という漠然とした未来が中心であり、過去についての語は二歳以降にあらわれている[253]。

子どもの時間的展望がひらけてゆく様相は、別な資料からも

81　第3章　自己についての評価・感情・信念

の現在と過去の比較　　　　　　　　　　　　　　　　　　　　　　　　（守屋ほか，1972）

2 年生	3 年生	4 年生	5 年生
4〜6月 7〜9月 10〜12月 1〜3月	4〜6月 7〜9月 10〜12月 1〜3月	4〜6月 7〜9月 10〜12月 1〜3月	4〜6月 7〜9月 10〜12月
6　5　5　2	2　8　7　4		
1　0　2　2	0　1　1　0		
4　0　4	1　1　0　0		
0　0　1	2　1　1　1		
1　2　4　3	3　2　1　1	2　0　2　4	
0　0　0　0	2　3　2　3	4　2　5　8	
0　2　0　0	2　0　2　0	0　1　1　1	0　0　0
0　0　0　0	0　0　0　0	0　0　0　0	0　0　0

示唆される。前述の守屋は、自分に対する批判・評価が、現在についてか、過去についてかを比較して、年少段階ではほとんど現在の自分に集中しているが、後年になって過去の自己にもそれが向けられることを明らかにしている（表1・27[236]）。また「このごろ、字がきれいになってきました」と いった過去から現在への連続と変化が現われる。これは、「私は作文をくわしく書けない。思ったことも、考えたことも書けない」と、実際には過去からつづいている特徴なのに、その時々の断片的なこととしてしか捉えられなかったのと比べると、大きな変化である。"このごろ"前にくらべて"今までよりも"といった、過去と現在を区分しながら、その変化の流れを把握した表現も、その頃あらわれてくる。

自分の過去の姿が、現在と比較されて批判の対象になると、次は、今はこうだが、これからはこうありたいと未来の自分を考えるようになるのは自然のなりゆきであろう。いくつかの年齢のうち一番なりたい年齢となりたくない年齢、その理由を問うベスティエール検査法で、選択や拒否に妥当な理由づけをする者は年長になるほど多い。逆に「なぜなりたい（なりたくない）」と理由をあげて未来の自己を想定することの難しさは、年少の四歳児ではかなり多いと都筑は報告している[309]。たとえば「早く一歳年上になりたい」と答えた者の理由の分布で、四歳児の約半数が「無答」

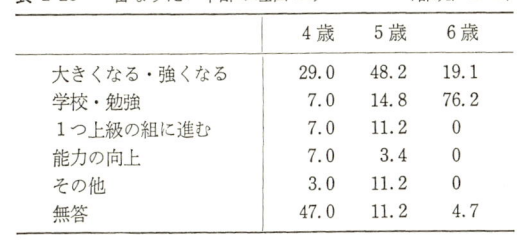

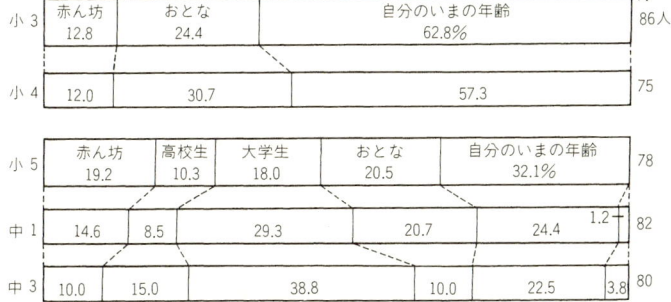

表 1·28 一番なりたい年齢の理由づけ　　　（都筑，1981）

	4歳	5歳	6歳
大きくなる・強くなる	29.0	48.2	19.1
学校・勉強	7.0	14.8	76.2
1つ上級の組に進む	7.0	11.2	0
能力の向上	7.0	3.4	0
その他	3.0	11.2	0
無答	47.0	11.2	4.7

表 1·27 自己の〈批判〉〈評価〉

児童名	学年 月	1年生 10〜12月	1〜3月
M.K.	現在	4	1
	過去	1	1
H.N.	現在	3	4
	過去	0	0
K.T.	現在	1	2
	過去	0	1
M.K.	現在		1
	過去		0

	赤ん坊	おとな	自分のいまの年齢	N
小3	12.8	24.4	62.8%	86人
小4	12.0	30.7	57.3	75

	赤ん坊	高校生	大学生	おとな	自分のいまの年齢	
小5	19.2	10.3	18.0	20.5	32.1%	78
中1	14.6	8.5	29.3	20.7	24.4	1.2	82
中3	10.0	15.0	38.8	10.0	22.5	3.8	80

図 1·33 "一番なりたい時期"として選択をした時期の分布　　　（塚野，1978）

である（表1・28）。また、一年前と比べて、変わったかどうか、変わったのはどんなところか、といった過去から現在への変化を尋ねたのに対して、四歳児の大多数が見当ちがいの反応をしているが、五歳、六歳となるに従って、身体的成長や心理的成熟や対人関係の変化など適切な指摘をするようになるという。なりたい（なりたくない）ものを選ばせる質問に対して答えられない子どもは、四、五、六歳でそれぞれ四〇・五％、二二・一％、一三・四％（七問合計）だったと報告している。

これらは、四歳頃では、自分の過去についても未来についても明確な把握はまだ困難で、その後しだいに現在の自己の前後に過去と未来の自己を適切に位置づけるようになることを明らかに

83　第3章　自己についての評価・感情・信念

している。

どの年齢時期を選択するかを同じ方法でみた塚野によると、現在（自分のいまの年齢）は学年とともに減少し、過去（"赤ん坊"）の選択は少なく、未来の選択が増えている（図1・33）[308]。この傾向は、同じ方法によるザアッツオの研究で年齢上昇に伴い"現在"選択が増加するのと異なり、その差は日本とフランスの子どものおかれている状況の差を反映していると塚野は解釈している。

一方、ガールドらは、自己認識の発達にとって、自己が過去から現在、さらに未来にわたる時間の流れの中でずっと同一存在として連続したものであることの理解を重要視し、時間的同一性の成立を、過去から現在、現在から近い未来、現在から遠い未来、の三つについてみている（図1・34）[91]。最年長の九歳でも、この時間的同一性はまだ完全には成立しておらず、現在からごく近い将来までの短い時間範囲から、まず自己の同一性が理解されるが、過去から現在、また現在からずっと先の将来までの自己の同一性の把握は、それよりおくれることがここからうかがえる。

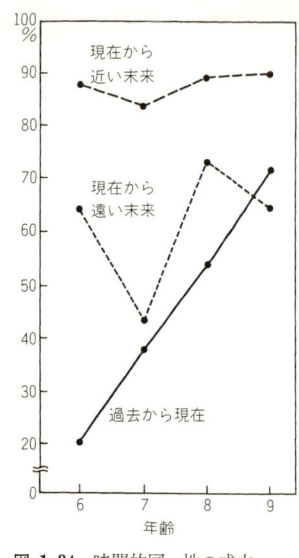

さて、①今、経験している現在の前後に過去と未来が存在しているという時間概念の発達と、②そうした時間の流れの中で、自己は身体の大きさ、身分、地位などの変化にもかかわらず、ずっと同一の存在として連続性・一貫性をもっていることの把握は、自己認識の発達上重要であり、ロジャース、エリクソンなどは、この一貫性・連続性を自己概念、自我同一性の要件としている[263, 64]。

図 1·34 時間的同一性の成立
(Guardo & Bohan, 1971)

第1部 "自己"の認識の諸相とその発達 84

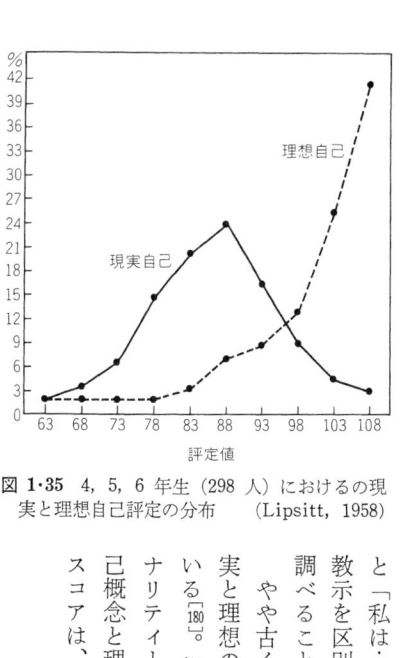

この二つの発達は、正常な子どもでは何の苦もなく現われるし、まして普通の大人は自明のことと思っている。けれども、「一瞬一瞬、別個の自分の層に解体していくような……」とか、「……てんでんばらばらでつながりのない無数の今が、今、今、今、今と無茶苦茶出てくるだけで……私の自分も……瞬間ごとに違った自分が何の規則もなくてんでんばらばらに出ては消えてしまうだけで、今の自分と前の自分との間に何のつながりもない」という分裂病離人症の知覚経験（木村[157]）を読むと、時間を超えた自分の一貫性・連続性が自己の認識にとってどんなに大きな意味をもつかを改めて知らされる。

3 現実の自己と理想の自己

このような時間的展望を基盤に、理想の自己概念が成立する様相は、「私は……です」（I am……）と「私は……になりたい」（I would like to be……）という二種の教示を区別して、質問紙に回答させる方式で、小学校高学年から調べることができる。

やや古くはリプシットが、四〜六年生を対象に、この方法で現実と理想の二つの自己概念の関係について発達的検討を行なっている[180]。親切、人に好かれる、正直、怠け者など二二のパーソナリティー像について、現実と理想自己の二評定を求め、現実自己概念と理想自己概念とのズレのスコアを得ている。現実自己のスコアは、全年齢でみるとほぼ正規分布しており、また発達的な

%
42
39
36
33
30
27
24
21
18
15
12
9
6
3

理想自己

現実自己

63 68 73 78 83 88 93 98 103 108
評定値

図1・35 4, 5, 6年生（298人）におけるの現実と理想自己評定の分布 （Lipsitt, 1958）

85　第3章　自己についての評価・感情・信念

表 1·30 "極端にきびしい現実自己"と"きわめて高い理想自己"の選択数（平均）
(Katz & Zigler, 1967)

学年	IQ	現実自己	理想自己
5年	低	7.7	12.0
	高	8.8	13.3
8年	低	5.4	11.9
	高	7.0	12.3
11年	低	4.2	12.2
	高	6.6	11.8

表 1·29 現実―理想自己のズレの発達的変化と知能レベルとの関係
(Katz & Zigler, 1967)

学年	IQ	質問紙法	形容詞チェックリスト
5年	低	11.0	2.3
	高	11.2	2.3
8年	低	15.4	4.5
	高	28.8	5.6
11年	低	19.0	4.1
	高	26.9	5.9

表 1·31 現実の自己イメージ，理想の自己イメージ，およびそのズレ
(Zigler et al., 1972)

		知能年齢	生活年齢	ズレの平均	現実自己イメージ	理想自己イメージ
施設児	知恵おくれ	10.5	16.3	10.22	58.56	74.50
	年少（正常）	10.6	10.9	12.05	53.25	77.10
	年長（正常）	15.4	16.1	14.75	55.55	85.10
家庭児	知恵おくれ	10.0	14.3	7.95	66.65	78.70
	年少（正常）	10.6	9.8	11.70	65.85	86.85
	年長（正常）	16.0	16.1	14.50	64.65	88.25

差はこの年齢範囲内ではみられていない。一方、理想自己のスコアは低いものは少なく、きわめて高いものの方に偏って分布している（図1・35）。そして、両概念のズレのスコアは、ズレの大きい方に偏りがみられている。この評定法が、この年齢児でかなり信頼性の高いことは、二週間後の再テストで確かめられている。

カッツらは、このズレに発達的変化があり、年齢の上昇に伴って大きくなること（五年生――一一・一、八年生――二三・〇）、またIQレベルとも関係しており、年少の五年生を除いては高いIQ群の方でズレが大きいことを、質問紙、形容詞チェック・リストいずれの方法を用いた場合にも見出している（表1・29）[152]。

このような発達的変化と知能レベルとの関係は、子どもが成長とともに、現実の自己との

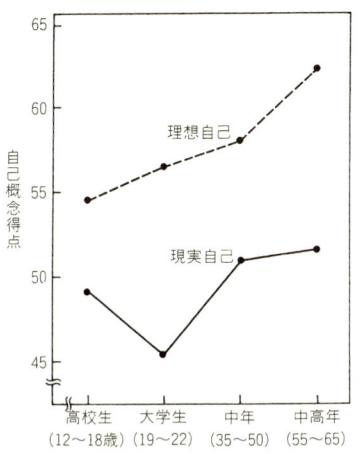

図 1・36　現実と理想の自己概念の比較
(Hess & Bradshaw, 1970)

きびしくみ、他方、あるべき理想を高く描くようになってゆくこと（表1・30）、また、自己についての現実的判断と理想の形成は、子どもにとって知的な課題にほかならないことを物語っている[152]。

これらを考慮すると、現実―理想のズレの絶対値を、ただちに不適応の指標と見なすべきではなく、むしろある程度のズレがあることが、自己を客観的にみ、他方、あるべき理想像を描きえている知的成熟のあらわれと見なすべきではないか。ザイグラーらが、施設児と家庭児両サンプルに、知能年齢と生活年齢の異なる群を設けて、現実自己と理想自己の形成とそのズレが発達的な問題であることを確かめている（表1・31）[332]。

ただ、たしかにこのデータは知能年齢、生活年齢の高いレベルほど、両概念のズレが大きいという発達的な意味を示しているが、同時に、環境の恵まれない施設児群の方が、同齢の非施設児に比べて、両概念のズレが大きいことも示していて、適応とのなんらかの関連も示唆している。（後述する、主として成人の臨床を扱う人々が、現実と理想のズレを不安・不適応などの問題としてみる立場とつながるであろう。）

学齢期の子どものデータは、年少段階ほど、理想の自己といったものを想定することが難しい。また現在の自己についても、自己中心的見方しかできず、客観的で現実的な判断をすることも困難である、という発達的特徴を反映しているが、さらに上の年齢段階では、現実と理想の自己概念は、また異

87　第3章　自己についての評価・感情・信念

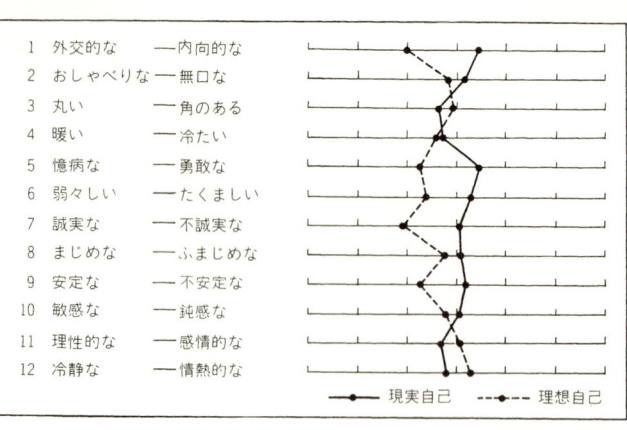

1	外交的な	―内向的な
2	おしゃべりな	―無口な
3	丸い	―角のある
4	暖い	―冷たい
5	憶病な	―勇敢な
6	弱々しい	―たくましい
7	誠実な	―不誠実な
8	まじめな	―ふまじめな
9	安定な	―不安定な
10	敏感な	―鈍感な
11	理性的な	―感情的な
12	冷静な	―情熱的な

――● 現実自己　・・・・● 理想自己

図 1・37　自己像のプロフィル

（砂田, 1979）

なった消長をみせる。ヘスらの高校生から成人までの四年齢群についてのデータ（図1・36）は、理想自己は年齢上昇に伴って高くなるが、現実の自己概念は大学生段階で有意に低下をみせ、その結果、現実―理想のズレは、この頃最大となってくる[106]。この変化は、青年期の特徴としてしばしば指摘されている自己に対する批判のきびしさと、他方、高い理想を描く傾向とを反映していると考えられる。

青年期の自己概念の現実と理想のズレがどのようなものか、その例として砂田の男子大学生のデータをあげておく（図1・37）[29]。

4　適応の指標としての現実と理想の自己概念のズレ

自己概念を現実と理想の二面から別々に測定するアプローチは、子どもに、現実の自己に対して理想の自己像が成立してくることに対応させたものであった。と同時に、この二つの概念の関係、ズレが、自己に満足しているか、また不安や情緒的障害をもたず適応的であるかどうかを示すという観点から、両自己概念のズレを適応の問題としてみる立場は、サリヴァンやロジャースなど臨床にたずさわる

第1部　"自己"の認識の諸相とその発達　88

人々に多い[289, 263]。ロジャースは次のように捉えている。不適応に悩みカウンセリングに訪れる者は、最初、現実自己に対して、理想自己に比べ、はるかに低い評価を与えていたため、現実自己と理想自己との間に大きなズレがある。カウンセリングがすすむうちに、現実自己の認識に変容が生じ肯定的な面を発見したり、それまで不満やひけ目を感じていたことをあるがままに受容できるようになる、といった現実の自己の認識に変化が起る。他方、自分には到底実現不可能な高すぎる理想の自己概念をもっていたために、不当な現実自己の否定や拒否の念を抱いていたのが、自分の現実や客観的状況に照らして目標になりうる意味のある理想に修正される。その結果、現実と理想の自己の間の大きなズレが解消してゆく。

さて、現実の自己についての認識のほかに、これと時に対立して意識される理想の自己概念をもつことは、自己への批判、拒否、また満足、受容などの感情や価値判断をもつことである。そして自分に対してどのような感情を抱き、どう価値づけるかは、その人の行動を決定する鍵である。これは治療の対象になるほどの不適応、問題行動をもつ人の場合に限らない。どのように行動するか、何ができるかは、外的な刺激状況によって決まるのではなく、その人が環境をどう認知しているか、またそこに自分をどう位置づけ、価値づけて認識し、自分の存在の意味を認めているかが客観的にどうであるかではなく、当人がどう自分の価値を評価し、自分の存在の意味を認めているかが重要なのである。

5 自己受容と適応をめぐる諸問題

自己に対する感情、価値づけに焦点をあてて、直接それを測定しようとするアプローチがある。ク

表 1・32 児童（4年生から8年生）における自己概念の次元（各次元のもつ重みの比較） (Kokenes, 1979)

因　子	学　　年				
	4	5	6	7	8
自己の非受容	56.7	56.5	16.6	53.8	12.8
自己拒否	13.1	10.7	51.4	11.2	12.3
自己受容	10.3	5.7	4.2	5.4	6.3
悪い両親-家庭の関係		11.4		12.3	51.1
良い両親-家庭の関係	6.6		10.7		
社会——自他の成功	5.4	7.6	13.2	7.9	8.3
学校での成績がよい	3.7	8.1	3.8		5.3
学校での成績が悪い	4.1			5.3	
計	99.9	100.0	99.9	95.9	96.1

　クーパースミスの自己尊重尺度 (Self-esteem Inventory) は、その代表的なもので、この種のアプローチの出発点ともいえる[45]。彼は、カウンセリングの過程であらわれる来談者の自己に対する評価、感情、価値づけなどの記述の中から一〇～一二歳児に該当する質問五〇項目を構成した。項目は、友人関係、親との関係、学校生活などの領域にわたるさまざまな行動やパーソナリティー特性にわたり、自己尊重の高いと見なしうる肯定的項目（「私は自分で決断しそれを実行できる」「私は友だちに好かれる」「自分のすることに確信がある」など）と、自己尊重が低いと見なしうる項目（「私はすぐ失敗してしまう」「自分のことがとても恥ずかしいと思うことがある」「うちでは誰も私のことをかまってくれない」など）が半々ずつで、これらの質問への回答から、自己尊重度が測定される。クーパースミスは、一〇～一二歳児にこれを実施し、他方、学校の先生にそれぞれの子どもの行動について評定を求め、かなりの信頼性、妥当性を見出している。

　コーケンスはこの尺度を用いて、四年～八年生に対し調査を実施し、五〇項目が表1・32のような因子から成り、学年によって因子構造が多少異なることを報告している[164]。自己尊重といっても、そこにはいくつかの面が区別でき、また扱っているこの五〇項目の限りでどんな面が重要性をもつかに、子どものレベルによってちがいがあることがわかる。とくにこのサンプルでは、"自己拒否"が

第1部　"自己"の認識の諸相とその発達　90

表 1·33 自己尊重の高さ
(Piers & Harris, 1964)

被験者		学　年		
		3年	6年	10年
男子	総　数	63	71	64
	平　均	68.6	63.6	69.95
	標準偏差	15.77	13.91	12.09
女子	総　数	56	56	53
	平　均	70.3	65.7	68.4
	標準偏差	14.35	12.87	9.07
計	総　数	119	127	117
	平　均	69.39	64.52	69.23
	標準偏差	15.14	13.50	10.85

　六年生で大きいが、それまでの近くの学校のなじんだクラスから大きい規模の学校に移った時期にあたること、および思春期の身体的変化が起こることと関連があるだろうと解釈している。この学年差が一般性をもつかどうかは決め難い。事柄がサンプルとその社会的背景に負うところが大きいからである。ただこのデータは、子どもがどのような面でもっとも自己受容―拒否を敏感に経験するかに、発達的な差があることを明らかにした点に留意したい。

　このような自己尊重のいわば質的構造上の差のほかに、全体として量的面での発達的な変化も予想される。ピアーズらは、別な自己尊重尺度を構成して、三・六・一〇年を比較し、男女ともに中間の年齢段階で、自己尊重が低く、その前後が高いU型の変化を報告している（表1·33）[280]。

　梶田、加藤などの青年期を中心とした包括的な研究でもこの面が明らかにされている。

　加藤は、自己受容の度合いと自己批判の度合いとを別々のスコアとして算出する方法で、青年の自己概念を、受容・批判という価値づけに焦点をおいた検討を行なった[150]。結果のうち、同じ青年期でも男女で発達的消長がかなり異なることが注目される（図1·38、1·39）。

　また梶田は、青年期を自己形成あるいは自己実現に志向する時期として位置づけ、これにかかわる態度や動機づけの構造と発達の解明を試みている。その中から、これまで扱ってきたものに近い〈自信と自己受容〉の次元と、他者から自分に向けられる評価への敏感さに関する〈他者のまなざしの意識〉の次元の、小学生から高校生までの消長

91　第3章　自己についての評価・感情・信念

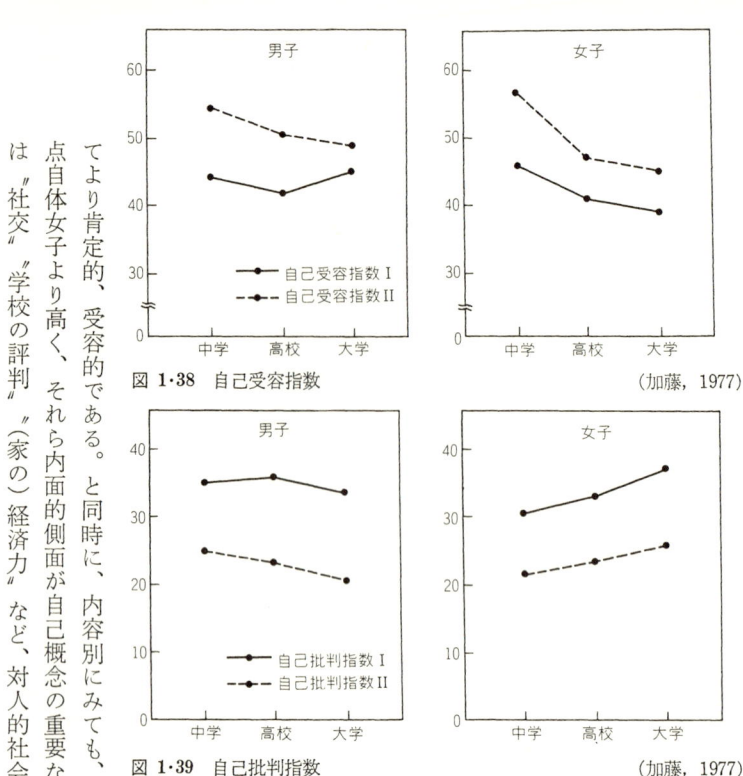

図 1·38 自己受容指数 （加藤, 1977）

図 1·39 自己批判指数 （加藤, 1977）

をプロットしたのが図1・40である[135]。

二つの次元の年齢的推移は異なると同時に、いずれの次元にも性差があり、ことに年長ほどそれが著しい。これは、態度、行動、興味などさまざまな面で、青年期に性別化が大きくなり、それと関連して、自己認識でも性別にかかわる面が大きくクローズアップしてくることによる。女子が〈自信・自己受容〉を急激に低下させ、〈他者のまなざし〉を強く意識する傾向がみられる。

青年期における自己概念の性差は、山本らでも同様に認められている（表1・34、1・35）[327]。全体としての自己評価が男子に有意に高く、自己に対してより肯定的、受容的である。と同時に、内容別にみても、男子では"知性"や"生き方"などの得点自体女子より高く、それら内面的側面が自己概念の重要な位置を占めている。これに対して女子では"社交""学校の評判""(家の)経済力"など、対人的社会的要因のウエイトが大きい。そして男子

で自己評価に大きな位置を占めていた〝知性（知的能力への自信）〟は、女子の自己評価にはほとんど関係していない。

このような自己概念における性差は、のちにみるように、女子が自己の性役割として期待されているものを受容できず、他者（社会）の期待する性役割と自己の抱く性役割のズレに直面させられるという、男子にはない状況を反映している。

自己尊重、自己受容に関する発達的研究をいくつかみてきたが、この問題は、そもそも単純な年齢変化をみるだけではあまり意味がない。研究ごとに、自己尊重・受容の定義も、したがって測定用具も異なるから、発達的推移はこのようなものといった姿は浮かび上りにくい。ここでは、代表的アプローチから二、三の研究例をあげたにすぎないため、データ不足、各サンプルの特殊性の故に、全体的な姿が掴めないと考えられるかもしれない。しかし、必ずしもそうではなく、たくさんの研究例を集めてみるほど、それらをつなぎ合わせることの難しさはむしろ増してしまう。これは、そもそも自己尊重、自己受容といった事柄に、一般的な発達的変化を想定する

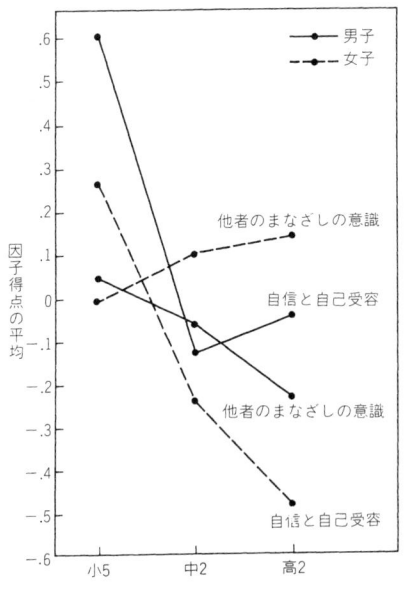

図 1・40　自信・自己受容と他者のまなざし
（梶田，1980 より作図）

93　第3章　自己についての評価・感情・信念

表 1·34 男女別の各側面の尺度得点の平均と性差
(山本ほか, 1982)

側面	男 平均	男 標準偏差	女 平均	女 標準偏差	t	(df)
社　　　交	3.00	1.04	3.22	1.08	2.63**	(640)
スポーツ能力	3.04	1.11	2.60	1.10	4.90**	(640)
知　　　性	2.99	0.92	2.56	0.89	5.81**	(641)
優 し さ	3.49	0.86	3.43	0.80	0.99	(636)
性	2.19	0.96	1.63	0.87	7.50**	(639)
容　　　貌	2.76	0.95	2.58	0.94	2.24*	(640)
生 き 方	3.21	1.06	2.84	1.08	4.25**	(641)
経 済 力	2.54	0.93	2.70	1.00	2.10*	(639)
趣味や特技	3.30	1.11	3.02	1.19	3.10**	(641)
まじめさ	3.44	0.82	3.41	0.86	0.39	(641)
学校の評判	3.12	1.08	3.37	1.10	2.82**	(642)

* $p<.05$　** $p<.01$

表 1·35 自己認知の尺度得点を説明変数にし, 自己評価を外的基準とした重回帰分析
(山本ほか, 1982)

説明変数	男	女
社　　　交	.157***	.080
スポーツ能力	.009	.011
知　　　性	.173***	.025
優 し さ	.103**	.278***
性	−.046	−.020
容　　　貌	.161***	.207***
生 き 方	.197***	.161***
経 済 力	.065	.162***
趣味や特技	.082*	.117*
まじめさ	.078*	.046
学校の評判	.068	.064
R^2	.429***	.449***

* $p<.10$　** $p<.05$　*** $p<.01$

さきにふれた通り，たしかに年齢段階によって自己尊重の構造に質的なちがいはあるだろう。また，概して自己を受容しにくく，自己への批判や否定が激しい時期もあるにちがいない。また年少段階では，自己に甘く楽天的評価の傾向もあろう。しかし，そうした変化がいつ生ずるのか，また，あるサンプルの年齢集団で，拒否的傾向が何故著しいのかについて，一般的結論を出せるものではない。そ方がだいたい見当ちがいなのだと思う。

れは、その人のおかれている環境的条件、社会的・文化的背景と深く結びついているからである。加藤は、さきの女子のデータが、同じ方法による別なサンプルでのデータとはかなり異なっていたと報告している。この差について、どちらが一般的かを確かめることはあまり意味がない。むしろ、どのような要因が、この差をもたらしたかを明らかにすることが重要である。自己尊重、自己受容の問題は、一般的な発達よりも、その差をもたらす要因の解明と、どうすることによって望ましい方向にそれを変容させられるか、といった臨床的実践（カウンセリングに限らず、青年自身の自己形成も含めて）の問題なのだと思う。

同一の被験者について、六年生の時とその六年後に自己概念を追跡した稀れな縦断的研究は、自己尊重がかなり安定したものであり、両時期のスコアは中央値でほぼ等しいと報告している（カールソン）[42]。このことからも、一般的な発達的変化以上に、それぞれの子どもの自己尊重の個人差の由来や背景を探ることが、より意味深いといえよう。そのためには、年齢、学年の異なるいくつかの群をつないでその変化をみる横断的資料ではなく、縦断的追跡調査によって、その子どもに生じたどのような環境上の変化や経験が自己概念の変化と対応しているかが、もっと確かめられなければならない。

その点でバックマンらの一〇学年生（高校生）から始めてその後八年間を追跡したデータは貴重である[12]。八年間の追跡研究に最後まで残った、広い地域にわたるサンプル一六〇八人（開始時の七七・二％にあたる）の自己受容得点は、全般に上昇傾向をみせているが、八年間の自己受容度は、概して高い安定性を見せている。そしてそれは学校教育のレベルと密接に関係している。サンプルを学校教育水準によって六群にわけて、八年間の自己受容得点をみたところ（図1・41）、高い教育水準ま

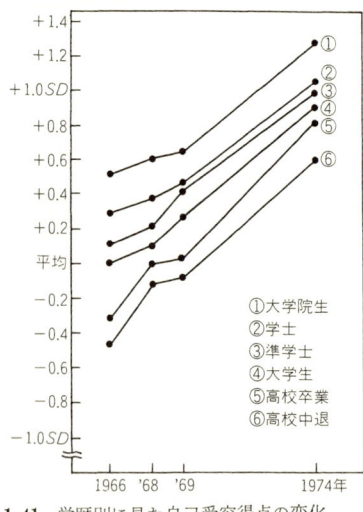

図 1·41 学歴別に見た自己受容得点の変化
(Backman & O'Malley, 1977)

到達した教育水準、職業水準などと自己概念との相互関連パタンを明らかにしている。

この研究結果は、アメリカでの学歴の意味、学歴と職業との関係、社会経済的条件のもつ影響を反映したものであり、それらの意味・条件が異なる日本では、異なるパタンとなるかもしれない。また、このサンプルは男子だけであり、女子では、概して自己受容が男子よりも低く、高い"達成"が必ずしも望ましい目標にはなり難い、といった前述の事情を考えると、これとは異なった推移や構造が予

ですすんだ者ほど、どの年齢段階でも自己受容が高い、という関係はずっと変わっていない。さらに興味深いことは、どの程度の学校教育水準に達するかに対して、一〇学年時（高校生時）の自己受容得点が大きく相関していることである。このことは、高校生の頃に高い自己受容をもつことが、将来に対する高い要求水準をもたせ、それを達成するように促し、その結果、後年により高い成功＝高い学校教育水準が導かれたとみることができよう。そして高い学校教育水準（学歴）は家庭の社会経済

このほかにもバックマンらは、二三歳時の職業別群間にも差があることや、家庭の社会経済的レベル、学力、学歴自体が青年の自己受容得点を高めることには結びつかず、学校教育水準（学歴）は家庭の社会経済的条件や学力、成績などの要因を媒介しながら、間接的に自己受容を高めると見なすべきであること

第1部 "自己"の認識の諸相とその発達 96

想される。

自己受容に影響する諸要因

自己受容については、一般的な発達傾向よりも、青年のおかれた社会的状況、経験がいかにこれに関与するかを明らかにすることが重要であるという観点からは以下のものが意味深い。他者との間に起こった経験の内容や出会った他者の特性いかんによって、自己尊重が低下させられたり、逆に、向上し安定したものにもなったりする事情を分析したモースらの研究[237]、ウィックランドを中心とする客観的自己意識（objective self-awareness）の研究[322]、やはり対人関係との関連で自己意識の構造を捉えようとする梶田の試み[135]などである。

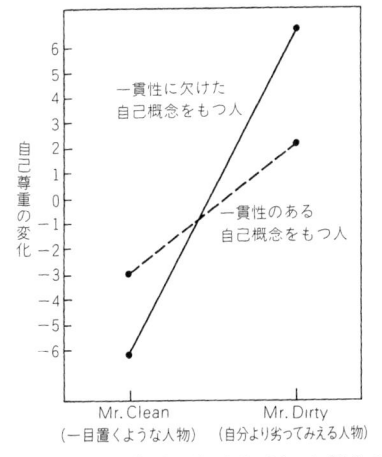

図1·42 同席の相手の別、および自己に関する一貫性の有無別、自己尊重の変化
(Morse & Gergen, 1970)

自分の競争相手だと感じさせられるような人（服装も態度も感じよく、専門書を読んだりしている）と同席した場合と、身なりや行動などから、これは相手ではないと思える人と同席した場合とでは、自己評価の変化に差がある。一目置くような人（クリーン氏）と接すると、自己批判が生じ、自己尊重度はそれ以前より低下してしまうが、逆に、好ましくない人物、自分より劣ってみえる人（ダーティ氏）に接すると、むしろ自己をプラスに評価し直し、尊重度は高くなる（図1·42[237]。これは自己

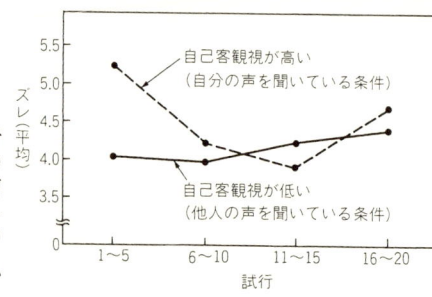

図 1・43 理想―現実自己評定の差（20項目を順次評定してゆく過程）(Ickels et al., 1973)

尊重が、自分の中の現実―理想と照応されると同時に、他者との比較によって自分の価値づけが絶えず修正されるものであることをよく示している。しかし、そうした他者からの影響をうける度合いは、それ以前にその人がもっている自己についての概念の一貫性の程度によって著しく異なるという。また、どんな状況下で自己評価が求められるかによって、自分にきびしく批判的になったり、逆に自己に対して肯定的になる事情は、日常でも経験する。ウィックランドらは、このような自己評価の変動を、現実自己と理想自己のズレとして捉え、それが生ずる条件分析を多角的に行なっている。注意を外界の環境にそらさせず自己に焦点づけさせることの影響を実験的に検討した。自分に注意を集中させる (self-focused attention) 手法として、鏡を被験者の前におく、自分自身の声をテープで聞かせるという方法が有効であることを示し、この条件下では、自分についての意識が高められ、自己評価が促される。そして、鏡やテープのない統制条件と比べて、自己に対してきびしくなり自己受容が低下する（図1・43）[115]。自分に対する外からのフィードバックに敏感になる（表1・36）、ものごとの原因を自分に関係づけて判断する傾向が高まる（表1・37）[56] といった変化が生ずるという。これらの実験の被験者はいずれも成人で、自己の客観視は既に一応可能な人々である。しかしその大人でも、平生は外界に心を奪われて自分を忘れているが、鏡で自分の姿を直視させる、自分の声を聞かせるといった操作によって、改めて自己を客体化してみることが促され、さまざまな形で自己についての認識や態度が変化させられている（図1・44）[32]。そのよ

表 1·36 フィードバックの種類による肯定的自己評価の変化（平均）　(Ickels *et al.*, 1973)

フィードバック	自己客観視 高い	低い
肯　定　的	14.62	10.62
否　定　的	8.75	7.62

表 1·37 鏡の有無，フィードバックの正負と"自己"要因への帰属（％）
(Dual & Wicklund, 1973)

鏡の有無—フィードバックの種類	1	2	3	4	5	全体
鏡あり—正 ($N=11$)	44.09	48.64	72.27	66.82	68.18	60.00
鏡あり—負 ($N=10$)	53.50	49.50	85.00	47.50	65.50	60.20
鏡なし—正 ($N=11$)	30.00	51.36	70.45	48.64	59.09	49.91
鏡なし—負 ($N=11$)	44.09	20.91	87.27	39.54	63.64	51.09

うな状況では他からの評価やフィードバックに敏感になり，自己評価の修正が起こる，そして自己を見つめることと，他からの情報をうけ入れることとが相補って促されている。

他者との接触と同時に，他方，自己に意識を焦点づけることが，自己認識のうえで重要であることは，大人でも子どもでも，また洋の東西を問わず同様であろう。しかしウィックランドらの用いた手法――鏡の前に坐らせる，自己の像をつきつけること――が，はたして自分に注意を集中させることになるか，最善の方法かどうかは，日本人の場合には疑問ではないか。日本では古くから"瞑想"が自己洞察，自己鍛練の方法として重視されてきた。瞑目して，自分の像はもちろん，外部からの刺激をすべて絶つことによって，もっとも集中的に自己と向き合えることを，この伝統は示している。鏡をみることの意味は，乳児の最初の身体的自己の発見の場合とはちがって，成人ではおそらく日本人と欧米人とでは異なるのではないか。そして，ウィックランドの手法は，日本人と欧米人とで異なった効果をもつのではなかろうか。

以上のような自己尊重を規定する外的内的条件についての研究は，ほとんどが成人について行なわれている。それは，そこで検討されている他者の存在，フィードバック，自己への意識の集中

99　第3章　自己についての評価・感情・信念

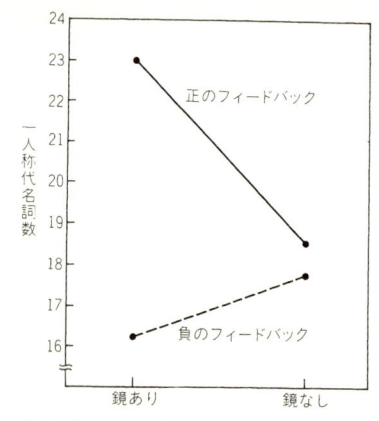

図 1·44 鏡の有無およびフィードバックの種類による一人称代名詞のあらわれ方
(Wicklund, 1975)

を促す外的条件などの要因が、成人でのみ意味があるからではない。むしろ実験、調査のしやすさという実際的な理由によるのだろう。しかしこれらの研究が明らかにしてきたことは、そのままのレベルの子どもにも等しくあてはまらないかもしれない。成人について明らかにされている要因は、たとえば子どもの他者認知能力や一般的な注意集中力などに応じて、その意味や働き方は異なることが予想される。そうした発達的な視点から、自己尊重に関する要因分析的アプローチを見直すことは重要だと思われる。

適応と自己受容

現実の自己と理想の自己のズレの方向と大きさを自己受容―拒否を示す指標とするアプローチと、直接自己受容の度合いを測定するアプローチ（前述のクーパースミスのものような）のいずれもが、自己受容は認識の問題にとどまらず、対人関係・社会生活での適応という行動に深くかかわると仮定してきた。事実、この仮定に立つ、自己受容と適応との関係をめぐる研究はきわめて多い。しかし、その関係はそれほど単純ではないようだ。

現実―理想のズレの大きさが社会的適応の高さと相関関係にあることを示すデータも少なくない。たとえば表 1·38 では、大学生を除く小・中学段階では、学級内での社会的地位の高い群――ソシオ

第1部 "自己"の認識の諸相とその発達　100

表 1・38 社会的適応の良好群・不良群の各年齢ごとの比較　　　　　　　　　　　(菅, 1975)

	小学生		中学生		高校生	
	良好群	不良群	良好群	不良群	良好群	不良群
現実自己	146.57 (14.97)	132.92 (18.10)*	188.78 (23.78)	179.94 (26.62)*	178.88 (24.71)	168.60 (19.19)
理想自己	179.50 (19.75)	176.17 (23.79)	230.59 (28.42)	225.89 (31.50)	237.19 (23.42)	222.47 (26.72)
差のスコア	32.93 (9.62)	43.25 (24.30)	50.70 (32.07)	54.06 (29.50)	58.31 (30.85)	53.87 (28.18)

( ) 内は標準偏差　* t検定　p<.1

メトリック・テストによる選択数による——で、現実—理想の差スコアは小さい[288]。

しかし他方、現実と理想のズレが極端に大きいことも、逆に極端に小さいことも、むしろ不適応に結びつくという、U型的関係を両者間に想定すべきだという提案とデータもある。ブロックらは、早くからこのことを指摘している[28、29、30]。現実自己と理想自己とのズレが小さく、自己受容とされたケースに、自己の衝動を統制できなかったり、逆に不当に自分を抑圧して見せかけの"自己受容"を示す場合があることを、MMPIの下位スケールとの相関や、項目内容の検討から明らかにし、自己受容（現実—理想の自己のズレ）は、柔軟性をもつ望ましい適応とはU型の関係にある、と考えるべきだと提案している。

また、適応という社会的・対人的な観点から扱う以上、現実—理想のズレだけを問題にするのでは不十分で、他人からの評価とのズレも考慮に入れるべきだとか、現実自己のレベル、また理想の高さなど、ズレ以前に、それぞれの自己概念そのものの特徴やレベルが問題だという論議とデータが内外に数多い。今のところ、いずれか決着し難い。それぞれの主張はそれぞれ一理あるし、データも各研究の対象サンプルの限りでは、一応それぞれのズレという点だけに限定して考えれば、ブロックの指摘したようにU型の曲線的関係を想定する方が、理想の自己をもつことの意味

101　第3章　自己についての評価・感情・信念

に照らしてもより妥当だと思う。青年が理想の自己を思い描くのは、ただ、美しい絵のようにかざりものとして掲げておくことではなかろう。現実の自己は今のところしかじかのものではあるが、いつかこのようにありたい、今の自分の弱点を直したいと願い、かつ努力する目標であるはずだ。とすると、あまりに高い理想、いかに努力しても到底達しえないような理想は、むしろ劣等感や非力感を招くことになろう。ましてこれが現実の自己をよりよく変えてゆく行動目標とはならない。しかし逆に、現実の自己とほとんど差のないところに理想をもつということも、現実の自己をよりよく変える役割を果たさない点では、高すぎる理想、大きすぎるズレと同様である。ここではズレの小ささは自己受容ではなくて、安易な自己満足、居直りにすぎない。現実の自己を現在よりもよりよく変革してゆく、実現可能な目標となりうる適度な大きさのズレのある理想自己をもつことが、有意味ではないか。

そして、もう一点、重要なことは、このような理想自己を志向して現実自己の変革を果たした後に、そこに安住せず、新たな理想を立てて次の自己変革へとすすめてゆくことであろう。したがって理想の自己も現実の自己も、常に一定不変なのではなく、いつも適度のズレをもちながら変化してゆく過程でなければならない。それは、マズローが健康なパーソナリティといっているもの、また成長欲求にもとづいた人格の発達過程を述べた自己実現という概念、さらに青年期をパーソナリティの再構成の時期として捉え、そこで遂げられるべき発達課題としてオースベルが描いている自我の成熟などの諸概念にも通ずるものである[197、8]。

自己概念の形成が青年期の中心的な発達課題であるとされるのは、このような理想自己を志向した

現実自己の変革が可能であり、また期待されるからである。幼少時に親あるいは環境によって"作られた性格"から、自分で"能動的に形成し創り出してゆく"ことが青年期には可能であり、果たされるべき課題なのである。

6 女性における自己受容と適応

自己概念の発達的研究を概観すると、幼少時には性差がなく、青年期以降、性差がみられることに気づく。これについては、既に梶田、加藤、山本などのデータで示したが、さらに中学・高校・大学生の自己概念を六次元別にみた加藤らは、年齢差に加えていくつかの次元で性差が著しくなることを報告している（図1・45）[15]。〈誠実さ〉のようにどの年齢群でも性差なく、また同様の発達的消長をたどるものもあるが、〈意欲・活動性〉のように、性差がとくに年長ほど大きくなってゆくものがある。このことは、性役割の発達における性別化と深い関連がある。

青年が、男女の性役割特性のうち、何をどの程度性役割識別の次元としているかには、とくに女

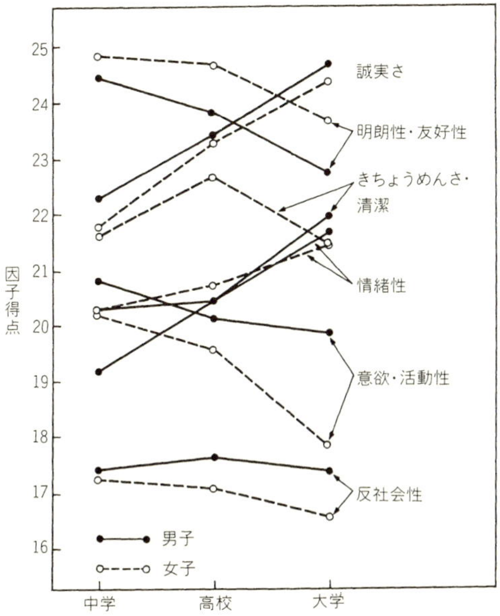

図 1・45 自己概念の6次元別の因子スコアの消長
（加藤・高木，1980 より作図）

103 第3章 自己についての評価・感情・信念

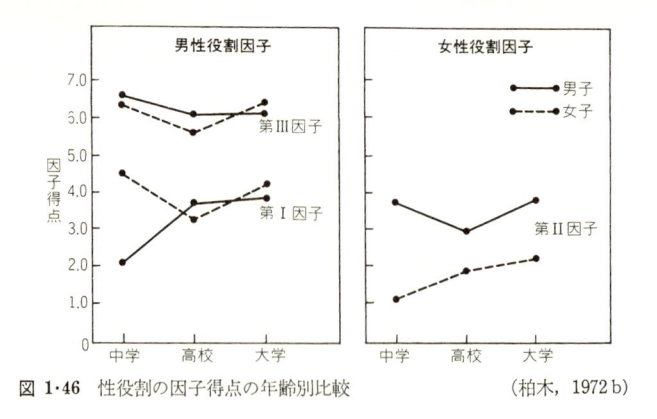

図 1・46 性役割の因子得点の年齢別比較　　　　　　　　　（柏木，1972 b）

図 1・47 個人的評価と性役割期待とのくいちがい　　　（伊藤，1978）

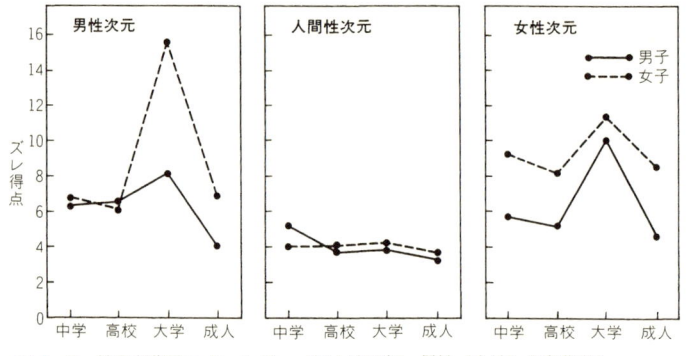

図 1・48 性役割期待のくいちがい（個人的評価―男性（女性）役割期待）
　　　　　　　　　　　　　　　　　　　　　　　　（伊藤・阿久津，1983）

性役割因子に関して著しい性差がある事実（図1・46）[142]、また、自分自身の性役割認知と社会で期待されている性役割認知との間には男女ともにズレはあるものの、そのズレが女子で著しい（図1・47）[125]。また、ズレは大学生で最大であり（図1・48）[143]、同年齢の男子とこの点でも大きな性差を生ずる（図1・49）[143]。

これらのデータは、女子が青年期になると、女性という自分の性に対して社会から期待されている役割と、自分自身がこうあるべきだ、こうありたいと考える理想の性役割像との間に、大きなズレや葛藤が生ずることを明らかにしている。これは、同年齢の男子が、自己の性役割について社会からの役割期待とのズレが小さく、男性・女性の役割を二極分化したものとする伝統的性役割を概して受容していることに比べて、女子における性役割の発達がはるかに複雑なものであることを意味する。女子は、男子のように男女に対照的な役割分化を考えるよりも、むしろその差をより小さく考える傾向がある。そのため、社会からの性役割期待との間にズレを生ずることになる。

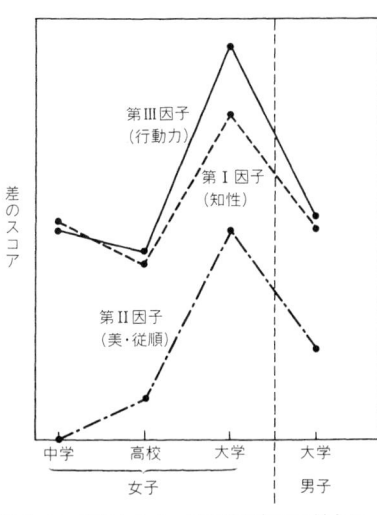

女性の性役割とされている特性（たとえば従順な、依存的、かわいい）は、男性役割とされている特性（頭がよい、経済力のある、意志強固など）に比べて、概して現代の社会で低い価値が与えられていることと関連があろう。それはともあれ、女子では、自己の性役割について

図 1·49 青年と社会一般の性役割因子得点の差 （柏木, 1974）

105 第3章 自己についての評価・感情・信念

表 1・39 理想の私とその他の理想の自己像のズレと同一性混乱との関係
(砂田, 1979)

		II-FI	II-UI	II-SI**
同一性混乱の大きい群	平均	37.59	39.70	38.81
	標準偏差	12.61	11.44	12.21
同一性混乱の小さい群	平均	31.37	34.32	29.84
	標準偏差	11.39	14.99	13.03

** $p<.01$ (Uテスト)
II:理想の私(自己)　FI:家族から望まれている私
UI:大学生活での周囲の人から望まれている私
SI:世間の人から望まれている私

表 1・40 現実の私とその他の現実の自己像とのズレと同一性混乱との関係
(砂田, 1979)

		IR-FR	IR-UR**	IR-SR**
同一性混乱の大きい群	平均	37.16	38.68	40.08
	標準偏差	12.49	13.20	12.46
同一性混乱の小さい群	平均	32.32	30.14	28.65
	標準偏差	12.88	12.66	11.54

** $p<.01$ (Uテスト)
IR:現実の私(自己)　FR:家族からみた私
UR:大学生活での周囲の人からみた私
SR:世間の人からみた私

の理想と、社会からの期待との間に大きなズレがある事実は、社会的性役割を受容し難いという点でそのこと自体葛藤であり、社会的不適応につながる。さらに、そうした葛藤をはらんだ理想の自己に現実の自己を対決させてゆかねばならないという点でも、女子はより困難な課題をもっているといえる。

砂田は現実、理想の自己のほかに、家族からみた自己(私)、世間の目からみた自己(私)などさまざまな他者から認知されている自己と、家族(世間)から望まれている自己(私)など外からの期待、社会規範も測定し、どのズレが同一性混乱と関係しているかを検討する、データを提出している(表1・39、1・40)[24]。このデータは男子大学生のものであるが、さきの女子青年の問題は、自己概念の中で重要な位置を占める性役割をめぐって自己の理想と現実また社会規範の間のズレや葛藤があり、そのための自己受容の難しさであり、砂田のいう自我同一性混乱だといえる。

現実の自己と、家族、世間などからの認知や社会的規範とのズレが、同一性混乱を招くことを示唆す

シアーズは、自己受容、自己批判と同時に、性度も測定している[274]。ここでの性度は、女性に適切な（社会的に）特性をもつ度合い（女性度）であるが、この測度と自己受容との間に、男女とも一貫して有意な負相関を見出している（男子で -.36、女子で -.35）。この性度は女性度であるから、この負相関は、男子では、自己の性に適切でないことは自己批判につながるが、女子の場合には逆で、女性度が高いことは、むしろ自己受容の低さ、自己批判のきびしさと結びついていることを示す。これは、伊藤、柏木らのデータで日本の女子青年について示唆されたことと一致している[126、142]。

性役割については、考え方のうえで、また実際の行動のうえでも、最近、変化・動揺が著しい。したがって今述べたことは、特定の社会、時代の現象であり、いずれは変化してゆくのかもしれない。ただ、身体的性差は存在しつづける以上、この差をどう評価し位置づけるかは論じつづけられ、青年期の自己受容は、これと深くかかわりながら、今後も問題でありつづけることは確かであろう。

女子の自己概念と適応との関連で、もう一つ問題となるのは、"達成"についてである。高い達成、成功を志向する動機に対して、むしろあまりにも高い達成・成功を恐れ回避する動機があり、これが女子に顕著な特性であることが指摘されてきている（ホーナー[114]）。有能で達成動機づけも強い女性は、同時に、完璧な成功を恐れ、いわば次善（second best）ぐらいを狙う、という。学業であれ、職業上の達成であれ、最上の優秀さ、有能さは、男子にふさわしい目標とされている。女子が男子を凌ぐ高い達成を遂げることは、こうした社会規範と拮抗することになる。このような高い達成を求める動機と女性への社会規範との葛藤のあらわれが、成功回避動機だと

107　第3章　自己についての評価・感情・信念

いえよう。

もっともこの成功回避動機は、ホーナーのいうように女子だけに固有なものので、男子にまったくないわけではない。ホフマンがホーナーの手法を修正して行なった研究では、男子でもホーナーの手法では八％にすぎなかったのが、女子の六五％の者が成功回避の反応を示しているが、男子でもホーナーの手法では八％にすぎなかったのが、女子の六五％の者が成功回避がみられている[113]。ただ、その内容はかなり異なり、男子では、成功すること自体への懐疑が主であるのに対して、女子のそれは、成功することによって社会的拒絶に会う、人間関係が損われるといった不安や恐れが主要なものであった。

この成功回避動機は、日本でも女子に顕著に見出されている（斎藤ら[267]）。これは、さきにみたように、日本では頭のよさ、学歴の高さ、リーダーシップ等、高い達成や有能さは男性の役割とされていることを考えあわせれば当然の結果である。しかし彼女ら自身は、高い達成をけっして望んでいないのではない。むしろ、社会的規範は女性に最高の達成を期待しないことを承知しており、それからくる拒絶を恐れながら、他方、高い達成を遂げたいと願う葛藤状況にある。この状況は、前述の女子が自分の性役割の受容することの難しさに通ずる。

さきのバックマンらの研究で、高い達成（学業上、職業上の）が自己受容と高い正相関が見出されていたのは、被験者が男子であったからであろう[12]。女子では、むしろ高い達成を求める動機をもつほどに、それを回避し恐れる動機もあって、相互に拮抗し合う葛藤をもつ故に、むしろ自己受容は難しいと予想される。性役割受容と自己受容とが、女子では負相関していた（男子では正相関）（シアーズ）のと同様なことが、この達成についても存在する可能性は十分考えられる。事実、山本らでは、

第1部 "自己" の認識の諸相とその発達　108

知的有能さは、女子の自己評価とほとんど関係していなかったし[327]、梶田、加藤の横断的資料でも、女子の自己受容が青年期に低下してゆく傾向が示されていた[135, 150]。中学三年間を追跡して自己概念の変化を検討した村瀬も、男子が漸次、自己肯定の傾向へすすむのに対して、女子では自己肯定が低下していく縦断的データを提出している[238]。これらは、女子の自己受容の難しさ、自己概念形成過程での葛藤を裏付けるものであろう。

7　発達初期の自己への信頼

さて、自己受容、自己尊重といった自己についての感情や価値づけについては、カウンセリング過程の分析を除き、ほとんどすべて質問紙法による研究であり、そして小学校高学年以降、青年期を中心に検討されてきた。

だが、自己受容という感情、価値づけは、このような年齢に達するまで、まったく無縁なものであろうか。そうではないという主張がある。それは、理想の自己と現実の自己との対比という、いわば理づめのものではなく、もっとおぼろなものではあるが、乳児は自分の存在の意味や価値を既に体感として受けとめているという。乳児は、自分がまったく無能力ですべてを他者の手に委ねねばならない時期に、養護にあたる者（多くは母親）から自分が受けとめられているか、全面的な信頼・依存に応えてもらえているか否かを、肌で体験する。既に述べたように、多くの場合、乳児は母親を別個の存在として十分に分化して捉えていない。と同時に母親の側でも、乳児は少なくとも心理的には自分の一部と受けとめている。そして、母親から文字通り寝食を忘れるほどの献身的な養護を受けた乳

は、自分が少なくとも母親にとって誰にもましてかけがえのない存在、価値ある存在であることを感覚的に知る。しかも、"重要な他者"との間で、人生のごく初期に体得したこのような自己受容、自己尊重の感覚は、その後のその人の自己概念を基本的に貫くものになるという。

こうした主張は、エリクソンをはじめ、成人の不適応の治療にたずさわる人々に多く支持されている[64]。彼らは、不適応的な行動や自己概念に問題をもつ者の生活史を遡るとき、前述のような"重要な他者"との出会いを発達の初期に欠き、絶対的信頼、自己受容を体験しえなかった事情につきあたった臨床経験から、この主張を支持する。

不適応や問題行動をもつ逸脱したケースで抽出された因果関係を、すべての人々に直ちに一般化することは早計かもしれない。しかし、乳児というものが、かつて考えられていたよりもはるかに有能な存在であり、外からの刺激や情報に対しておどろくほど敏感に、また選択的に反応しているという最近の知見を考えると、この主張は説得的なものに思われる。それが、永続的規定性をもち、また非可逆的なものかどうかはともかくとしても、乳児がその敏感さをもって自分に対する母親の行動とその意味とを的確に捉えることは確かであり、それが、その後の発達に大きい影響をもつことは十分考えられる。

最近、乳児期の研究は、乳児あるいは母親のいずれか一方を扱うのではなく、母子の相互性に焦点があてられている（たとえば、三宅[228]）。これは、乳児が母親によって一方的に規定されているのではなく、子どもの方がむしろ母親のしつけやフィードバックなどのあり方を左右している、という事実の認識に立っている。このことも、乳児がいかに能動的であり、感受性の豊かな存在かを物語ってお

表 1・41　母性意識の変化（妊娠・出産に肯定的・否定的な群別にみた）　　　　　　　　（大日向，1978）

	妊娠・出産に	
	肯定的群	否定的群
妊娠したためやれなくなったことで妊娠していない人がうらやましい	26.1	85.0
（分娩直後）赤ちゃんがとてもかわいい	41.9	10.0
（新生児期）育児がわずらわしい	38.7	60.0

り、"重要な他者"から自己受容を体得する可能性はここからも十分考えられる。

"重要な他者"となる母親の側に、妊娠や子どもの誕生を喜ばない者、また育児期間に子どもへの母性意識の乏しい者が、最近、少なからずいることが報告されている。大日向は、妊娠六ヵ月から出産後五ヵ月頃まで、母親（妊婦）の心理・態度を追跡調査している[250]。その中で、妊娠を非常に喜び、子どもの誕生を期待していた者（全体の四四％）に対して、妊娠に困惑し、誕生をうとましく思っていた者も一三％いること、またこの誕生を望んだ群と望まなかった群との間には、誕生後の子どもへの感情や態度に大きな差があることを報告している（表1・41）[250]。

母親の子どもへの愛着や態度に、このように個人差があり、エリクソンらのいう自己受容を乳児が体得し難い母親がいるということも、エリクソンらの主張をいっそう無視し難いものにさせる。かつては、女性というものはすべて母親になることを望み、母性愛や子どもへの献身はごく自然な、いわば本能のようなものと考えられてきた。しかし、このデータは、母性愛というものも学習されるものだと考えざるをえないことを示唆している。

平井も、最近の母親に子どもへの愛情が稀薄な者、子ども嫌いな者が少なくないことを見出し、それは自分の母親に暖かい印象をもっているかどうかや、友人・幼児と付き合い世話したことの経験の有無などと深く結びついていることを報告している（表1・42[110]）。

111　第3章　自己についての評価・感情・信念

表 1·42 母性意識の形成要因——過去の意識・経験の影響　　　(平井, 1981)

形成要因	母性の3つの感情 / 子どもの年齢による母親の区分	"子ども好き"である 1歳児	"子ども好き"である 3歳児	"子ども好き"である 5歳児 東京	"子ども好き"である 5歳児 秋田	子どもといっしょにいて楽しい 1歳児	子どもといっしょにいて楽しい 3歳児	子どもといっしょにいて楽しい 5歳児 東京	子どもといっしょにいて楽しい 5歳児 秋田	子どもを欲していた 1歳児	子どもを欲していた 3歳児	子どもを欲していた 5歳児 東京	子どもを欲していた 5歳児 秋田
子どものころ↓中卒業後〜結婚前まで	自分の母へ暖かな印象をもっていた	⦿	×	◎	○	⦿	×	×	△	×	×	×	×
	友だちと遊んだ経験が豊富	○	×	△	◎	×	×	×	○	×	×	×	×
	子どもが好きだった	⦿	⦿	⦿	⦿	△	◎	◎	◎	⦿	△	◎	◎
	幼い子どもの世話をした	⦿	⦿	◎	⦿	×	×	△	×	○	×	×	×

×：$p>.1$　△：$.05<p<.1$　○：$p<.05$　◎：$p<.01$　⦿：$p<.001$
χ^2 検定による.

子ども数の減少、勉強時間の増加に比して遊び時間の減少といった最近の状況は、平井が明らかにしている母性愛の基本である。"子ども好き"を育くむ条件とはむしろ反するものである。幼い弟妹をもち、その世話をするのが当り前だった昔の女性と比べて、子どもとの具体的なつきあいの経験なしに育ってくる最近の女性の多くは、母性意識が稀薄で、子どもが好きになりにくいのであろう。さらに、近年ごく一般的になった計画出産や女性（母親）の社会的進出といった状況は、母子関係や母性意識にいっそう拍車をかける可能性がある。最近の父子家庭の増加傾向（厚生省[166]）は、母親にとっての子どもの意味あるいは母子の絆が、かつてより小さく弱いものに変わりつつあることを示唆するものであろう。

妊娠・誕生を望まなかった母親の影響を、その子どもについて追跡的にみた研究は、少なくとも日本にはまったくない。外国にあるわずかな研究では、望まれずに誕生した子どもは、後年、友人や学級での社会的適応、性格特徴などに望ましくない不適応的問題が多く見出されたという（マチェクチェクら[198]、小嶋[163]による）。これは、従来、問題をもつ成人からの

第1部　"自己"の認識の諸相とその発達　112

表 1・43 親の養育態度および自己評価と子どもの自己評価との関係 （石川，1981）

親の養育態度		(N)	子どもの自己評価得点	母の自己評価との相関	(N)	子どもの自己評価得点	父の自己評価との相関
情緒的支持	低	(52)	56.0	−.04	(46)	54.4	.32*
	高	(45)	63.5	.51***	(54)	61.4	−.10
自律性尊重	高	(50)	57.9	.52***	(48)	63.9	.23
	低	(48)	55.6	−.06	(49)	53.6	.09

* $p<.05$　*** $p<.001$

　回想データから指摘されてきたことを積極的に証明したことになる。
　シアーズらは、かつて行なった詳細なしつけ法の研究で、サンプルであった母親の子どもを、七年後（六年生時）に追跡し、各種の自己概念、性役割の測定を行ない、幼少時の母親のしつけや行動との関係を検討している[215]。その中で、〈父親および母親の暖かさ〉の要因は、他の要因に比べてもっともはっきりした形で子どもの自己尊重（受容）─拒否と関係していることを報告している。子どもの性によりややちがいがあるが、〈暖かさ〉は〈自己批判〉の測度とはマイナス、〈自己受容〉の測度とはプラスに相関しており、また概して父親よりも母親の暖かさの方が相関も高い。
　この研究では、幼少時の自己概念、自己受容─拒否のデータはないから、追跡調査時の六歳時の特徴が、幼少時からどのように形づくられてきたものかは不明である。しかし、幼少時の親、ことに母親の暖かさが、後年の自己概念のあり方と、エリクソンらの指摘と一致する形で関係しており、臨床データを補う、普通の子どもについての貴重な縦断研究データといえる[64]。
　親と子どもの自己受容を測定し、さらに親子関係、親の養育態度についての測定も行なって、相互の関係を検討した石川は、親、ことに母親の子どもに対する情緒的支持および子どもの自律性尊重が、子どもの高い自己評価と結びつく基本的要因であることを報告している（表1・43）[123]。さらに、子どもへの情緒的支持と自律性尊重の高い親の場合、その親自身の自己評価も高いほど、子どもの自己評価も高いという。

113　第3章　自己についての評価・感情・信念

この相関的データは、親の養育態度や親の自己評価の高さが子どもの自己評価を規定していると同時に、子どもの側の状況が親子関係や親を見る目をも規定している可能性も示唆している。さらに、親子関係や親の養育態度の測定では、幼少時にまで遡る回想的なものから現在のものまで含んでいる点で、親子関係が子どもの自己評価を左右すると結論するには、さらにつめが必要である。しかし、ここで子どもの自己評価に関係する最も基本的要因として見出された"情緒的支持"は、シアーズの"暖かさ"にほぼ対応し、また"自律性尊重"はエリクソンのいう基本的信頼に通ずるものであることは、きわめて意味深い。

8 自己についての信念・理論としての "因果帰属"

社会的学習理論の枠組みから提起された概念である "因果帰属"（causual attribution）あるいは "統制の位置"（locus of control）が最近注目を集め、検討されている。人は、強化を、自分自身の行動や自分の特性に伴って起こるものだと認知するか（"自分の統制下にある" under personal control、つまり内的統制 internal control）、あるいは、自分の行動とはかかわりないものか偶然などのような自分の統制の及ばないもの beyond personal control、つまり外的統制 external control）について、それぞれある認識をもっている。それは、学習状況や課題により多少の変動はするものの、同一個人の中ではかなり安定した特徴であり、その人の行動の仕方、学習の基盤、学習成果などがこれによって規定され特徴づけられることになる、という。つまり行動、学習の基盤、背景をなす人格変数の一つとして提案されている。ロッター、ファーレス、ワイナーらによるこのような内的統制―外

的統制の次元の概念をめぐる理論的・実証的検討は、最近おびただしい数に上っている[265、257、318、319]。ところで、この"因果帰属"あるいは"統制の位置"は、これまで述べてきた"自己"にかかわる認識の一端と見なすことができる。ただ、これが、安定した個人特性といえるほど場面の差を超えたものかどうかは、後述のデータをみると十分確かではない。ことに子どもについてはいっそうそうである。それはともかく、そこでは"自己"にかかわる二つの点が問われている。一つは、強化の生起を自分が統制できると考えているかどうかであり、もう一つは、強化の原因として"自分"をどう位置づけているかである。これは、自分の存在や力を周囲の世界に起こる事象との関連でどう評価しているかという自己評価、ないしは自己の存在・能力・統制力に関する信念にほかならない。これは、これまでの自己概念研究でも、一部ふれられている。たとえば「私は……」の文章完成法で子どもの自己認識を調べたモンテマイヤーらは、持ち物や身体的特徴、性など具体的特徴のほかに、ものごとを自分が決定しているという意識 (sense of self-determination) のカテゴリーを設定し、これに該当する反応が児童期にあらわれることを報告していた[234]。これは、内的—外的統制にかかわる自己認識にほかならない。

　行為を自分がどのくらい統制することができるか、自分がどのくらい大きくまた有能に事象の生起にかかわっているか、といった自分の効力感 (personal efficiency あるいは sense of powerfulness) に焦点をあわせている点、また、この自己効力感は、たんに意識、信念の問題にとどまらず、その人が実際にどれほど能動的、積極的に行動することになるかを予測しうる可能性もあるという点でも、新しい生産的な視点だと思う。

これまでの自己概念の研究者たちは、自己概念のありようがその人の適応や行動を規定することを認めている。そしてそれ故に自己概念の測定やその構造の解明に力を注いできた。しかし、そこで捉えようとした自己が、しだいにあまりにも広範囲に及んだこともあって、自己概念と行動との関係についてまでは、概念的に述べた以上の検討はされてはいない。

この"因果帰属""統制の位置"の概念は、そもそもロッターが、人間の学習では、強化の機能が、下等動物の場合のように一義的・機械的ではなく、学習者が強化をどう見なすかによって左右されるという事実に即して提出したものである[265]。それだけに、この自己効力感に焦点をあわせた一種の"自己"の認識が、その行動、とくに学習にどうつながるかの検討がすすめることが期待される。これは第2部で扱おうとしている自己の機能——行動や学習における"自己"の機能——の問題につながる可能性がある。このような関心から、自分の効力感がどのように生じ形成されてゆくか、その効力感は行動や学習とどんな関係にあるか、またどのような人格特性と関連しているかを眺めてみよう。

子どもにおける"因果帰属"

子どもの因果帰属を測定する内的—外的統制測度や面接質問法等の試みが工夫されて、就学前後の発達的データが最近蓄積され始めた。それらを通覧したところ、年齢との一貫した関係は見出し難い。

図1・50は、ロールスらが、成功経験・失敗経験を実験的に与えたあとで、その成功・失敗の原因として能力、努力(以上二つは自分に属する内的要因)と課題の難易、運(外的要因)がそれぞれどれくらい働いていると思うかを個人面接で評定させた結果である[262]。能力、努力の二つの内的要因

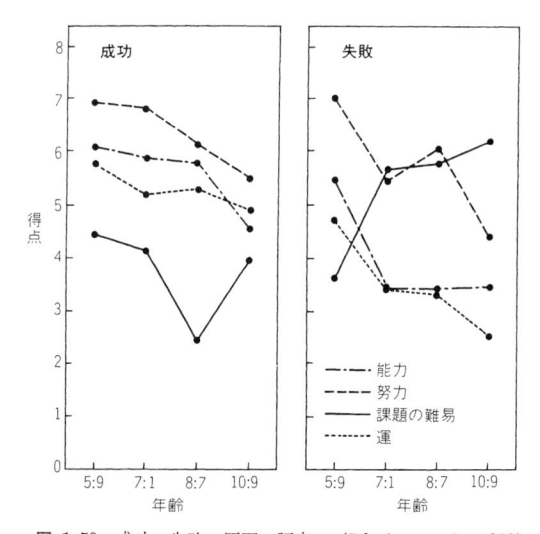

図 1·50 成功・失敗の原因の評定 (Rholes *et al.*, 1980)

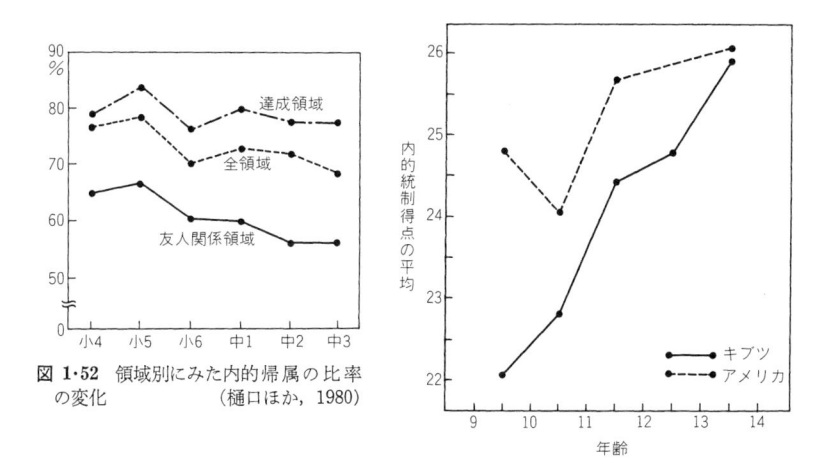

図 1·52 領域別にみた内的帰属の比率の変化 (樋口ほか, 1980)

図 1·51 キブツとアメリカの子どもにおける内的統制得点の変化 (Lifshitz, 1973)

117 第3章 自己についての評価・感情・信念

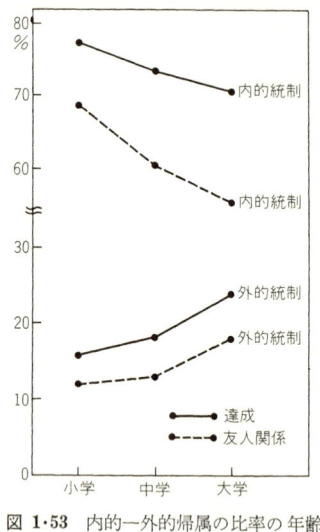

図 1·53 内的─外的帰属の比率の年齢的変化　　（鎌原ほか，1982）

は、低年齢で高く評価され、年長になるほど低下するというパタンが、場面により程度の差はあるものの認められる。他方、リフシッツが、これより上に年齢を延長して、クランドールらが開発した児童用質問紙法によって内的統制得点（内的要因を選択した数あるいは比率によって採点される）を求めたところ、図1・51のようなデータを得ている[179, 47]。このほか、ブリムの報告による

と、アメリカの子どもでは、就学後、とくに一〇学年から一二学年にかけて内的要因は大きく増え、その後も五〇歳頃までは順調に増えつづけるのが一致した傾向だという[36]。

一方、日本の子どもについては、就学の前後でつづいたデータはないが、幼稚園の年中組と年長組とで、年長児の方が内的統制得点が有意に低いという宮本らの報告がある[232, 233]。これより少し上の年齢群については、樋口らが、達成（学業）、友人関係などの場面での成功・失敗状況を文章で示し、その文章を自由に完成させる方式で反応を評定して求めた内的統制型の比率の消長を小学生・中学生（図1・52）、さらに短大生（女子）も加えて小学・中学・大学の三段階のデータを提出している（図1・53）[109, 136]。

これらをみると、比較可能なデータがない就学前については異同を論じられないが、就学後は、アメリカでは（イスラエルでも）内的統制型が多少の凹凸はあるものの概して増加方向にあるのに対して、日本では、逆に減少方向にある。このちがいは、何を意味するのだろうか。

第1部 "自己"の認識の諸相とその発達　118

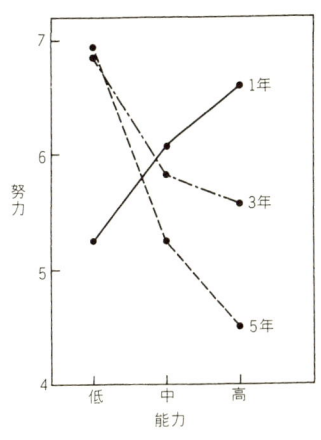

図1・54 努力の要因　(Kun, 1977)

就学前幼児でも、測定用具や方法の工夫によって、かなり信頼性の高い反応が得られ、かつ個人差も十分識別しうる幅広い分布が得られている（ステフェンスら[282]、宮本ら[232, 233]）。しかし、自由回答を内的―外的統制に分類する方式では、幼児の反応が、あらかじめ提示した達成の選択肢への強制選択方式の場合とは異なり、また、年長段階では認められる内的統制か否かが、個体内で十分安定していない可能性も推定される。さらに、因果を判断する際の手がかりの使い方に発達的な差異も考えられねばならない。たとえばさきのロールスらのデータを場面ごとに比べてみると、年齢段階によって、場面の差（成功か失敗か）と因果帰属のパタンとの関係が少し異なることに気づく[262]。年少段階では、失敗後であれ、成功後であれ、各要因をどの程度考えるかはあまり変わらない。とくに年少段階では、失敗経験についての因果帰属の変化が小さく、年長ほど場面差が概して大きくなる。

これは、因果を考える際にその場の状況、とくに行為の成果を考慮し判断するか否かを反映している。このことは、高学年ほど、自分の成績の予測が先生の評定と一致し、また、成功場面と失敗場面とでは、帰属させる要因が分化してくるというデータからも裏付けられる（ニコルズ[246]）。能力が高い、中位、低い群ごとに、成功に対して自分の努力要因にどのくらい帰属させてみると、年長段階では二つの要因を勘案して論理的な判断をするのに、年少の一年生ではまだこれができていない、という（図1・54）[169]。

119　第3章　自己についての評価・感情・信念

これらはいずれも、年少段階ほど、因果をその場の状況や要因間の関係を論理的に考えて判断することができないことを示唆しており、現象的には同じ内的要因を選択したといっても、その意味は幼少児と年長の段階とでは異なると考えねばならないことを示す。

中学生以降になると、学科目により因果帰属のパタンに差はあるが、概して、学力と内的統制得点とは有意に正相関し（クランドールら[47]、レッシング[172]）、強化を能力や努力など自分の内的要因に随伴するものとみ、また、統制可能感、自己効力感をもっているものは高い達成を遂げていることが示されている。もっともこの正相関は、いずれにしろ内的統制と高い達成との結びつきを示すものであろう。学業成績時に意味しているが、その自己評価のきびしさや達成度（オーバー[アンダー]・アチーブメント）が因果帰属と関係があることを指摘した速水らはこの点で示唆にとむ[103]。それによると、自分の学力をきびしく評価し、かつ実際の力以上に高い達成をあげている者が〈努力〉を重視する傾向があるという。

因果帰属と人格特性との関連

以上のようなデータをみると、幼少児の因果帰属は、自己効力感の測定といえるほど十分安定したものとして成立していないとみるべきであろう。少なくとも、年長段階のように状況や自己についての十分な洞察にもとづく反応と異なることは確かである。このことは、因果帰属パタンと関連が予想される人格特性や行動特徴との間に、幼児では明確な関係が見出せないことからも裏付けられる。

前述のように、因果帰属は、自己の統制力、効力感に関する自己認識とみなしうるものであるなら

表 1·44 自己受容度
(Lombardo et al., 1975)

	理想―現実自己のズレのスコア
内的統制群	32.04
外的統制群	41.20

表 1·45 自己受容と成功・失敗に対する因果帰属(外的統制得点)の関係 (10～12歳)
(Epstein & Komorita, 1971)

グループ		自己受容		
		低	中	高
成功について	平均	31.3	28.3	27.2
	標準偏差	5.88	5.52	5.05
失敗について	平均	31.9	33.0	27.8
	標準偏差	5.76	6.09	6.19

ば、自己概念、適応などとも関連していることが予想される。事実、中学生以降では、適応、不安、自己受容などと一貫した関係が見出されている。たとえば、ロンバルドらはロッター式の尺度で内的統制群と外的統制群を設け、両群間の自己受容度を、理想―現実自己概念の差によって比較し、外的統制群でズレ得点が有意に大きく（表1・44）また別に施行した自己受容尺度からも、外的統制群が自己受容度が低いことを、見出している[184]。藤崎も中学、高校、大学生で同様の結果を報告している[73]。また、不安の高さと外的統制との関係も、内外で広く認められている。この種の検討は、幼少段階については今のところ数少ないが、幼児では、日常の行動特徴や性格と有意味な関係はまったくみられていない（たとえば岡島[252]）。そして、10～12歳頃から、自己受容の高さと内的統制得点との関係がようやくみられている（表1・45）[63]。

一方、子どもの因果帰属は、子どもの生育環境やしつけと関係があるという報告がいくつかある。もともと、ロッターがこの因果帰属を学習を左右する個体変数として考えたときにも、強化への期待や強化の因果をどう認知するかは、個体が経験してきた強化史の一例として示したさきのリフシッツのデータはこれを間接的に裏付けている[179]。同年齢範囲のアメリカとイスラエルの子どもがいずれも年齢上昇に伴っ

121　第3章　自己についての評価・感情・信念

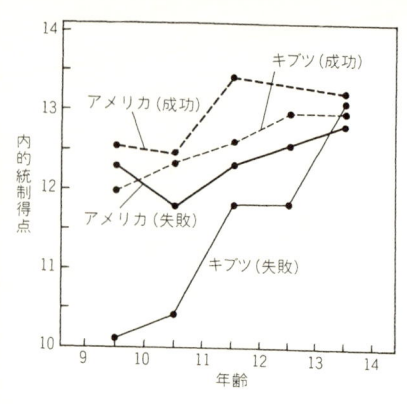

図 1·56 イスラエルとアメリカの子どもの内的統制の比較　(Crandall et al., 1965)

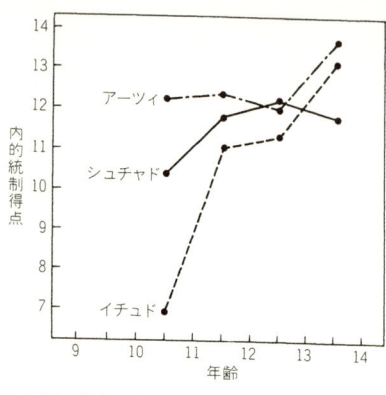

図 1·55 教育風土の異なるキブツの子どもの失敗に対する内的統制感の比較(Lifshitz, 1973)

て内的統制が増加するという同じ方向を示しながらも、両群のスコアの絶対値にはかなりの開きがみられていた。さらにイスラエル群では、教育風土の異なる三つのキブツ群の間にも差がある。子どもの自主・自立を小さい時から重んじた教育を施し、ずっと子どもだけで生活する伝統的なキブツ（アーツィ）では、内的統制が他のキブツ群より早くから高い。他方、個々の子どもの自主・自立よりも、教育者の権威や統制の強いキブツ（イチュド）では、内的統制度はもっとも低く、ことに年少段階では著しい差がある（図1·55）[17]。

これは、幼少時から一貫してうけた自律訓練が、子どもの因果帰属と関係ある自己責任感、自己効力感を育成するうえで、ある役割を果たしていることを示唆する。アメリカの子どもが、イスラエルの子どもよりも全体として内的統制得点が早くから高かった（図1·56）のは、子どもの自立を早くから促し、また個人の責任を重視するアメリカの風土やしつけを反映するものであろう[47]。

さらに、アメリカとイスラエルの子どもを比べると、成功よりも失敗についての因果帰属において、イスラエルがとくに年少ほど内的統制が低い点で差が著しい（図1·56）。これは、どのような時に自己の要因——能力や努力、責任——を強く認識するかの差であり、

表 1・46 親の行動評価と子の達成動機テスト (IAR) 得点の相関 (Katkovsky *et al.*, 1967)

親の養育態度	内的統制 成功時	失敗時	総合
子どもへの援助	.44**	.68***	.64***
子どもへの保護	.49**	.67***	.64***
愛情	.14	.46**	.38*
批判の方向	.44**	.56***	.57***
規制のきびしさ	−.06	.25	.09
罰のきびしさ	−.21	.00	−.13
規制の方法の明確さ	−.04	−.20	−.13
示唆の強制度	−.12	.02	.07
違反への圧力の強さ	.21	.22	.17

* $p<.05$　** $p<.01$　*** $p<.001$

子どもへの援助　　　（高：過剰　低：抑制）
子どもへの保護　　　（高：保護　低：放任）
愛情　　　　　　　　（高：愛する　低：敵対する）
批判の方向　　　　　（高：是認　低：非難）
規制のきびしさ　　　（高：制限　低：自由）
罰のきびしさ　　　　（高：きびしい　低：ゆるやか）
規制の方法の明確さ　（高：明確　低：あいまい）
示唆の強制度　　　　（高：命令的　低：任意）
違反への圧力の強さ　（高：促進的　低：阻止）

これも発達過程でうけた教育、とくにどんな行動に対して強化が与えられるかの差に対応している可能性が考えられる。

子どもの因果帰属の先行条件として親のしつけとの関係を検討した多くの研究の中には、養護的で暖かな親と内的統制とが関係し、逆に親の拒否やきびしい統制が外的統制と関係しているという報告が少なくない（表1・46）[149]。親の暖かさ・養護は、子どもの自己尊重の源としても重要であることが既に指摘されていたことを考えあわせると、測定法の工夫や認知判断方略の発達との関係など検討すべき問題は残るものの、因果帰属は子どもの自己に関する認識を概括的に反映するものといえよう。しかし、内的統制得点の高さは単純にその子どもの効力感を示すものと考えるべきではない。自分の立場からしか判断できなかったのが、相手の立場、さらに自分と相手との関係といった、より客観的で大局的な判断が可能になれば、内的要因だけに帰することはむしろなくなるはずである。つまり自己中心的傾向の脱却は、自分以外の要因に目を向けることになる。また客観的・現実的な状況把握ができるようになると、いつも機械的・定型的に反応せず、問題・事態ごとに適切な要因に考慮を払うようにもなり、一つの要因だけの選択・重視は相対的に低く

123　第3章　自己についての評価・感情・信念

なる可能性も考えられる。原因帰属の様式が、学力（達成）の場合と友人関係の場合とではかなり異なる、また内的要因・外的要因いずれかには分類し難い自己と課題や他者との関係に帰属させる関係的判断が、とくに友人関係の場合では年長になるほど増えてくる、といった樋口らのデータは、そうした事情を物語っている[109]。

9　自己評価の構造とその発達

即事的な自己についての認識に価値的・感情的な色彩をしだいに増し、他者からの評価や、自分自身の理想自己との照応も行なわれる多様な自己評価・認識が、どのような構造をなしているかについて、梶田のデータで展望したい（図1・57A、B）[135]。

高校生、大学生について、自己評価的ニュアンスをもつ意識三〇項目への回答結果から、各側面がどのような関係をもっているかをみたものである。全般に、他人からの評価との関係で捉えられる自己評価（梶田のいう〝他者のまなざし〟への意識を中心とした領域）と、自分自身を注視し理想自己との照応から生じる自己評価（梶田のいう〝自己へのまなざし〟を中心とした領域）とは、かなり独立している。梶田は、ここから「〝他者のまなざし〟への敏感さと〝自己を見つめるまなざし〟とは、相対的な独立性を保ちながら発達してゆく」と結論している。この二つの面は、本書でも、第2章と第3章とで分けて扱い、おそらくまず他者のまなざしによる他者評価と自己評価が、ついで自分の中に理想自己が明確化するに及んで、これと照らしあわせた自己評価へとすすむと捉えてきた。これは、子どもの生活の変化——社会的関係の拡がり——と、子どもの思考発達の道すじ——現実的事物につ

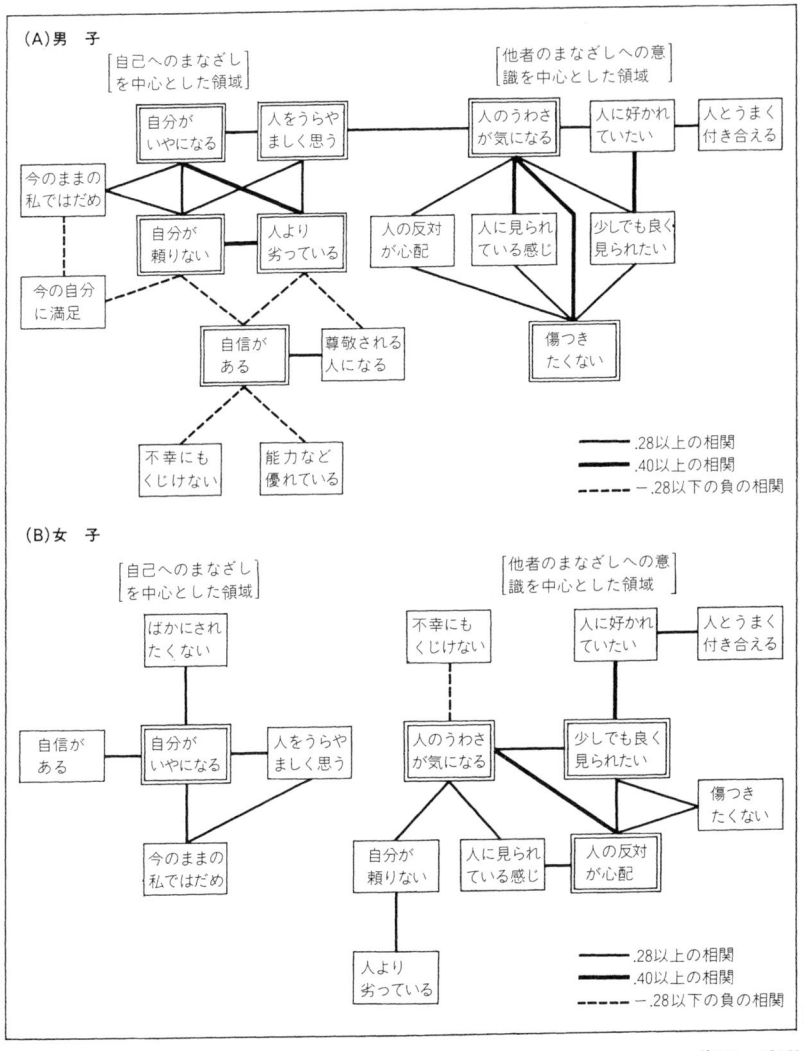

図 1·57 青年の自己評価的意識の内部連関 （梶田, 1980）

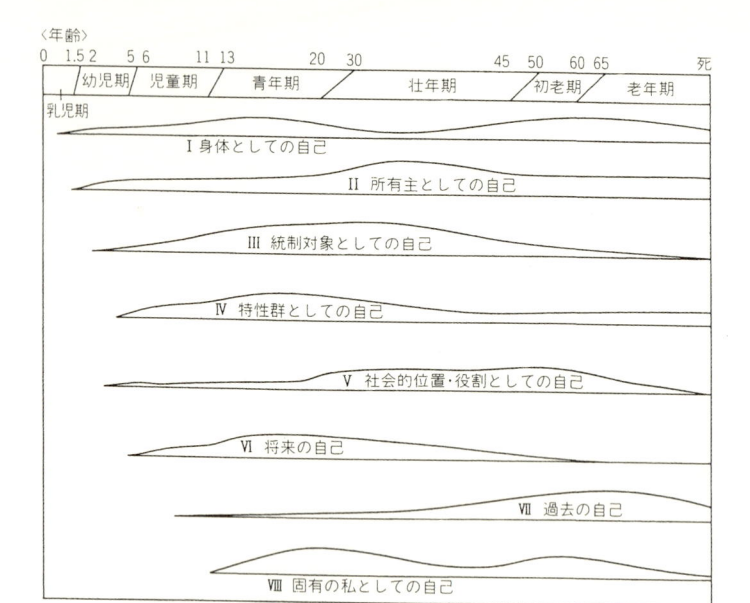

図 1·58 生涯にわたる自己意識内容の変化 　　　　　　　　　　(梶田, 1980)

図 1·59 自己意識の4領域ごとの発達的推移 　　　　　　　　(梶田, 1980 より作図)

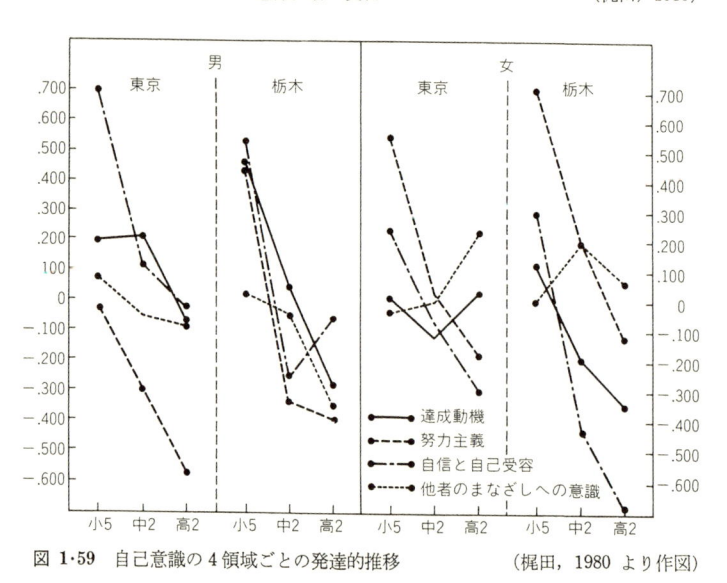

凡例：
― 達成動機
--- 努力主義
―·― 自信と自己受容
······ 他者のまなざしへの意識

第1部 "自己"の認識の諸相とその発達　126

いての具体的知覚・判断から抽象的・内面的事象についての推論へ——から想定された。自己意識の内容が人の一生にわたってどう変化し展開してゆくかについて、梶田は仮説的スケッチを提出している（図1・58）[135]。"他者のまなざしへの意識"と"自己へのまなざしによる意識"の二つがどのような発達的推移を辿るかの解明が必要だが、梶田は自己認識を四つの領域に分け、青年期における各領域の比重を発達的に検討している（図1・59）。

四領域の発達的推移は、男女差もあるが、東京と栃木のサンプル間の差もかなり著しい。これが各サンプルのどのような属性——社会階層、学力レベル等々——によるかは明らかではない。しかし、たびたび指摘したように、年齢に伴う一般的変化を求めること自体、無理また無意味なことをここでも知らされる。むしろ、梶田の明らかにしたような自己評価を構成する諸次元が、それぞれの子どもにおいてどのような比重と構造をもっているのか、またその特徴がその子どものいかなる条件を背景にしたものかが問われるべきであろう。梶田の分析は、そうした比較や分析の軸となりうる一般的な構造を明らかにしたといえよう。

最後に、"他者のまなざし"と"自己へのまなざし"の相対的重みを、日韓の女子大学生について比較した李の研究は、自己概念の文化的規定性を示唆していて興味深い[176]。三三一の自己評価項目中、両群間に差のある項目内容を検討し、さらに各群での諸意識の相関パタンを比較したところ、日本の学生群では"人より劣っている""人をうらやましく思う""人からよく見られたい""人のうわさが気になる"といった"他者のまなざし"にかかわる意識が、自己評価の中で、より大きいウェイトを占めているという。これは、自己を"自己へのまなざし"によって内省的に評価するよりも、むしろ

127　第3章　自己についての評価・感情・信念

他者との比較や他者からの評価によってより規定される"他者のまなざし"に、自己評価がより大きく規定される傾向を示唆するものであろう。このような特質は、一般に社会への同化傾向が強く、社会規範の拘束も大きい日本の背景を反映しているのかもしれない。もっともこのデータは女子についてであり、概して女子は男子よりも社会的志向が強いという一般的傾向（事実、さきの梶田のデータでも"他者のまなざし"への意識が、女子でより大きな比重を占めていた）を考慮すると、日本の特質だと一般化することは早計であろう。このような性差はあるにしても、自己を見る視点や、どのような側面が自己評価の対象として重視されるかには、文化的要因が関与していることは疑いなく、この研究の示唆する自己概念の文化差や日本人の自己意識の特質は、今後検討すべき問題領域だと思われる。

第2部 自己の行動統制（制御）機能の諸相とその発達

第1章 行動における〝自己〟の働きへの関心

1 〝自己〟認識研究における適応と行動

〝自己〟の問題は、第1部でみてきたように、これまで認識・評価の対象として集中的に研究されてきた。自己概念に代表される自己の認識へのアプローチが、青年心理学、人格心理学、臨床心理学などにおいて広くすすめられてきたのは、この問題が、たんに認識の問題にとどまらず、(社会的)適応あるいは成熟した人格、精神的健康といった、その個体のあり方、つまり行動、人格の基盤であると考えられたからである。しかし、自己概念ないし自己の認識の研究すべてが、この「適応、あるいは行動や人格を規定する」ことについての検討まで行なっているわけではない。むしろ「自己をいかに認識しているか」自体の問題の幅広さ、奥深さ、また測定の難しさなどの故に、自己概念そのものの測定や分析に終始しているのが大半である。

一方、自己概念と適応との関係の検証は、ロジャースのようなカウンセリング過程における自己概念の変化として捉えるアプローチ[263]のほかは、ほとんどすべてが相関的研究によっている。自己概念と適応とを、それぞれ別個の手法で測定し、両測度間の相関を求める、あるいは、あらかじめなん

らかの方法で選別された適応群と不適応群間の自己概念を比較する、というものである。そして予想された相関や群間差が認められれば、自己概念と適応との関係——自己概念が適応の基盤であるという仮定——の証明とされる。このアプローチは、たしかに自己概念を適応の視点から問題にしてはいるが、その検証の仕方は、間接的なものにとどまり、見出された相関なり群間差は、仮定されている「自己概念が適応の基盤である」ことを必ずしも十分証明したことにはならない。それは同時に、適応のよさ（悪さ）→自己概念という逆の関係であるとも、解釈されるからである。

2 "自己"の機能へのもう一つのアプローチ

このように自己概念の研究系譜自体はけっしてそう短くも乏しくもないにもかかわらず、そこではまだ十分に明らかにしてはいない"自己"が行動の中で果たす機能を、まったく異なった文脈・異なった方略で、もっと直接的に捉え、分析しようとするアプローチが、最近活発になってきた。自己概念研究ではやや稀薄であった発達的視点に立っていること、行動発達とくに学習の発達の問題として実験的アプローチをとっていることを特徴とし、これまで自己・自我理論の中で自我機能として、その発達を概念的に描いてきたもの、時に道徳性・良心といわれているものを、学習実験的に分析・解明しようとする。

ところで、レヴィンジャーは自我の発達に表2・1のような段階を区別し、各段階の自我機能の特徴を述べている[182, 183, 269]。この理論では、"良心的""自律的"であることとして"長期の目標""自己批判"とか"葛藤する内的欲求の克服"といった特徴をあげ、彼女自身の開発した文章完成法に投

表 2·1 レヴィンジャーの自我発達段階の特徴[a] (佐々木, 1980)

段階	衝動統制性格発達	対人関係スタイル	意識的とらわれ	認知スタイル
前社会的共生的		自閉的共生的	自己対非自己	
衝動的	衝動的報復の恐れ	依存的,搾取的受け入れ的	とくに性的・攻撃的な身体感情	ステレオタイプ概念的混乱
自己保護的	外在化された非難見つけられる恐れ日和見主義	用心深い操作的搾取的	自己保護願望,物事利益,統制	
自己保護同調的	単純絶対の規則への服従と同調	操作的服従的	伝統的性役割の具体的側面	概念的単純さステレオタイプ
同調的	外的規則への同調規則違反への罪悪感,恥	所属的皮相的な良さ	社会的受容性平凡な感情外見,行動	概念的単純さステレオタイプ決まり文句
自己意識的	規範の分化目標	集団に関しての自己意識,援助的	適応,問題,理由機会（曖昧）	多重性
良心的	自己評価的基準結果への罪悪感長期の目標理想自己批判	伝達への関心責任のとれる集中的相互的	分化した感情行動の動機自尊,達成特性,表現	概念的複雑さパタンの考え
個人主義的	付加：個性の尊重	付加：情緒的問題としての依存	付加：外的生活から内的生活を区別発達,社会的問題	付加：過程と結果の区別
自律的	付加：葛藤する内的欲求の克服	付加：相互依存自律性の尊重	生き生きと伝わる感情,心身の統合行動の心理的原因社会的文脈における自己,役割概念自己充足	増大した概念的複雑さ,広い視野,複雑なパタン,曖昧さへの耐性,客観性
統合的	付加：達成できないものの放棄内的葛藤の和解	付加：個性の育成	付加：同一性	

a) Hauser (1976), Loevinger (1976)[182]を参考にして作成した.
b) 過渡的段階.

映された被験者の反応について、その段階の有無を判定する方法で、自我機能の発達段階をあとづけている。佐々木はレヴィンジャーの方法によって次のようなプロトコールを〝自律的〟段階の特徴とされる〝内的葛藤の克服〟を示すものとして判定している[27]。
「女といると私はいつも九〇％の安らぎと一〇％のうっとうしさを感じる。」
「私はキャリアウーマン的な仕事と主婦の仕事の間にはさまれて、何とかしなくちゃと頑張っている。」

このように自我研究の枠組みで、投映法などに反映される被験者の意識から推論されている自我機能が、実際に行動としてとれるか否かを、具体的に実験的に確かめてみよう、というのである。自我理論や道徳性理論では意識や知識・判断面からの把握に終始し、行動との対応は、これまでほとんど扱っていない。そこで〝自律的〟〝内的欲求の克服〟等と記述・定義されていることを、具体的行動に置き換え、その機制や成立過程を学習実験の枠組みで捉えようとする。その試みが、自我理論や自己概念の枠組みからのアプローチに対して、〝自己〟の問題にどれほど別な光をあてることができたかを検討してみたい。

3 行動の決定因としての〝自己〟への関心

行動の成立を考えるにあたって、環境刺激の規定性が大きく扱われていた時期には、個体内の要因は、ともすると客観性を欠いた私的なものとしてしりぞけられるか、せいぜい外的刺激と外的反応をつなぐ過程として補足的に扱われるにすぎなかった。しかし、人間の行動が、内的なもの、行為者自

133　第1章　行動における〝自己〟の働きへの関心

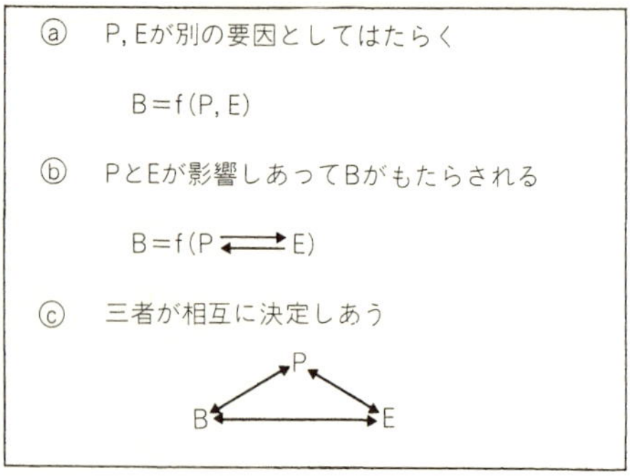

```
┌─────────────────────────────────────┐
│ ⓐ  P, Eが別の要因としてはたらく          │
│                                     │
│     B=f(P, E)                       │
│                                     │
│ ⓑ  PとEが影響しあってBがもたらされる      │
│                                     │
│     B=f(P ⇄ E)                      │
│                                     │
│ ⓒ  三者が相互に決定しあう               │
│                                     │
│           P                         │
│          ╱ ╲                        │
│         B───E                       │
└─────────────────────────────────────┘
```

図 2・1 バンデューラの自己システム論
B：人間の行動，P：人間の認知的およびその他の内的事象，E：外的環境　　　(Bandura, 1982a)

身にかかわるある過程によって規定される、という主張が、最近、広く関心と共感を集めている。このような主張をもっとも明確に、繰り返し述べている人々の中の一人はバンデュラである[17]。

彼は、社会的学習理論とその実験的研究のリーダーとして、人間学習の特質として最初は "社会的" ということを強調していた。モデリングに関する一連の実験はその検証として位置づけられる。しかし、その後しだいに "社会的学習——人間が行動すること、学習すること" の根源は、学習者自身にかかわる諸過程——自己評価する、満足(不満足)する、自己批判など（一括して self-referent という表現をしている）——にあると確信するにいたったようだ。

彼の最近の論文は、もっぱらこの主張にあてられている。self-efficacy, self system, self and mechanism of agent, self-referent thought など、タイトルに "self" を冠した論文の数々、さらにその論文の中に、"self-influence", "self-regulatory functions", "self-directed influence", "self-knowledge" とこれまた "self" にかかわるタームを多用しながら "自己" が行動の中で演じている役割について論を展開している。

バンデュラの自己システム論の骨子は、人間の行動(B)、人間の認知的およびその他の内的事象(P)、外的環境(E)の三者が相互に規定しあう過程であるとみなし（図2・1のc）、Bは、PやEがそれぞれ別個の要因として働いた結果（図2・1のⓐ）でも、またPとEだけが影響し合ってBがもた

らされる（図2・1のⓑ）のでもない、三者間の相互決定の過程である（reciprocal determinism と表現している）。この系の中でP、つまり"自己"システムは、次のような諸過程で行動にかかわる[17]。直面した場面や課題に応じて自分の行動のある側面（たとえば能力、性質など）について観察し、過去の経験や他者の成績、自分のもっている目標、期待などに照らして評価を下す。この自己への評価——価値づけ、感情的判断など——が次の行動のとり方——方向、内容などを規定してゆく。つまり、自己システムの機能、あるいは自己影響性（self-influence）とは、行動に意味や価値などを与え、次の行動を統御してゆく諸過程であるが、なかでも、個体が自己をどのくらい有能とみなしているか——有能感（sence of personal efficacy）——は、その個体の行動の中心的な決め手だと強調されている。この有能感は、前述の因果帰属での内的統制、また後述するセリグマンらの効力感にも通ずる[276]。

さて認識の対象としてではなく、行動を統御し、決定する自己の機能（self-control, self-regulation）への関心は、バンデュラに限らない。この一〇年ほどのうちに急激な高まりをみせ、"自己"といえば自己概念一色といってよいほどであったひと昔前に比べると、"自己"の問題は広い展開をみせ、とくに、行動、学習の文脈で多角的に検討されつつある（くわしい動向については、春木ら[98]、福島[75]、柏木[143]、根建[243]などを参照）。この動向は、最近の学会報告や専門誌の論文にも反映されている。

このような自己への広い関心、自己と行動の問題への関心の背景には、これまで考えられていた以上に人が能動的な存在であり、他者や外的刺激、強化などに支配され影響される以上に、行為者自ら

135　第1章　行動における"自己"の働きへの関心

が自分の行動を管理し統制しているという認識がある。そこには、ここ二〇年ほどの新しい乳児研究法の開拓が提供した″有能な乳児″の知見がある。もっとも端的な例は、乳児の視覚的反応である。新生児は、従来考えられてきたように、視野に入ってくるものをただ″ぼんやり″無差別に受身に見ているのではなく、高い感覚能力を具え、外界の刺激に選択的能動的に注意を向けている。同じ刺激を長く見せていると視線をそらし別な新しい刺激を求める、刺激の中でもより複雑なものや変化に富むものを好んで見る、また月齢を重ねるほど、より複雑なものを次々と好んで求める（ファンツ[65, 66]）。このように乳児は、環境や刺激にただ圧倒的に支配されているのではなく、むしろ環境刺激を——人さえも——選択し統制する、いわばフィルターのような役割を果たし、環境に対する統制力をもっている。しかもこうした選択的な探索が、外からの強制、指示、報酬にかかわりなく生ずるほど、能動性・自発性に富んでいる。

子どもの自発性・能動性は、模倣の発現と発達にもみることができる。初めのうちは、他の人がやっている動作を見ながらその場で同時にそっくり真似るだけの″サルマネ″的反射模倣である。それが、以前に見たことを、あとになって再現できるようになる。ここでは、モデルに見たとおりではなく、観察したものの中からある部分だけを選択的に模倣する点、後に詳しくみるが、すぐしかるべき適切な時にその行動を再生する点などで、以前の反射模倣とは大きく異なる。後に詳しくみるが、すぐ適切な時にその行動を起こさずに待てるということは、行動が外的刺激や外部からの指示や報酬などによる支配から脱したことを示す重要な徴候である。反射的であれ同時であれ、模倣が自発的に起こること自体、既に子どもの能動性を示すものであるが、さらに、反射的模倣以上の遅延模倣、選択的再生が可能になるのは、選

択、判断といった子ども自身の統制が大きく関与していることによる。

選択的注意、認知的探索行動、模倣の発達に認められる子どもの能動性・自発性は、行動の自己統制の原初的なものといえよう。これらはきわめて幼少時から、とくに刺激への選択的注意は誕生後すぐから存在することや、また、それよりは遅いが特別な知的障害のない限り例外なくサルマネ以上の模倣をどの子どもも示すという事実は、能動的であることや行動への統制力をもつことが人間ではごく当り前で、ほとんど自生的なものであるようにみえる。

ファンツらの研究によると、選択的注意は、施設児では家庭児よりも劣るという[65, 66]。逆に子どもの生育環境の刺激を豊富にしたり、子どもに十分手をかけ、相手になってやったりすると、この反応は促進されるという観察もある（レーベルスタイン[173]）。これらの知見は、子どもは選択的・能動的になる可能性を本来もっていること、しかし、それがどの程度発揮されることになるかには、生後の環境刺激やフィードバックのあり方が関係していることを示唆している。成人はもちろんのこと、子どもも、発達初期からこうした能動性をもっている事実の認識は、行動の主役である人間自身の問題と、行動における自己の機能へのアプローチを促した一つの背景となっている。加えて、カウンセリング、行動療法などの成功例は、人が幼少時の環境や経験によって決定されるという従来支配的だった初期経験重視の考え方が唯一絶対的なものではなく、生涯にわたって変化・発達し、かつ能動的に自らを変革しうる存在だという認識を一層強めることになった。

では、このような行動の決定にかかわる自己の機能——バンデュラの表現でいえば、自己システム——は、どのように形成されるのだろうか。「自己効力性の発達」と題する最近の論文の中で、発達初

137 第1章 行動における"自己"の働きへの関心

表 2·2 人間の行動の分類

動機 行動	(+)	(−)
始発 (+)	×	B
制止 (−)	A	×

期からの有能さ、環境統制力を指摘し、乳児が自分の有能さ――自分が環境に働きかける主体者であること――を、はじめは漠然と、しかししだいに明確に自覚するようになると述べ、この自己の有能さの感覚が、子どもが出会うさまざまな対人関係――家族・同胞との関係や友人集団――の中で養成されてゆくことを、従来の社会的学習の枠組みから述べている。しかし具体的なつめまでは行なっていない。

バンデュラの"有能さの感覚"は、原因帰属での内的統制、効力感動機づけ（effectance motivation）にも相通ずるが、この"有能さの感覚"をベースにした行動を自己制御するという機能が、どんな形でみられるか、またその機能がどう形成・発達してゆくかが概念的に述べられているだけで、それ以上にどれだけのことが明らかにされているのだろうか。

4 快楽原理による行動とよらない行動

人間の行動は、その動機と行動の方向の二点から分類すると、動機がその個体の欲求を充たすためか(+)、その欲求に逆らうものか(−)、行動を起こすことか(+)、行動を制止させることか(−)、で四種の行動に区別できる（表2・2）。

このうち、×のタイプの行動（「自分のしたいことをする」「したくないことはしない」）は、人間にとってごく自然なものである。何を欲するかはその個体の欲求・意志によるが、そのあとは"欲求のおもむくまま"に行動したり、しなかったりすることには、普通、格別の努力や意志は働かなくてすむ。この種の行動は子どもにも早くからみられる。おなか

表2-3 要求-拒否表現に用いられた主な行動（食物に関する場面、初発月齢のみを示す）

(山田, 1982)

年齢	0-;1-;4-;6-;7-;8-;9-;10-;1;0-;1;1-;1;2-;1;3-;1;9-;1;11-;2;2-
要求行動	● 泣き ● イライラした発声 ● 口を動かす ● 身をのりだす ● 取りに行く（繰返し、歩行器、這行、1人歩行で） ● 手をさし出す ● 食器のイスをたたく ● 特定語で指示（指さし、手渡し、母の手をひっぱる「マンマン」「バアバア」（冷蔵庫を開けて）など） ● 身振り（ねころぶ一哺乳、「パン」ロリンゴが欲しい、「パン」口パン欲しい、ビターヒーンク、「ぞーさ」ぞう"をつけて欲しいなど） ● 特定語指示「ピンビ」（ピスケット欲しい）など ● 2語文「ジャージャーイヤイヤ」（牛乳いらない）「ニャイ」「イヤン」「マンマ」などの応答詞 ● 3, 4語文「ユー（自分の名前）ビスケットイイ」「パンイチイ（2つ）チョーダイ」「パンイチ」「ヨ（姉）ユタケッキ欲しい」「ディーピンイイ」「ジュースを飲みたい」「ニ（一緒に）ゴハン」など ● 否定詞が中間に入る3, 4語文「ジャージャー ナイ（牛乳 ママ）ラナイ」「ジンコ（リンゴ）ナイネェ」「ナイコーナイヨーナイヨー」「フンフフク ナイ（牛乳にするの）や全部ユーの）」「ファンファイ（ママだい）」など ● 「ナイ」の助動詞や形容詞の否定表現「シタイ イッチョ ニ（一緒に）ゴハンタベタイ」「ナナナナ、ナブタイ」など ● 「ダメだ」「チガウ」などの否定表現「ママダイ チカウ」「チカウ チュアン タクチャン フタテン ミタイ（見たい）」「シンオアブ（ない）」「オーブ（ない）」「チョーダイ」
拒否（否定）行動	● 泣き ● 不快表情 ● 舌を押し出す ● 顔をそむける ● つかもうとしない ● 首の横振り ● 母の口へ押し込む ● 隠す ● 怒る ● 「ニャイニャイ」「イヤ（牛乳）」「ナイ」などの応答詞 ● 口をつむる ● 手で払う ● 母の手に渡す ● 「フンフク イヤ」マンマイ（脱脂粉乳はいや、まずい）など

139 第1章 行動における"自己"の働きへの関心

がすくとミルクが与えられるまで泣きつづけ、乳首にむしゃぶりつく。逆に、そろそろ授乳の時間だと思って母親が授乳しようとしても、欲しくないと口をきっと固くむすんで乳首をうけつけない、あるいは舌で押し出してしまう。これらは、乳児が自分の欲求の(+)(-)に応じて、行動を(+)(-)に使いわけている端的な例である。もちろん自分の欲求の主張と、欲求に反するものを拒否する行動自体も、子ども の "自己" の存在と発達を示すものである。そしてその行動様式が、初期の "泣き" だけに始まる段階から、運動的手段による直接的な形、さらに言語的なものへと分化・展開してゆく要求と拒否の行動は、行動発達上興味深い（表2・3）[325]。山田が、自己の発達の観点で扱っている要求と拒否の行動は、さきの行動分類では主として×の部分にあたる。

さて、自我機能の発達理論では、初期の自我の段階として、"衝動的" という特徴が挙げられている。たとえば、レヴィンジャーは "衝動的" 段階の子どもは、後の自我機能が外的規範や他者との関係などへの服従・同調、さらに自己の理想・目標の達成を志向するものであるのに対して、自分の欲求中心の行動、衝動の満足に終始するものとしている[182, 183]。フロイトも、欲しいものは求め、欲しくないものは回避する乳児の行動を、"欲求のおもむくまま" として捉え、これを快楽原理による支配と述べている[70]。そして快楽原理によらない行動、別な行動支配の原理が子どもの中に成立してゆく過程は、フロイトの発達理論の中で中心的な問題とされている。

このように、自我機能以前の段階、快楽原理による段階とされる表2・2の×の行動は、子どもには最初からは具わっていない。自分がしたいことをしないで抑制する（A）、逆に自分がしたくないことをあえてする（B）、これは自然には起こり難く、

学習しなければならないものである。前者は"衝動"の抑制であり、後者は欲望によらずになすべきことをすること——良心にもとづく行動とか道徳といわれるもの——で、いずれにも選択的注意や探索・模倣など以上に、"自己"がより大きく関与している。より新奇なもの、複雑なものを求める動機を子どもは生来もつ、またモデルの行動を自分が再生できること自体に子どもは満足しているとみなせば、探索や模倣などは、前記の表の×のカテゴリーに入る。しかし、A、Bの行動はどうだろうと見なせば、それ以上に能動性と自己の統制力を要するのではないだろうか。そして、これを子どもはどう習得してゆくのだろうか。

フロイトは、快楽原理による行動から、このA、Bにあたる行動が現われるメカニズムを、親との同一視による親の規範や罰の内在化として捉えている。

乳児と母親は誕生後しばらくは、平和で調和的な関係にある——乳児の欲求は母親に過不足なく充たされ、子は母と心身ともに一体的な感覚を保ちつづける。しかしやがて、母と子の間に少しずつ分裂・対立が起こる。それは親が子どもの欲求をすぐ充たしてやらずにひきのばしたり、時に子どもの欲求にさからう別な処置をとったりすることによる。しつけの始まりであり、ここで子どもは快楽原理とは異なる別な行動原理を、親の不在や罰から体験的に知らされる。

フロイトは独特のリビドー説から、子どもの自律性や良心の発達を、子どもが同性の親と同一視し、その親にあやかろうとして親のもっている特性をとり入れ、親の行動規範や罰を内在化することである、と説明している。このフロイト説をめぐってたくさんの検証の試みがある。親との同一視の強さと子の道徳性との関係をみた膨大な研究であるが、その結果は、フロイト説を支持するものもある一

141 第1章 行動における"自己"の働きへの関心

方、明快な関連は認められず、むしろくいちがいを示すものも少なくない。これは、一つには、良心、道徳性といったものの形成を発達初期の親との関係や無意識的な過程だけに求めたフロイト説の限界によるものであろう。

既にみたように、子どもの自己認識は他に映じた自己、他からの評価だけにとどまってはいない。それらを一つの素材としながら、あるべき自己像、理想的自己概念を描き、これに現実の自己を接近させようとする能動的な営みが活発になる。この理想的自己概念の形成には、良心、道徳規範にかかわることも当然含まれる。このことに注目すると、発達初期が後の発達を決定的に規定するという主張や無意識過程の重視などフロイトのとる立場に対して、むしろ発達後期の主体的能動的な過程も、行動規範や良心、道徳性の発達にとって重視しなければならないと考えられる。

そうした限界にもかかわらず、親の規範や罰の内在化としての子どもの良心というフロイト説は、行動発達、とくに外的な規範や罰によらず、子どもが自分で自分の行動を方向づけ律してゆく行動の成立・獲得という問題にとって魅力的にみえる。そのためフロイトのいう同一視のメカニズムを学習行動の問題として分析し検討しようとする試みが数多く展開されている。

5 始動（開発）と制止（抑制）──自己統制（制御）の二つの方向──

フロイトが規範や罰の内在化とし、また別に良心、道徳性の発達として扱われてきた前掲の表2・2のA、Bの類いの行動の発現・発達の様相を、学習、言語、社会的行動の発達研究の中から探ってみよう。そこには×の行動とはちがって、"自己"がその行動を律し決定している、自己の行動統制

機能がみられると考えるからである。

子どもの発達を社会化の過程とみなすことは今日かなり一般的な見方である。ここでは、子どもが生をうけたその社会の規範に従ったようになることに中心がおかれているが、これは快楽原理によらず、社会の行動規範に従った行動をする面であり、外からの強制や強化がなくても、この社会規範に従った行動ができることで、前掲の表のBにあたる。社会が要請している、成人のもつべき技能、知識、態度、地位などの獲得は、青年心理学者が発達課題といって重視しているものでもある。

新しい規範によって行動すること、それができることは、たしかに社会的人間として達成すべき発達課題であり、自己統制の一つである。しかし、このすることに焦点づけた自己統制――これは positive self-control といえようか――に対して、しないことを学ぶこと（表のA）は、社会化過程の研究の中ではやや軽視されてきた。

子どもの発達過程では、新しい行動パタンの習得やその増強・豊富化という変化のめざましさ、素晴らしさの故に、一般の関心も研究者の視点もとかくそこに集まるのは自然なことである。しかし、行動パタンの減退・消失という変化も発達の重要な面であり、とくに、快楽原理や衝動によって起こってしまう行動をしないよう抑制する・制止する、しかも他からの強制や罰なしにこれができることは、自律や自己統制の重要な面である。さきのすることの学習がpositive とすれば negative self-control といえよう。そしてこの二つは、同じく自己統制、自律とはいっても、それが形成されるメカニズムはやや異なる。また、どちらの面の形成が容易にもちがい

143　第1章　行動における"自己"の働きへの関心

があるのではないかと思う。子どもでも大人でも、することの面はできていながら、しないでいることができないケース、またその逆もしばしばみられ、それは個人差の一つになっているからである。だが、どちらの発達が容易かを比較検討した研究はみあたらず、この問いにはすぐ答えられそうにない。おそらく、しつけの中でどちらの面に重点がおかれているか——どの面の学習機会が多いか——にもよるであろう。そしてこれは、個々の親ごとのちがいもあろうし、社会、文化ごとに行動することと抑制する（しないでいる）こととのどちらに重きをおくかとも関連があるだろう。したがって、一般的な難易を決めることには無理があるのかもしれない。

この二つの面をとりあえず次章から別々に取り上げ、その発達・形成の過程をみることにしたい。

第2章 行動制止機能の発達

自己統制的行動のうち、行動を制止する機能はどのような形で子どもにあらわれてくるのだろうか。〇歳から六歳までの行動発達を、自己制御に焦点をあて、横断的な観察・評定データで分析した笹野や生澤は、発達の概略的方向を「"不満に耐える"という受動的なものから、禁止を行動目標とする能動性・自発性の獲得と増大」と指摘している[272、117]。どのような行動を問題にするか、また、どんな仕方で制止が可能になるとするかなど、関心や視点のちがいから、いくつかの文脈で制止のいろいろな面が扱われてきている。

I 外罰の内在化の過程

1 罰の機能

外から与えられる罰、㈠強化の役割が後退し、代って自分自身が罰の制止機能をとる過程は、行動制止機能の発達上大きな転機であり、この過程の成立をめぐって多くの分析や検討がなされている。

したくとも、してはいけない行動を子どもに制止させるのに、罰の役割がある。"アメとムチの教育"といわれるように、特定の行動にムチを与えることは、その行動の出現を抑え、やがて消滅させるもっとも手っとり早い手段とされる。もっとも効果的であると同時に、この方法しかありえない場合もあるという意味で、制止機能をもつものの代表ともいえる。もっとも反応制止は賞によっても可能である。してはいけないことを制止できた時に賞を与える方式と、罰で制止させる方式のどちらが効果的かを、直接検討したものは少ない。弁別学習や概念学習での賞罰の効果を検討した研究で、正反応への賞よりも、誤反応への罰の方が効果的だということから推して、罰による反応制止がほとんどの研究の焦点となっているのが現状である。

ところで、動物および人間の幼少段階では、罰の制止の効果は、一般に罰の強さ、タイミング等の条件に大きく規定される。

罰の強さ・きびしさの効果

まず罰がきわめて弱い場合には、罰は刺激を弁別する手がかりとして働き、罰に結びついた反応を弱めたり制止したりすることにはならない場合さえある。罰の強度をもう少し増すと、一時的に抑制が起こるが、この制止は長くつづかず、しばらくするともとに戻ってしまう。さらに罰をいっそう強くすると、完全に制止が起こるようになる。これが、動物実験で確かめられている罰の強さの効果で、罰の制止効果は罰の強さのほぼ単純な関数となっている。

この原則が、人間、子どもの場合にもあてはまるかどうかは確証がない。明らかに苦痛や害が予想

される強い罰を与える実験は、人間にはできないからである。したがって、この問題は、日常のしつけについてのフィールド研究で推論的に検討されることが多い。親の罰のきびしさを評定尺度で測定したり、きびしい罰とみなされる体罰の使用頻度を調べて、子どもへの影響を調べるというものである。しかし、この種の方法では、まず罰の強度を正確に測定することが難しいとか、時に親の回答の信頼性に問題があるとか、また罰の強さだと測定したものに強さ以外の別な要因、たとえば罰の一貫性や質、さらに与え手（親）と受け手（子）との関係といった要因が、分離し難く入りこんでいる。このため動物実験のように、明快に罰の強さの関数としての制止効果はフィールド研究では捉えられないのである。

そこで、子どもに可能な形で強・弱の罰を与え、禁止した行為を実験者がいなくなってもどれだけしないでいられるか、という形の実験がさかんに行なわれた。罰としては、違反反応に対して「ダメ、それはほかの子のよ」という叱責と同時にブザーを鳴らすが、このブザーの音の大きさを六五デシベルから九六デシベルくらいの範囲で変え、罰の強さの条件としている。

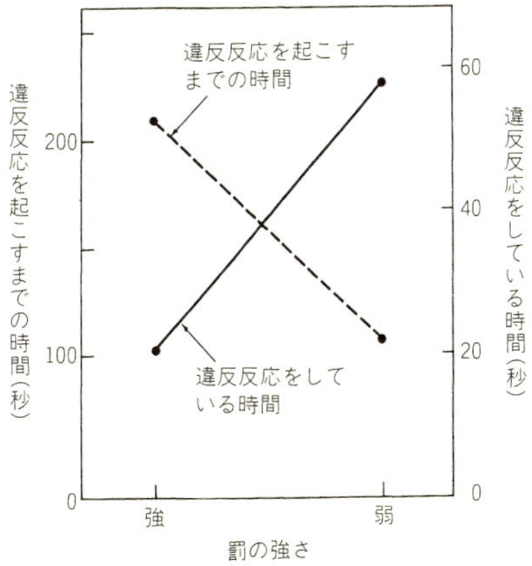

図2・2は、この種の実験結果の一例である[255]。違反反応に走らずに抑制していられた時間、違反反応をしてしまう時間、いずれの測度でも、罰の強い方が制止効果が大きい。実験によって結果が明確でないものや多少のちがいはあるが、概括的には動物

図 2・2 罰の強弱と違反反応 （Parke, 1970）

147　第2章　行動制止機能の発達

の場合と同様に、罰が強いほど違反反応の頻度と長さのいずれの測度でも制止効果が大きくみられている。

もっとも、このような実験結果を、動物の場合とまったく等しく考えるわけにはゆかない。人間の子どもに与えうる罰の強さにはおのずから限度があり、動物の場合よりも狭い範囲内での強弱を問題にしているからである。動物の場合に匹敵するほどの強い罰（音でなく、強い体罰、ショックなどより苦痛が大きく、もっと直接的なもの）にした場合に、この実験結果の延長上に来るかどうかはわからない。

しかし、それ以上に子どもの場合の罰は、その強さだけが要因として効果をもつことがそもそもありえない。さきに、しつけでの罰を考える場合、強さ以外の要因が入りこんでしまう測定上の問題があると述べたが、これは測定技法上の難点であるというよりも、強さだけを分離して純粋に捉えること自体、無理で、また無意味なのである。親が子どもを罰するとき、どんな叱り方・罰し方をするかは、その時の状況――どんな悪いことをしたか、いつそれを発見して罰しようとしているか、その時の親の機嫌・虫の居どころ、また子どもの年齢等々――によって左右され、同じ親でもけっして一定ではない。そしてそうした諸要因との組合せによって罰の強さの効果も異なってくる。強ければ、それだけ制止効果があると単純にはいえないことは、日常の観察や経験から十分に考えられる。

罰のタイミングの効果

罰の強さとならんで、制止効果を左右するタイミングについても同様のことがある。どの時点で罰

表 2·4　罰を与える時期別の逸脱（違反）反応の比較
(Aronfreed & Reber, 1965)

実 験 条 件	触ろうとしたしんに罰する ($N=34$)	2,3秒いじったところで罰する ($N=34$)	統制群 ($N=20$)
逸脱した人(人数)	9	24	16
逸脱しなかった人(人数)	25	10	4

を与えるかによって一般に制止効果は異なる。動物実験では、反応と罰の執行との間隔が大きくなるほど罰の制止効果が減ずることが確かめられている。子どもではどうだろうか。

触ってはいけないと禁じられた玩具をとって二、三秒いじったところで罰を与える条件、というように、罰を与える時期を変化させて罰の経験を何試行か与える。そのあと、実験者がいない時、その制止がどのくらい強いかを、禁じられた玩具に手を出すまでの時間、実際に手にする回数や時間などを測度にして比較する。このようにタイミングの要因だけを単独に取り上げると、子どもは動物と同じ、つまり罰が違反反応の直後に与えられる時に制止効果が大きい（表2・4）[7]。これは、「悪いことをしたらすぐ叱れ、その場で、直後に……」とよくいわれることの根拠になっている。

しかし、日常のしつけでは、この実験条件のように、手を出そうとしたとたん、つまり違反行為が起こるか起こらないかのうちにすばやく罰を与える（叱る）ことは、ほとんどない。実際は、一度悪いことをしでかしたあと、もう一度それをしている時とか、違反行為が現にかなりすすんだ段階で親が気づいて叱ったり、罰を与えることが多い。日常生活では親は、実験者のように、子どもの行動だけを目をこらしてみてはいないからである。

そして実際のところ、しつけについての研究でみると、実験では効果が小さかった遅延罰群にあたる罰の与え方で、結構効果をあげていることが認められる。神経

149　第2章　行動制止機能の発達

質に子どもの動向に気をくばり、子どもが実際にするかしないうちから「……しないように」「……してはダメ」といった類いの禁止を与えることは、むしろ効果がない。違反の冒頭や途中でさえぎるよりも、違反行為を実際にやってしまったあとの方が、どんなことをしたことが罰に価するのかが子どもに十分伝わるからであろうか。

罰の理由づけの意味

あるまをとるほうがむしろ効果的なのは、タイミングそのものの効果ではなく、別な要因が働いているからだと考えた方がよい。罰の強さだけを独立に考えることが、子どものしつけや社会化の場合には無理・無意味であったのと同様である。
日常場面で起こりそうないくつかの要因を組み合わせた条件についての実験結果の方が、はるかに示唆に富む。それによると、単独の要因分析では動物と等しい効果をもつかに見えた罰の強さやタイミングが、必ずしもそう単純ではないことを明らかにしている。
罰が強いほど、また時間的に接近しているほど、制止効果が大きいという法則は、動物の制止が、外から与えられる罰にあくまで依存していることを示す。ここでは、罰が小さければ、それだけ効果は小さくなり、罰がなくなれば、もはや制止は起こらない、ということになる。人間の場合も、外からの罰だけに完全に支配されている場合には、同様になる。小さい罰では、またその場で罰しなければ、制止は起こらない、子どもは最初のうちはそのように見える。親がいない時、いても罰しない場合には、汚れた手のままで食べたり、大人の大事なものをいじったりする。しかし、しだいに

誰からも叱られなくても、また誰もみていなくても、以前いけないといわれたこと、罰せられたことはしないようになる。ここでは、外からの罰だけに直接支配されておらず、子どもの中に制止機能をもつある仕組みが生じている。これが、罰の内在化といわれるものである。

このような罰の内在化のメカニズムは、罰の強さやタイミング等の物理的な要因と、罰を与えるタイミング、子どもに罰の根拠がどれほど明示されたか、罰の与え手と子どもとの関係といった心理的社会的条件との関係を検討した研究から、示唆されるところが大きい。

図2・3は、罰の根拠を子どもに明示した場合と、そうでない場合とで、同じ罰の制止効果が著しく異なることを示したパルクの実験結果である[254]。認知構造の高い群には、玩具に触ってはいけない禁止の理由を、詳しく説明してやる。ほかの子どものがない......というふうに。これに対して認知構造の低い群には、ただ触ってはいけないものだということだけが告げられる。罰の根拠が十分に明示されて、禁止の理由が自分の中にきちんと納得されていると、制止効果は、そうでない場合に比べてずっと大きい。しかも、この認知的要因の効果は、罰の強さの大小、タイミングの早い遅いにほとんどかかわりないのである（図2・4）。

罰の根拠を提示するだけで十分制止の効果をあげるというこの結果は、ピアジェが罰について指摘していることとも対応する。ピア

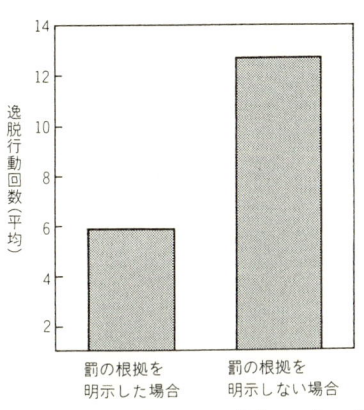

図2・3 罪の根拠を明示した場合としない場合の罰の制止効果　(Parke, 1969)

縦軸：逸脱行動回数（平均）
左：罰の根拠を明示した場合
右：罰の根拠を明示しない場合

151　第2章　行動制止機能の発達

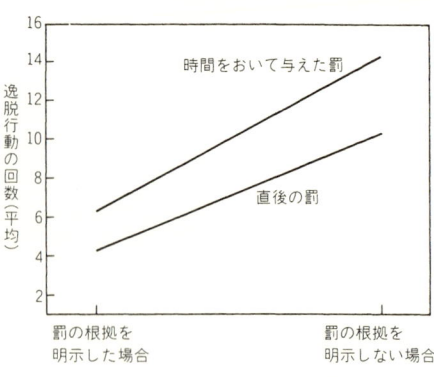

図 2・4 罰のタイミングと認知構造の明確さの関係
(Parke, 1969)

ジェは、子どもの道徳性の発達について、外罰の効果とくに権威や力に訴えた罰の効果に対して否定的である。違反行為と何の論理的・必然的関係ももたないこの種の罰では、子どもはただそれを回避することのみを学習する。子どもが自律的な禁止を学ぶのは、行為と結果との論理的関係を認知することによるのであり、そのためには恣意的でない罰、違反行為の結果を経験させたり、違反場面から排除するといった、相互性による罰でなければならないという。

一方、子どものしつけの研究もこのようなことを示唆してきた。たとえばシアーズらのしつけの研究で、親が体罰を与える際に罰の理由をいってやる場合によい効果をあげることを示唆する結果が報告されている[275]。このほかにも、理由をいうしつけの方が、ただ罰だけ与えるしつけよりも効果的であることは、問題児や非行児の家庭のしつけ研究からも、しばしば指摘されている。

2 罰の回避から罰の内在化へ

そもそも罰の制止機能は、実験的検証が可能な動物を中心に検討され、その結果に準拠して法則がたてられたため、罰によって不安が喚起されて、それを解消すべく制止が生ずるとする点が強調されることになった。罰の強さが大きく、また直後であるほど制止が大きいという動物の行動は、この不

安回避・低減という観点で十分説明できる。

しかし、今みたように、子どもでは罰の強さや時間という物理的条件以上に認知構造が大きくものをいう事実は、ただ罰のもたらす不安や怖れを回避する、という形では説明しきれない。ここでは、外から与えられそうな罰を避けるためではなく、子どもは別な原理で行動している。もちろん、どんな行為を制止すべきかは、最初は外から罰や叱責として示される。しかしそれを何回か経験するうちに罰や叱責の根拠を理解した子どもには、行動の是非を決める基準が形成される。そのあとは、この基準に照らして、これに合致するよう行動し、また制止もすることになる。

外罰や他者からの指示によらず、自分で自分の行動を制止する機能の一つは、このような認知的統制である。これが成立した段階では、罰の効果を高める強さやタイミングの影響をもはやそれほど大きくは蒙らない。また、罰を直接うけた特定の反応だけでなく、その反応カテゴリーに属する一連の行動にも制止が働くようになる。こうした般化は、認知的な枠組みがあってはじめて可能となる。

ピアジェのいう相互性による罰の範疇に入るアイソレーションとかタイム・アウト (time out) といわれるしつけ法——悪いことをした時、罰や叱責のことばを与えずに、その子どもを別な部屋にしばらく一人だけにしておくやり方——は、少し年長の子どもではきわめて有効である。それは、子どもが一人でおかれている時間に、何故こうなったかを考え、どうすべきかの基準を確認することが促されるからであろう。

153　第2章　行動制止機能の発達

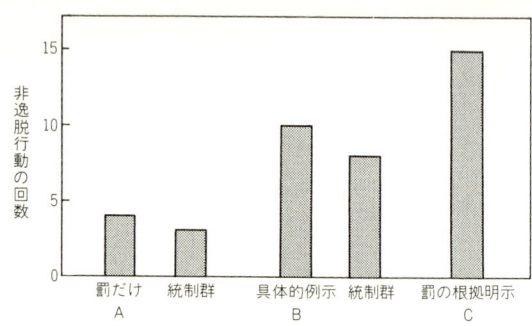

図 2・5 罰の理由別に見た非逸脱行動数
(Cheyne & Walters, 1969)

3 罰の内在化（認知的自己統制）を促す条件

では、どのような条件が、こうした内在化――認知的統制――を促すのであろうか。

子どもは何回か外罰を経験するうちに、反応と外罰との関係についての認知を形成する。しかし、この際、ただ罰だけが与えられるのでなく、罰の根拠が同時に示されることが有効なことは既にみたとおりである。さらに、どのような理由づけの仕方が効果的かについても、実験的研究はもう少し詳しく検討している。

たとえば、ただ罰だけが与えられた場合（A）、その玩具をさわってはいけないと罰の理由が具体的な行為に特定して述べられる場合（B）、さらに、なぜさわってはいけないかの根拠まで（「それはほかの人のものだから」とか「こわれやすいし代りのものはもうないから」というように）述べられた場合（C）を比較すると、してはいけない根拠（一般的ルール）まで述べられた場合の群に最大の違反行動の制止の効果がある（図2・5）[44]。

これは、日常の母親のしつけ場面についてもいえる。子どもにどのような説明をことばで与えて統制しているかを分析し、その影響を検討した研究は、「いけない」「……しなさい」とただ禁止や命令を与えるのではなく、その理由をなるべく詳しく子どもに説明してやる方略が有効なことを明らかに

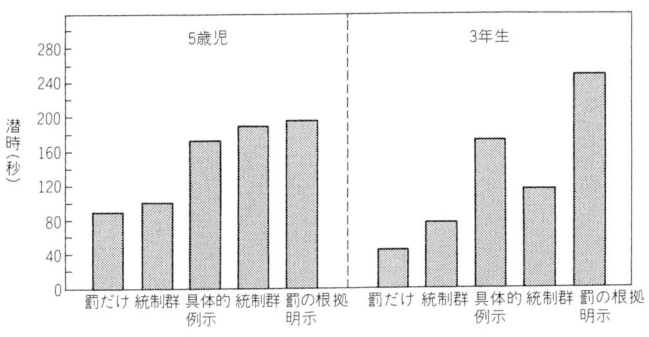

図2・6 5歳児と3年生の条件別逸脱行動反応の潜時（平均）
(Cheyne & Walters, 1969)

している。理由を尋ねても「ダメなものはダメなの」という式の説明では、理由と結論とを子どもが筋道たてて考えることをさせなくしてしまうことになる。また、何の理由も与えられないと、まだ一人で根拠を考えることが難しいうちは、どのくらいダメなのか親の顔色をうかがったり、親の怒りを回避することだけになり易く、ものごとの原因・結果を理解して、それを自分の基準にとりこんでゆくことは起こりにくい。

もっとも、どのような理由づけが有効かは発達レベルによって異なる。まだ言語的能力、推理能力の低い幼児とそれらがすすんだ三年生とでは、同じ言語的説明でも効果は異なる（図2・6）[44]。前述したアイソレーションというしつけ法は、罰の根拠を子どもに考えさせる契機として有効なのであろうが、禁止の基準が理解され定着しつつあるレベルの子どもで効果的なのである。

4 賞の除去・剥奪——もう一つの罰の効果——

言語であれ物であれ不快刺激を与える形の罰についてみてきたが、これとはちがった形の罰がある。子どもにとって魅力的なもの、本来なら賞に価するほどのものを子どもから取り上げたり、与えないというやり方である。この正の強化子の除去という罰は、不快刺激、負の強化子を与える方

155　第2章　行動制止機能の発達

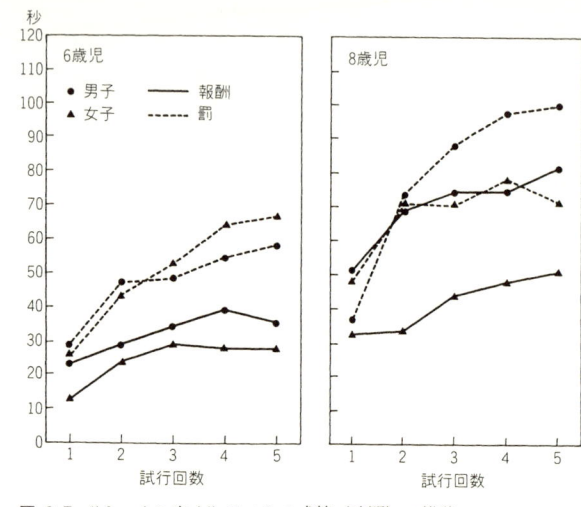

図 2·7 "ゆっくり歩く"テストの成績（時間）の推移
(Costantini & Honing, 1973)

法よりも効果が永続しやすいことが動物実験では知られている。子どもについて、これを、通常の罰と比較した実験的研究はない。しかし、日常のしつけでは、罰（負の強化）とならんで、時にはそれ以上に多く使われるやり方であるから、その効果に関心がもたれる。

コスタンチーニらは、この形式の罰を賞（正の強化）と比較して、反応制止の形成について実験的に検討している[46]。課題は運動反応の制止と認知的制止に関するものの二種類で、六歳児と八歳児を対象に、賞の除去（あらかじめ子どもに預けてあるごほうびのおはじきを、制止ができなかったら実験者に返してゆく）と、賞（制止ができたら賞をあたえる）の、いずれかの訓練をする。そのあと、類似の運動反応と認知課題でその効果をみると、認知課題では、八歳児は転移試行の最初から最高の成績をあげてしまった（天井効果）ため比較はできなかったが、賞よりも罰の方が制止を促進する効果をあげているが、賞・罰の効果にこの範囲では年齢差はないが、その後試行を重ねるほどに、八歳児とりわけ男児は成績の上昇が著しい点で、発達的な差が（図2・7）。また転移課題の第一試行の成績は、六、八歳で大差は

ある。

このように、正強化子の除去という罰の形式は、原訓練をうけた場面や課題以外にもその効果が転移するが、おやつをおあずけにする、テレビをみせない、「お母さんはもうかわいがってあげない」という等、日常よくとられるしつけにあたる。また、さきに述べたアイソレーション、"time out"も、皆のいる楽しい所や時から連れ去られるという点で、この罰のタイプに類する。このアイソレーションの有効性、また、愛情を操作するしつけが、体罰のような形のしつけよりも、子どもにとってプラスだというフィールド研究の報告は、この実験結果と対応している。この実験で目立つ学習効果の性差や、年長段階では試行を重ねるほどに大きくなる学習効果は何故なのか、また一般的な発達的傾向なのだろうか、この種の罰が反応制止の形成にとって賞にまさるというこの実験結果はずっと変わらないのだろうか、さらに次にみる学習の持続性という点からも、このタイプの罰の役割についてさらに検討する余地が残されている。

5　消去抵抗の強さとしての罰の内在化

強化を取り去った後にも習得した反応が持続して起こる現象は、消去抵抗として扱われている。内在化とは、この消去抵抗の強さとみなすこともできよう。

学習研究では、消去はだいたい付加的に扱われている。"新しい行動パタンの習得" ＝学習のメカニズムの解明に主眼をおく学習心理学においては、それはごく自然なことであった。動物が難しい迷路を覚え、微細な図形の識別をこなしてゆく習得過程は、ちょうど、子どもが次々と新しいスキルを

身につけてゆくさまと同様めざましいものだから、課題を習得するのにどれだけの試行数を要するか、誤りはどんな形で生じ、また減っていったかといった学習完成に到る過程が、学習研究の中心になった。

しかし、そうして習得された反応が、いったいその後どのくらい持続し、定着しているかは、とくに子どもの発達を学習過程だとみなした時、重要な視点だと思われる。いかに早く、少ない試行数で学習が完成しようと、それが外的強化がなくなるやたちまち消失してしまうならば、その学習は一時的変化にすぎず、発達的変化とは見なし難い。そのような意味から、消去抵抗あるいは消去過程はもっと研究されてよい問題ではないか。学習をいかに能率的にするか（子どもに早く覚えさせるか）と、その反応を消去期にどれほど持続しているか（子どもが外的強化がないあとも自律的にその反応をとれるか）とは、必ずしも両立しない。たちまち覚えるが、またたちまち消えてしまうものがあり、逆に、長い試行錯誤の末ようやくできるようになるが、いったん学習するとずっと定着しているものもある。そして学習法の優劣も、習得過程の成績か消去抵抗の強さのいずれを問うかによって異なる。

このような観点から、動物学習で消去抵抗を強める学習条件として、問題とされている部分強化などの強化条件に大きく左右される。だいたい動物は人間よりも外的強化に大きく支配され、罰の強さやタイミングなどの効果は示唆に富む。しかしこの動物でも、罰による回避訓練学習が十分成立すると、罰を一時与えない状況でも、回避を学習した反応はしばらく起こらない。つまり、外的罰がなくとも制止が成立する。また、賞による訓練でも、学習完成後の消去期のある期間は学習された反応がある率で強化される部分強化がつづく。そして学習期にいつでも必ず強化されていた完全強化よりも、ある率で強化される部分強化での

学習の方が消去期の反応生起はより長期間強くつづく。

このような賞の部分強化の効果は、人間の子どもでも確かめられている。攻撃的行動に一〇〇％賞を与えた群と、半分には賞、残りは無強化の群（五〇％強化）、半分には賞、半分には罰の群（各五〇％の賞・罰）とでは、消去抵抗の強さに有意差がある。いつも必ず同じ正の強化をうけて訓練されるよりも間歇的に強化される訓練の方が外的強化がなくなった後も持続性が高いのである（図2・8）[50]。負の強化についても、このような部分強化の効果があり、罰がすぐに、また必ず与えられるよりも、ある程度遅延されたり、時には与えられない経験をもつことが、子どもにとってはむしろ効果的だとよくいわれる。これは、いま述べた消去抵抗を強める学習条件から、十分考えられることである。自分で考えたり反省するいとまもなく、いつでもすぐに罰や叱責が浴びせられると、それをやりすごしたり、逃げるのに終ってしまうことになりやすい。これに対して、遅延や間歇強化の場合は反応の意味や強化との関係を考え、子どもが行動の正誤の基準をつくりあげる機会となる。それが罰の内在化、自律的制止を促すことになるのであろう。

このほかにも、消去抵抗を強める、内在化をすすめるという点で参考になる研究がいくつかある。たとえば、物的強化、社会的強化、物的・社会的混合強化の三条件で運動反応の訓練を行なった場合、強化法の影響は、習得期と消去期とでは異なる（図2・9）[38]。物的強化は、習得期には社会的強化よりもずっと効率がよく、一見、効果的にみえるが、非強化期に

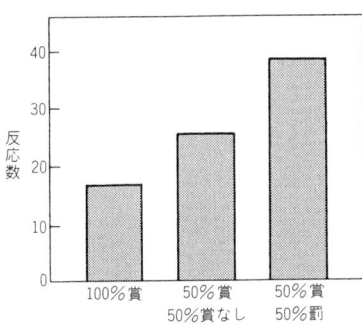

図 2・8 訓練期の強化条件のちがいによる消去抵抗の比較 (Deur & Parke, 1970)

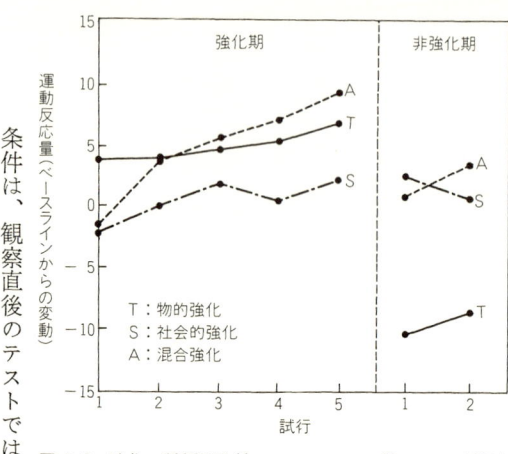

図 2·9 強化の種類別比較　　　　　　(Brown, 1971)

T：物的強化
S：社会的強化
A：混合強化

入るとたちまち消去してしまい、長期的にみると必ずしも効果的ではない。それがなくなると消失してしまいやすいのは、外的に与えられる物的賞だけが行動の決め手になっているからであり、消去期にも、外的強化によらず反応を維持してゆく基準が、学習者の中に育ちにくいのであろう。

ウォルフらはテレビの登場人物や実際の友人などいろいろなモデル、また規則に従うか違反するか、それを実際に行動でいうかなど、モデルの様式の異なる観察学習条件の効果を、直後と一ヵ月後に比較している[324]。その結果は、ただことばで規則に従うべきだというだけのテレビのモデル、そうした規則に従った行動を実際に実行しているテレビの人物、あるいは実際の人物の三条件は、観察直後のテストでは差がなく、同様の制止効果がみられている。しかし、一ヵ月後の再テストでは、ことばだけのモデルとテレビの人物モデルの群では成績はずっと悪くなってしまう。実際の人物が実行するモデルを観察した群だけが、ずっとよい成績を保ちつづけていた（表2・5）。

この研究は、逸脱行為の制止、あるいは規則に従う行動の習得を、日常的にもよく起こるモデルからの観察学習の条件分析をしたもので、消去抵抗を扱ったものではない。しかし、この種の実験は、大半がモデル観察直後のテストだけでその効果を結論しているのに対して、学習されたものの保持過程まで長期的に比較検討している点で稀れなものである。しかも直後テストでは、ほぼ等しいよい効

表 2·5 逸脱抵抗測度の得点　　　　　　　　　(Wolf & Cheyne, 1972)

モデル	初回テスト		追跡テスト	
	平均潜時	平均持続時間	平均潜時	平均持続時間
実際の人物がモデル	444.3[a]	21.9	489.9[a]	50.5
TVの人物がモデル	472.5[a]	7.0[a]	201.4[a]	101.2
言　　　語	505.5[a]	2.6[a]	127.6[a]	216.1
(モデルのない)統制群	283.7	61.1	342.3	84.5

a) 統制群の成績と差があるもの.

果をあげていたテレビの登場人物や、ことばだけというモデルが、観察学習の持続性という点では、実際の人物、そして実行するモデルにはるかに及ばない、という結果は、子どものしつけを考えるうえでも示唆に富む。モデル観察直後のテストとは、いわば〝みようみまね〟に近いものを捉えているにすぎない可能性がある。これに対して観察学習からしばらく時をおいた後のテストでは、学習者の中に行動規範が定着し、それに従って行動できるか否かが調べられることになる。こうした、単純な模倣以上の学習の成果を問題にすること、またそうした成果を促進するような学習条件について、発達的視点からの検討がもっと必要に思われる。

6　罰の基準の一般化——内在化のもう一つの条件——

外的強化がなくとも習得した反応が起こることは、罰の内在化ではあるが、行動の自己統制機能としては、これだけでは十分ではない。消去抵抗は、動物——ネズミ、ネコ、イヌ——でも存在するし、高次の種では部分強化によってより強い消去抵抗が生じる。しかし、これをもって、これらの動物に罰の内在化が成立しているとか、自己統制機能をもつとはいえない。習得期に罰と結びついていた特定の反応だけを制止するのではなく、その反応が属する一連の反応群にまで制止が働くことが必要である。居間の壁にクレヨンで描いて叱られたあと、他の部屋では平気で落書きするのではなく、どこであれ壁には描いてはいけないのだと一般化した制止が起こったとき、外罰はその子どもの罰の体系の中に組みこまれたといえる。逆にい

161　第2章　行動制止機能の発達

えば、外罰がその子どもに行動規範として認識された時、特定の断片的反応——特定の罰という結びつき以上に、罰の対象となる行動の一般化が生じる。これがない場合には、またいつ外罰がふりかかってくるかとただ恐れて制止しているにすぎない。これは、内在化、自己統制のしるしではない。外罰の余波をうけているにすぎない。原学習事態で習得した制止がどれほどの一般化を示すか、これは内在化の重要な要件である。

このような一般化が可能であるための学習条件、一般化を促進するような経験はどのようなものであろうか。直接学習と観察学習を、移行課題について比較したところ、観察学習をした者の方が移行課題で誤反応が少なかったという（シャルマーら[43]）。直接学習者は前学習の反応に固執し、そのため、次の移行学習で誤反応を多く出してしまう。このような差は、二つの学習法が、一方の直接学習は消去抵抗が大きく、いったん学んだものをそのまま強固に定着・持続させる点で、他方の観察学習は原学習の細部にこだわらず、新しい課題状況に対処する柔軟さをもつという点で、それぞれ特色をもっている可能性を示唆している。

この実験結果は成人についてのものだが、同様なことが子どもにもあてはまるだろうか。小学二・四・六年生を対象に、分類課題について、独自学習（直接学習）と観察学習とを比較したマクローリンらによると、最初の原学習課題ではどの年齢群も観察学習の方が成績がよいが、転移課題では、年齢によってどちらの学習法が有利かに差がある（図2・10）[202]。これは、どの積木をどこに分類するという個別的な連合を学ぶだけでなく、ある共通性を発見してそれによって分類するという一般的な原則までも把握することが、どのような学習法で可能か、より容易かという点に発達的な

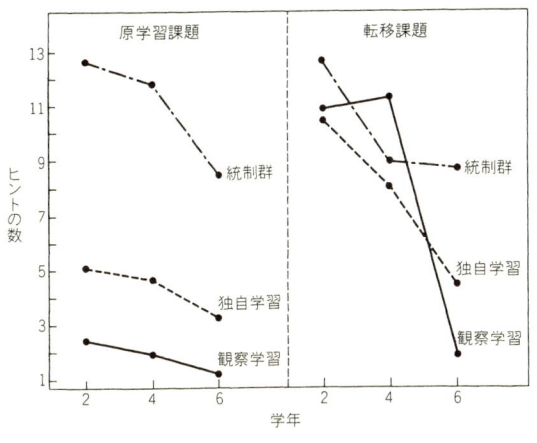

図 2・10 課題解決に要したヒント数
(McLaughlin & Brinley, 1973)

変化があることを示唆している。二年生では、いずれの学習法でも転移課題はたいへん難しく、何の前学習もない統制群とほとんど差のないほどである。それが四年生になると、観察学習ではやはり困難だが、直接学習ならかなり可能になり、さらに長じると、転移学習はいっそう容易になるし、しかも直接学習によらない観察学習の方が、原則の把握、一般化、応用の点でむしろ効率的になる。

観察学習は、直接経験、試行錯誤学習とはちがって、高次の動物だけにみられるものであるが、人間ではかなり幼少時からみられる。しかし、その学習効率は概して年少段階では直接学習の方が高く、長ずるに従って観察学習もそれに劣らぬ効率、時には直接学習を凌ぐ成績をあげるようになることが知られている。このデータは、個々の新しい反応様式の習得以上に一般化、応用可能な原則の把握という点で、直接学習と観察学習とが、子どものレベルにより効率が異なることを明らかにしている。幼少のうちは個々の具体的なしつけから善悪の基準を一般化すること（応用、転移）はなかなか難しいが、しつけをうけ、試行錯誤を重ねるうちに、それら直接経験からの一般化が可能になり、やがて直接経験なしに他者の行為を見聞きして一般的原則や自分の場合に適用するような行動規範の抽出ができるようになる、といった発達的な変化がここから推論される。

163　第2章　行動制止機能の発達

7 自己概念とのかかわり

個々の反応の制止以上の、罰の基準の一般化や原則の発達の問題ともつながる。親や社会からうける罰や強化の経験から、さらには第1部でみてきた自己認識の発達の問題ともつながる。親や社会からうける罰や強化の経験から、さらには第1部でみてきた自己認識の発達の問題ともつながる。親や社会からうける罰や強化の経験から、さらには第1部でみてきた自己認識の発達の問題ともつながる。ているか、どうあるべきかを知る。この際、特定の反応に対して与えられた罰やフィードバックは、その原体験だけでなく、あるカテゴリーの反応や特性への評価・批判として一般化される。これは、子どもが自己を具体的・個別的な特徴で捉えていることから、しだいにより内的で抽象的なもので捉え概括してゆくことと対応している。

罰の内在化は、行動としては "一般化された強い消去抵抗" と見なしうるが、それは、自分はいかに行動すべきか——理想自己、自己概念の形成、あるいは自己の行動規範の成立——にもとづく。認識的基礎をもたない消去抵抗は、外罰の余波にすぎず、内在化とはいえない。

8 罰の内在化における "関係" の重要性

罰の内在化の成立について最後に指摘したいのは、罰の与え手である親と受け手である子どもとの関係の重要性である。

しつけでの罰は、実験的検証や動物で用いられるような物理的なものだけではない。体罰や叱責のほかに、「悪いことをする子は、もうかわいがってあげない」「……お母さんは悲しい、○○ちゃんを嫌いになってしまう」といった仕方で、子どもへの愛情を操作して悪い行為に報いる。この愛情を操

第2部　自己の行動統制機能の諸相とその発達　164

作したしつけは、体罰や物的罰よりも効果的だのだというフィールド研究は示唆している。しかしこれは、物的強化が無効だということではない。愛情を操作することが罰として成り立つには、親と子が愛情・愛着の関係にあることが前提である。自分が強い愛着を抱いている親の愛情を失うおそれは、子どもにとって最大の罰の効果をもつ。同時に、そのように愛着を抱いている親からの物理的な罰や体罰は、何の愛情関係ももたない人からうける以上の効果をもつ。体罰の是非・功罪が、親子の関係いかんに依存することを示唆するフィールド研究もある。問題行動をもつ子どもの母親は体罰は効果がないというのに対して、問題のない子どもの親は体罰は必要だし有効なしつけ法だと評価している。親と子とが暖かくよい関係にある場合には、体罰はけっしてマイナスには働かず、むしろ大きな制止効果をあげる。うまくいっていない冷たい親からの体罰は、制止はおろか、強い反発を招き、いっそう望ましくない行動をあおることになってしまうのであろう。

これをパルクらは実験的に確かめている[254]。学習に入るに先だって実験者と親しく遊んだ経験をした時には、その実験者からの強化には、そのような親しい関係をもたない未知の実験者の場合に比べて、大きな制止効果が観察されている。

このような〝関係〟の影響は、罰が二重の意味をもつことを示す。一つは、与えられた罰そのものの制止効果であり、もう一つは、自分が愛着をもっている人がいけないということに逆らってその人を悲しませることが、禁止されている行動に走らせないブレーキとして働くことである。

このように子どもの学習、社会化過程で〝関係〟が重要であることは、罰の場合に限らない。母親から全面的に受容され愛されているという乳児の原体験が、自己を受容的に概念化する基礎となるこ

とは先に述べた。親の規範や罰の内在化は、これまで述べてきたような親の意図的強化によるばかりではない。とくに指示も強化もしないのに、親がもっているものを子どもは能動的に自分の中に取り入れてしまう。これは自分への親の愛情を信じ、自分も親に愛着を抱いているときにはごく自然に起こる。自分にどんなことを期待しているか、どんなことはしてほしくないと思っているか、親の行動規範や罰の内在化に、こうした能動的モデリングの役割は大きく、ここでの"関係"の重要性は、罰の場合以上である。子どもがしだいに推論や言語の能力を備えてゆくに伴って、動物とは格段に豊かな学習を展開してゆくが、その間、この"関係"によって子どもが学びとってゆくものの大きさは比類がない。内在化——親や社会の規範や統制によらない自律的な行動統制——の発達にとっては、"関係"はとくに重要である。

Ⅱ フラストレーションと耐性の問題

自分の欲しいもの、したいことが禁じられた時、どれだけそれを制止・抑制できるかの問題は、"逸脱への抵抗"（resistance to deviation or temptation）の強さとして、それがどんな条件で左右されるかに焦点があてられている。したいこと、欲しいものを制止した揚句、その本来の動機、欲求はどうなってしまうのだろうか。この種の研究の多くは、制止の可否や強さを問うことに終って、このあと抑制されてしまった動機、欲求がどう処理されるかは不問に付していることが多い。しかし、この問題は、その個体の行動全体の流れからみて見逃すことができない。

1 フロイトの防衛機制

充足することがなんらかの理由で阻止・禁止された時、どのような反応をとるかの問題は、フロイトが防衛機制として取り上げ、これを超自我の道徳的禁止と、快楽原理に従うエスとの間に生ずる葛藤を調整する自我の機能として位置づけ、さまざまな防衛の仕方があることを神経症患者の分析から提示している[70]。

抑圧（意識から追放してしまう、あるいは無意識にとどめておく）、反動形成（抑圧されたものと正反対の態度や行動を極端に示す）昇華（禁止された欲求の目的を社会的に好ましいものに変えることで発散する）、合理化（社会的にうけ入れられる説明を与える）、おきかえ（関連のあるうけ入れやすい対象にふり向ける）、同一化（対象のある面あるいは全体を自分にあてはめ、それと似た存在になる）、知性化（衝動的に発散させず、理論的・概念的説明を与えて処理する）、逃避（より安全な状態に逃げる）などである。

これら防衛機制の中には、神経症患者にみられる病的なものもあるが、普通の人にも程度の差はあれ認めうるものが少なくない。また同一化のように、発達過程の中では重要な役割を果たすものもある。

2 フラストレーションへの反応様式

誰しも、すべての欲求を充実して生き通すことはできず、禁止され制止を余儀なくされる。その時

に、どのような形でこれに対処するか、この問題は、レヴィン、ローゼンツワイク等によって、フラストレーション事態の特質と反応の条件分析を扱った実験的研究として展開された[174、264]。動物や人間——大人、子ども——についての実験から、フラストレーションへの典型的反応として次の三種が提唱されている。

a 攻撃説　目標を阻止している物、人に対して直接攻撃反応を起す。子どもの輪投げゲームによる実験はその典型例（デンボー[49]）。最初はイライラした程度から怒りがしだいに嵩じてゆき、遂には爆発して他への攻撃的反応に向かうという過程を、リアルに描き出している。しかし攻撃や怒りをぶつける対象や人がいなかったり、いても直接ぶつけることができない状態では行動反復や代償になることもある。

b 退行説　フラストレーションがつづくと、より原始的、未成熟な反応に陥ってしまう。魅力的な玩具でしばらく遊ばせた後、突然、その玩具を使えなくしてしまったところ、その後の子どもの遊びの程度が、以前よりも貧弱なもの、幼稚なものになってしまったという実験（バーカーら[13]）で、フラストレーションが行動を発達的に逆行＝退行させる現象を明らかにした。

c （異常）固着説　白ネズミに解決不可能な課題を与えて、フラストレーション状況においたところ、白ネズミは、試行錯誤的に行動することをやめ、同一の、成算のない反応をただ機械的に繰り返すのみであったという（マイヤー[193]）。強い反復傾向と非生産的反応であることから、とくに〝異常〟としている。人間ではこの種の実験は不可能だが、夜尿、恐怖症はこの類いとみなされる。

フラストレーションへの反応は、実際には、これらの変型や、二つが組み合わさったものなどもあ

第2部　自己の行動統制機能の諸相とその発達　168

図2・11 絵画欲求不満テスト　　(Rosenzweig, 1938)

り、どんな反応が起こるかは阻止された要求の強さ、阻止するものの質や強さ等に規定される。しかし同時に、同じフラストレーション事態でも人によって起こす反応の質や強さは異なる。この個人差に着目して、投映法的手法で測定しようという試みが、ローゼンツワイクの絵画欲求不満テストである（図2・11参照）[264]。ここでは、フラストレーションへの反応のうち、攻撃的反応に焦点をあて、欲求と妨害のどちらが重視されるか、攻撃反応が何に向けられるか、の二つの観点から、被験者の反応を分類する。たとえば、図2・11の6に対して、「チェッ、つまんないなあ」「君とこのお母さんにいいつけてやるから」は、ともに外罰的、そして前者は妨害の方を優位にうけとめているタイプだが、後者は自分を防御する姿勢が強いタイプである。また同じ絵に「すみません。でもこの間遊んでくれたからなのです」は内罰的、という具合である。

3　フラストレーション耐性とその形成

ところで、フラストレーションへの反応は、それが生産的・適応的であるか否かの観点から二つに大別できる。障害に積極的に対応し、それを克服する——少し回り道をして別な手段で目標を達成する、代りの目標をたててそれで満足する、などーーことは、生産的・適応的とみなしうる。これに対して、すぐあきらめたり、攻撃に走ったり退行や固着に陥ってしまうのは、非生産的・非適応的である。フラストレーションに遭遇した時、不適切な反応、異常な反応に走らずどれほど適応的な反応をとれるか、その努力をするかを、ローゼン

ツワイクはフラストレーション耐性と呼び、個人特性の一つとして重視した。しかしこれは、ある人がいつも同一の反応をとるということでは必ずしもない。適応的な反応をとれることが重要だが、いつでも同じパタンで対応するのでなく、状況に応じてもっとも適切な反応様式がとれる柔軟性も耐性の強さの一面である。

最近、より論理的・能動的な課題状況へのとり組みや対処行動が、コーピングという概念で問題とされている（たとえばハーン[92]）。フロイト以来、自我の機能として抑圧、逃避といった神経症的で消極的な防衛機能だけが問題とされてきたのに対して、自分の有能感や高い自尊感情にもとづいて、困難な課題や脅威をもった外界に、積極的・生産的に働きかけて解決しようとするより高次な自我機能のあらわれをコーピングとして強調している。そして、それがどのような行動や動機づけから成り立つかについて、いくつかの分析がされつつある。

フラストレーションへの反応様式あるいは耐性、また課題へのとりくみ方が個人特性として備わっているとすれば、それが、どのように形成されるかが問われねばならない。

フラストレーションの研究は、これまで、主としてどんな状況ではどんな反応が起こるのかの条件分析に、ついで個人差の測定に終始してきた。そして、個人差、耐性の強さは漠然と「発達によってそなわり学習の結果によって強化される」（心理学事典）と述べられているにすぎない。またある人は、日常的経験から、発達過程で、適度のフラストレーションを適度の回数経験することが、フラストレーション耐性の育成には必要だ、と述べている。すべての欲求が常に十分充足されていてフラストレーションに遭遇した経験がないと、それへの適切な対処を学習することができない。さりとて、たて

つづけにあまりに大きなフラストレーションばかり経験しているのでは、それに積極的に対応してあれこれ工夫、試行するいとまは到底なく、結局投げてしまうことになりかねない、ということなのであろう。俗にいう、物心ともにあまりに潤沢で恵まれた境涯も、反対に極度に貧困な逆境も、よい子どもを育てない、ということにあたろう。しかし、"適度のフラストレーション"や"学習の結果によって"は、その形成過程を説明するには、あまりにも曖昧である。子どもの教育や発達への具体的提言はここからは出てこない。

4 学習される無力感──フラストレーション耐性の欠如──

セリグマンらの"学習された無力感"に関する一連の研究は、この点、示唆に富む[276]。イヌにショックを数十回与える。この間イヌはそのショックから逃れるすべもなく、ずっと受けつけていなければならない。この苛酷な経験のあと、実験装置を変えてパネルを押せばショックを避けられるようにした。しかしイヌは、そこで逃げることもせずにいた、という。これはちょうどマイヤーの解決不能なフラストレーション課題に長くさらされたネズミが[193]、もう考えようともせず機械的に無為な同じ反応をしていたのと同じである。どうしてこうなってしまったのか。自分はどうすることもできない状況に長い間おかれたことから、自分は状況を変える何の力もないことを学んでしまった、つまり無力感が学習され、それが適応的な課題対処活動の喪失をひき起こしてしまったのだとセリグマンは説明している。

イヌ以外の動物、さらに人間でも同様なことが確かめられている（波多野[101]）。なかでも、いくらや

表 2·6 解決不能課題における成績低下の有無と内的統制得点の関係 (Dweck & Reppucci, 1973)

被験者		内的統制得点		
		全体	成功	失敗
女子	A群	23.7	13.0	10.7
	B群	27.8	14.7	13.1
男子	A群	23.1	12.2	10.9
	B群	28.3	14.6	13.7

っても解決できない課題を与えられつづけられることで、子どもに、無力感と、その結果の低い課題成績とが形成されてしまうことを実証したドヴェックらやデイナーらの実験は示唆的である[57, 51]。

解決可能な課題と、不能な課題とを別々の実験者から交互に与えられて、成功・失敗の経験をしたあとで、同じ難しさのテストを、前に解決できる課題を出していた実験者と、不能な課題ばかり出していた実験者の双方からうける。その成績は、前の不能課題の実験者から提出された場合に、そうでない場合よりも劣り、時間も余計にかかったり、時間内にできなかったりした。これは解決可能な課題の出題者から出された時には、ちゃんとできた問題であるのに——。

このような成績の差、ことにできるはずの課題でもできなくなってしまうことは、セリグマンのイヌと同じく、自分はいくらやっても駄目と思わざるをえない経験をしたことによる。このような無力感は、成功や失敗の原因を、自分の努力に帰属させて考えることが少ないことと結びついている。解決可能な実験者の時と、そうでない実験者の時とで成績が著しく変化（低下）した者（A）と、そうした変化がない者（B）との原因帰属での内的統制得点は、表2·6のとおりで、自分の努力しだいで何とかできるという信念、自己信頼感、効力感をもつことが、多少のフラストレーションや困難に、積極的に立ち向かわせる基礎であることを示唆している。

さらに、別な実験で、失敗を努力に帰属させる者（つまり自己統制・有能感をもつ者）と、努力帰

表 2·7 解決困難状況での行動の比較（原因帰属タイプとの関係）(%)

(Diener & Dweck, 1978)

グループ			問題 1	問題 2	問題 3	問題 4
努力帰属の低い者	有効な方法	要因のチェック	20.7	17.3	3.4	3.4
		仮説のチェック	72.4	44.8	48.3	27.6
	無効な方法	刺激偏向	6.9	31.0	34.5	44.8
		位置反復交替	0	6.9	10.4	24.1
		位置固執	0	0	3.4	0
努力帰属の高い者	有効な方法	要因のチェック	13.2	18.4	7.9	39.5
		仮説のチェック	78.9	55.3	60.5	44.7
	無効な方法	刺激偏向	7.9	26.3	28.9	10.5
		位置反復交替	0	0	2.6	5.3
		位置固執	0	0	0	0

属の低い者とでは、解決困難な課題状況に出合った時、前者はあれこれ解決を求めて試行を試みたり、生産的な反応様式をとりつづけることをやめないのに対して、後者は積極的に工夫することはすぐあきらめ、明らかに誤りの反応をただ繰り返しているばかりか、到底正解には結びつかないような下手な反応、未熟なやり方（一方の位置だけをえらびつづける、左右をただかわるがわるえらぶ、一方の位置だけに固執する、など）にしだいに陥ってしまうという（表2・7）[51]。これはフラストレーション説で異常固着とか退行とされた反応様式にほかならない。

5 自己統制感を育てるもの

これらの研究は、困難な課題やフラストレーションの状況に、積極的で生産的に対処しうるか否かは、自己の能力、統制可能性への信頼をもっているか否かにかかっていることを明らかにしたこと、さらに、自分の力で働きかけ努力することで課題をのりこえられるという経験の積み重ねが、無力感に陥らせず、むしろ自分の力への信頼、努力の大切さを確認させることになる重要な経験であることを明らかにした点で、従来のフラストレーション研

(東ほか, 1981a)

6歳時 IQ		4・5・6 歳時 形 態 認 知	
(0.26)	0.18	0.05	0.12
0.01	0.08	−0.01	−0.09
0.09	0.17	0.07	0.09
(0.19)	0.03	(0.27)	−0.07
0.40	0.16	(0.24)	−0.03
−0.22	−0.30	−0.25	−0.35
(−0.32)	−0.15	−0.14	0.03
−0.23	−0.05	−0.14	0.09
(−0.22)	0.08	−0.25	0.05
−0.25	0.12	−0.29	0.00
−0.22	0.14	(−0.23)	0.21

究を補い発展させている。自分の力をためしたり努力する必要もないようなたやすい課題や不足のない状況では、それは育たない。頑張ればその成果があらわれる、努力のしがいがある、そのようなチャレンジを促すような課題状況、それが〝適度の〟フラストレーションということなのであろう。

こうした機会を子どもに与えることの重要性と同時に、他方、忘れてはならないのは、子どもの試行を見守る側の果たすべき役割である。何でも手を出して助けたり指示・命令してしまうことは、今まで述べてきたことからも、子どもの動機づけや対処能力の育成にとって無益であることは明らかである。しかし、ただ子どもに勝手にさせておけばよいというのではない。親から一方的に指示・命令を与えて教え込む方式は、長期的にみると効果はマイナスである。それよりも、発問したり誘導的なヒントを与えて、あとは子どもの自由な探索に任せる間接的な教授スタイルが、子どもの発達を長期にわたって促進する方式であることが、明らかにされている（表2・8）[10]。

このように子ども自身の試行錯誤や探索を促す一方、子どもの活動に対して適切なフィードバックを送ることが重要である。〝適切な〟とは、反応の正誤を知らせること、とりわけ子どもが努力の末成功したこと、また努力そのものを認めるフィードバックで、これは、誤りに対してダメとフィードバックする以上に重要である。このことは、子どもが完全に正答をした場合、誤りや不完全さが一部に含まれているような反応をした場合、誤りの面に「ダメ」と言

第2部 自己の行動統制機能の諸相とその発達 174

表 2·8 母親の教授スタイルと子どもの知的発達の相関（左：日本，右：アメリカ）

	変数名	3:8歳時 CFI・PPVT		5歳時学力		6歳時学力	
間接的・言語的スタイル	方向づけの多様さ	0.29	0.25	0.03	0.13	0.12	0.12
	間接命令傾向	0.01	(0.22)	0.19	(0.27)	0.26	0.12
	言語反応要求傾向	0.06	0.13	0.17	0.45	−0.06	0.30
	思考重視傾向	−0.04	0.02	0.14	0.25	0.05	0.10
	配慮	(0.21)	0.28	(0.22)	(0.23)	0.24	0.06
直接的・指示的スタイル	レクチュア傾向	−0.16	−0.39	−0.15	−0.48	(−0.21)	−0.41
	指示・命令傾向	(−0.16)	(−0.22)	(−0.29)	−0.39	(−0.27)	−0.22
	直接命令傾向	−0.11	0.00	−0.23	−0.06	−0.24	0.05
	課題達成への圧力	−0.12	−0.00	−0.17	−0.08	−0.01	0.02
	おしつけ的課題呈示	−0.14	0.05	−0.22	−0.06	−0.08	0.00
	統制	−0.12	0.05	−0.14	0.05	−0.01	0.14

うのでなく、よくできた面を「そうね」と受けとめ、評価してやるフィードバックが、子どもにプラスの役割を果たすというデータから示唆される。このようなフィードバックは、完全な正答に対してのみ「そうね」と肯定すべきだという観点からは、不完全で曖昧なものに映る。そして子どもに不完全な情報を与えたことによる消極的な影響も予想される。しかしそうではないという事実は、この場合、親のフィードバックが、反応の正誤を伝えるという情報機能としてよりも、自分の反応を親が認めてくれた、「ああこれでもいいのだ」という自信を強める役割を果たしていたと考えられる。そこで得た自信がさらに次のステップへ前向きに進ませ、高い達成を導いたとみなせよう。自分の努力、自分の行為への自信、効力感を育てる上でこのようなフィードバックが果たしている役割を再考すべきだと思う。

日本の母親は、とかく、よくできたことを賞めたり認めてあげるよりも、わるいことを訂正したり失敗を非難する方が多い傾向がある。意見のうえでも「よいことは、ただだまって見守ればよい」というのが強く、わるいことに対

175 第2章 行動制止機能の発達

する叱責や罰の方を重視する傾向にある。これは、正解に早く到達させることを、幼いころから目標としているからで、その途中で子どもが誤りを冒したり、脱線して手間どるのは、余計なこと、無駄なこと、それはすぐ訂正してやるのが目標の正解に導くなによりの方策だと考えているからであろう。しかし、最終の目標に到る過程で、子どもがあれこれ工夫し、それぞれの子どもなりの行動を展開し、それを子どもは楽しむ。その中で子どもの知力が育まれ、また自分の力でやりとげたよろこびを味わう。ここで前述の「そうね」という受容的・肯定的フィードバックがあれば、いっそう効果をあげるであろう。このような経験は、セリグマンのイヌが無力感に陥ってしまったのとは反対の、貴重な経験である。

III 言語の行動統制

1 運動反応の統制

日頃、子どもが遊びや課題に取り組んでいるのを見たことのある人なら、その遊びの展開や課題の進行にちょうど対応するようなことを、子どもが一人つぶやいているさまを知っているだろう。表2・9はルビンが四四ヵ月、五二ヵ月、五七ヵ月の三人の子どもを同じ玩具で一定時間遊ばせた時の全言語記録を分類したものである[266]。どれにも分類し難い〝その他〟が多いし、総発言数が異なるので、厳密な内容の年齢間比較は避けるが、一人ずつ実験室で遊んでいた二〇分間にたくさんの

表 2·9 就学前の子どもによる自己統制言語の分類
(Rubin, 1979)

	言語のカテゴリー		44ヵ月(%)	52ヵ月(%)	57ヵ月(%)
言語内容	分　　　析	以前	1.26	—	0.99
		中	2.70	1.14	2.72
	物質的なコメント	以前	0.54	0.23	0.49
		中	11.87	24.71	16.30
		以後	—	1.60	0.49
	活動的コメント	以前	1.26	0.92	1.23
		中	14.21	14.41	9.63
		以後	0.72	3.67	1.98
	自己に対する方向	以前	6.29	7.32	7.16
		中	1.44	0.92	3.21
	フィードバック	以後	1.08	1.37	1.23
	質　　　問	以前	1.08	1.60	0.25
		中	4.68	2.06	4.44
		以後	2.16	0.23	1.98
	他　　　人		50.71	39.82	47.90
発声の時期	行　動　前		10.43	10.07	10.12
	行　動　中		35.40	43.24	36.30
	行　動　後		3.96	6.87	5.68
発　声　の　数			556	437	405

発語をしており、ざっと半分が、子どもがその時している行動や遊びに関係のある言語である。自分の行動を自律的に統制することが、子どもにどんな形であらわれるか、またそれはどんなメカニズムかを検討してゆくと、言語の役割につきあたる。さきに内在化を扱った際にも、理由づけという言語的要因がある段階以上の子どもでは罰そのもの以上の役割を果たしていることをみた。

このような、自分の行動の進行にかかわる言語（ルビンは self-regulatory speech といっている）の機能については、たんなる自然的観察から実証的なアプローチをすすめたヴィゴツキー、ピアジェらの論考があり[315, 259]、さらにヴィゴツキーの理論を、単純ながら巧みな実験にのせたルリヤの研究は、言語の行動調節機能の実証的研究の一つの原点となっている[188]。最近の、行動の決定者としての自己、行動を統制する自己の機能に改めて強い関心が寄せられ、言語の機能を重視する立場からも、この言語の機能に改めて強い関心が寄せられ、とりわけ、自分の行動を抑制する機能（制止機能）の発達という観点からの検討がさかんである。

177　第2章　行動制止機能の発達

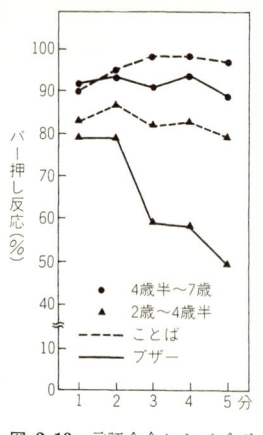

図 2·13 言語命令およびブザー信号による反応の比較 (Birch, 1966)

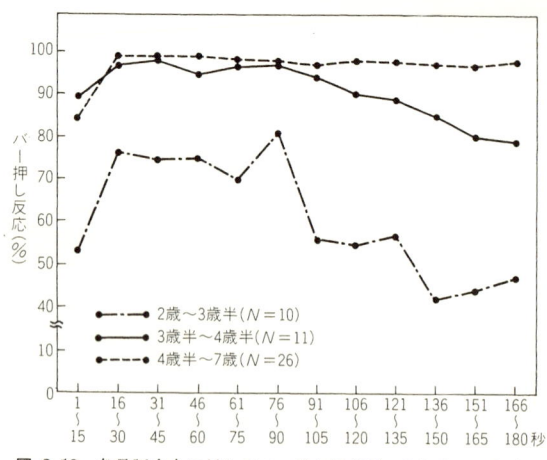

図 2·12 各言語命令に対してバー押し反応ができたものの比率の推移 (Birch, 1966)

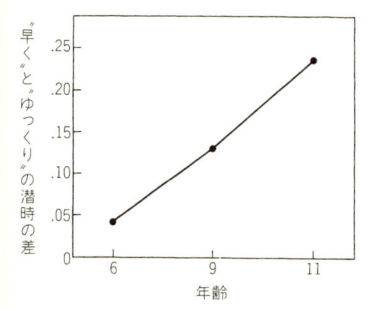

図 2·14 "早く"と"ゆっくり"の教示に対するレバー押し運動反応の潜時の差 (Lovaas, 1964)

他者の言語命令による行動統制と自分の言語による行動統制

バーチは実験者からの言語命令に従ってバー押し反応ができる度合いをみた（図2・12）[27]。冒頭に一回だけ与えられる言語命令の効力は、四歳以降ではずっと持続するが、三歳代では最初から強くなく、またどんどん低下していってしまう。しかし言語命令を時々反復してやると、年少児でも、バー押し反応はずっと安定してくるし、言語命令の代りにブザーを信号にする方式よりもずっと効果的なのである（図2・13）[27]。

他人からの言語に従って行動することから、自分の言語が行動統制の役割をとり始めるのは、少しあとになる。二種の色ランプの一方には"早く"、他方には"ゆっくり"という訓練をまずしておき、その後、光がついたら手元のレバーを押す運動反応を求める。二種の光に対するレバー押し反応の差は、図2・14のとおり

第2部 自己の行動統制機能の諸相とその発達　178

で、言語の意味内容に応じて運動反応にも分化が生ずるのは、六歳ではまだ弱いが、その後しだいにはっきりみられるようになっている[186]。

このような自分の言語による行動統制は、訓練によってはもっと年少児でも可能である。光が点滅する回数だけレバーを押すという課題に、まず押す運動反応、ついで光の点滅回数をことばでいう反応、最後にことばでいいながら押す言語運動の場合などを順次訓練してゆく手続きを順次ふませれば、三歳でも、自分の言語だけで正しく運動反応をとってゆくことが可能になる（ベン[22]）。

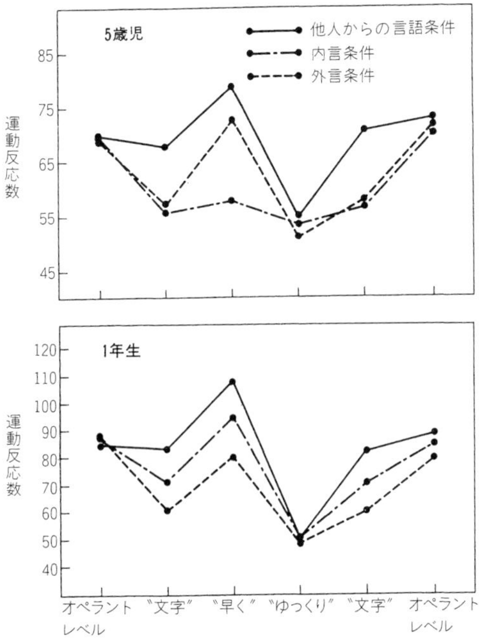

図 2·15 各言語条件ごと，および言語内容ごとの運動反応の生起数 (Meichenbaum & Goodman, 1969)

外言から内言へ

自分の言語による言語統制機能の発達を、声に出していう外言条件、声に出してはいけない内言条件、それに他人からの言語条件の三条件について、同じ被験者の成績を比較したメイヘンバウムらの研究結果は興味深い（図2·15）[204]。わずか一歳の年齢差なのだが、ことばの意味に応じた運動反応の分化が明確である点、内言の方が効果的になる点、他からの言語命令と自分の言語条件との差が小さくなっている点などで、

179 第2章 行動制止機能の発達

表 2・10 言語命令に正しく従うことのできた被験者数 ($N=48$)

(Beiswenger, 1971)

年齢（歳）	文章番号								
	1	2	3	4	5	6	7	8	9
3～3½	13	10	2	12	2	15	11	9	-
3½～4	15	15	6	14	6	15	16	13	7
4～4½	15	15	10	16	14	14	14	14	14
計	43	40	18	42	22	44	41	36	26

1. 青いおはじきを箱から出してお皿に入れなさい．
2. (1) 黄色いおはじきを箱から出してお皿に入れなさい．
   (2) 青いおはじきを箱から出してお皿に入れなさい．
3. 青い光が出るたびに青いおはじきをとってお皿に入れなさい．
4. (1) 青い光がついたら青いおはじきをとってお皿に入れなさい．
   (2) 黄色い光がついたら青いおはじきをとってお皿に入れなさい．
5. 青い光がつくたびに青いおはじきをとってお皿に入れ，黄色い光がつくたびに黄色いおはじきをとってお皿に入れなさい．
6. (1) 青いおはじきを箱から出してお皿に入れなさい．
   (2) 青いおはじきをとってはいけないし，それをお皿に入れてもいけません．
7. (1) 青いおはじきをとってお皿に入れなさい．
   (2) おはじきをとってはいけないし，お皿にいれてもいけません．
   (3) 黄色いおはじきをとってお皿にいれなさい．
8. (1) 青い光がついたら青いおはじきをとってお皿に入れなさい．
   (2) 白い光がついたらおはじきをとってはいけないし，お皿に入れてもいけません．
   (3) 黄色い光がついたら黄色いおはじきをとってお皿に入れなさい．
9. 青い光がつくたびに青いおはじきをとってお皿に入れなさい．そして白い光がつくたびにおはじきをとっていけないしお皿に入れてもいけません．

一年生が優れている。もっとも、両群とも、自分の言語命令よりも、他人からの言語命令の方がまだ成績がよく、言語の行動統制機能は、そう容易には遂げられず、いくつかの要素から成り立っていることを物語っている。

まず他人の言語命令に従って行動することさえ、年少児にとってはそうたやすいことはない。言語命令で子どもに求める行動を、単純なものから複雑なものまで九種ほど設け、どのくらい正しくできたかを、バイスベンガーは報告している（表2・10）[20]。まずどの課題でも年齢上昇に伴って成績はよくなるが、年齢差以上に顕著なのは課題差である。とりわけ難しいのは、特定の信号（たとえば青い光）に対して必ず特定の反応（青いおはじきをとって、ごほうびを入れるための容器に入れる）をすることで、条件つきの反応を、しかも順を追ってするという複合的な行動は、一まとまりの言語命令では、少

表 2・11　運動反応の前・同時・後に起こる言語反応の年齢別比率　(Miller et al., 1970)

年　齢	言　語　反　応					
	正刺激			負刺激		
	前	同時	後	前	同時	後
3:2	.351	.043	.606	.333	.051	.615
3:7	.221	.034	.745	.456	.038	.506
4:1	.161	.052	.787	.386	.091	.523
4:11	.169	.098	.732	.448	.034	.517
全体	.205	.064	.731	.418	.050	.532

なくとも三歳まではかなり難しいのである。逆にいえば、なすべき行動を一つ一ついわれて各言語指示どおりに従って一つずつ行動することならできる。それが二つ以上の行動を一度に指示されると、ダメになってしまう。言語命令に含まれている内容や順序を頭に入れておくことが難しいのであろう。

これができるようになることは、他者の言語指示を自分の内言に移すことができること、つまり、言語が自己統制機能をもつことにつながってゆく。

また、言語が運動反応の統制に機能するか否かは、運動反応そのものが子どもに十分確立したものでないと、言語はむしろ妨害になってしまう。

たとえば、ミラーらは、ルリヤの実験の厳密な追試を行なっているが、結果は必ずしもルリヤが少数の子どもで見出したようにはなっていない[212]。

三歳六ヶ月から四歳一ヶ月までを対象に、①言語なし、②(+)刺激に対しての"押せ"の言語化、③(-)刺激に対してのみ"押すな"の言語化、④(+)(-)両刺激に言語化の四条件を比較したが、ルリヤが報告した、言語条件と年齢の交互作用は見出されていない。しかもどの年齢でも、言語化が運動反応を促進し、統制したとはいえない。①条件での誤反応はけっして多くなく、②～④の言語化条件よりも、むしろ最小の場合もあるほどなのである。このことは、ルリヤがいうように言語化がこの年齢では運動反応を十分統制するには至っておらず、場合によっては、言語・運動の両方をすることが負担となり、相互に妨害しあう場合もありうるのである（マッケイブ[199]）。

表 2·12　言語-運動反応の正確さ　　　(Higa, 1978)

測　度	学　　年	言語-運動反応 同時にする条件	運動反応訓練後言語 反応を導入する条件
正刺激	5 歳児	1.64	6.54
	1　年	2.08	5.75
	2　年	8.00	6.27
	平　均	3.68	6.18
負刺激	5 歳児	1.00	5.55
	1　年	2.00	6.58
	2　年	7.40	5.27
	平　均	3.27	5.82

言語が行動を導き、統制する機能を果たしていないことは、②～④の条件で言語反応と運動反応の時間的順序を調べた結果からも示唆される。言語化条件群には、運動反応をする前に言語化をするよう、やかましく教示したにもかかわらず、まず運動反応をしてそのあとで言語化をするケースの方が、どの年齢でもずっと多いのであった（表2・11）[22]。これらのケースでは、言語が行動を先導し、統制しているとはいえ、二つの反応を別別にやっているにすぎない。したがって、言語化条件群の方が、その負担の多さの故に、むしろ成績が劣り、誤りを多発することになってしまったのであろう。

ヒガも、二種の光に対して押す・押さないの二反応を、言語命令を自分でいわせながらする、ルリヤ流の実験を行なっているが、最初から言語・運動反応ともさせるセッションから入る条件は、幼稚園児と一年生は成績が悪い[106]。まず、運動反応だけの訓練をさせたあと、言語反応も伴わせるというふうに順を踏んでやった場合に、正反応はようやく二年生と同じになる（表2・12）。言語を使って運動反応を正しく統制してゆく機能を果たすには、あらかじめ運動反応が当人のレパートリーとして確立していることが前提条件なのである。

言語の行動統制機能の重要性に注目し、これを積極的に訓練して獲得させようとする試みが最近少なくない（さきのメイヘンバウムやベンは、自己教示コントロール self-instructional control と呼んで

表 2·13 2種の誤りの比較
(上：Miller et al., 1970；下：永江, 1979)

年齢	誤りのタイプ	
	反応制止失敗の誤り	反応脱落の誤り
ミラーら (%) 3:2	41.4	19.4
3:7	38.5	11.4
4:1	24.5	9.0
4:11	18.3	2.1
永江 (実数) 3:6	2.00	1.78
5:6	0.44	0.11
8:4	1.22	0.00

いる)。その場合、言語反応の複雑さや、統制すべき運動反応の難しさなどを考慮し、適切な順序を追った段階的な訓練プログラムを用意することが、訓練を成功させ、言語の行動統制機能を発揮させる鍵であることは、バイスベンガーやヒガの研究からも明らかである[20, 106]。

行動制止の難しさ

言語の統制機能の形成でもう一つ問題なのは、行動を始発する場合と制止する場合とでは、少し事情がちがうことである。概して、行動を始めることよりも、(起こりそうな)反応を起こさぬよう抑制すること(反応制止)の方が難しい。ことに、発達途上にある子どもでは、これはいっそう顕著なようである。

ごく単純な運動反応を、ある信号では起こす、別な信号ではそれを制止する、という課題で、制止すべき時に反応してしまう誤り(反応制止失敗)の方が、反応しなければならない時に反応しない誤り(反応脱落)よりも多い。しかもこの二種の誤り量の差は年少児ほど大きい(表2・13)。ミラーら[212]、永江[241]のデータでも、制止の誤りは脱落の誤りより多発し、また年齢上昇に伴い、脱落の誤りは急速に減少するが、制止の誤りの減少は鈍で、前者は八歳でゼロになるのに、制止の失敗はなお残っている。

この制止は、視覚的信号と同時に「押すな」という言語指示を実験者が与えてやった場合でも、年少児では、それに正しく従うことが難しい。「押

183　第2章　行動制止機能の発達

表 2·14　各条件下での運動反応の失敗　　　　　　　　　　(Miller et al., 1970)

失　　敗	年　齢	条　　　件 1	2	3	4	平　均
反応脱落の誤り ＝反応始発の失敗	3:2	12.6	26.8	16.1	22.1	19.4
	3:7	9.7	14.1	9.5	12.2	11.4
	4:1	7.5	8.0	5.3	15.1	9.0
	4:11	0.5	1.1	2.6	4.2	2.1
	平　均	7.6	12.5	8.4	13.4	10.5
反応制止失敗の誤り	3:2	38.6	36.5	38.5	51.8	41.4
	3:7	37.7	38.7	38.8	38.7	38.5
	4:1	16.6	22.8	35.7	22.9	24.5
	4:11	15.5	11.0	24.4	22.2	18.3
	平　均	27.1	27.2	34.3	33.9	30.6

「すな」といわれたのに、かえって逆に押してしまう。これは、さきのヒガの実験でも示唆されていた。押してはいけない負刺激に正しく対応して制止することは、いずれの条件でもまだどの年齢でも正刺激への正反応よりも下回り、言語の制止機能が始発機能よりも劣ることが示されている。

この点については、もっと年少児を扱ったルリヤのデータでも、「押せ」という実験者の命令や自分の言語には、三歳児でも正しく運動反応を従わせることができるが、「押すな」という言語で運動反応の制止が可能になるのは五歳以降であった。その後の追試研究も、制止の難しさに関しては、ほぼ同様に認めている。

前述のミラーらの実験でも、(+)刺激であるのに運動反応をしなかった場合（反応脱落の誤り）よりも、(−)刺激に対して反応してしまう場合（反応制止失敗の誤り）の方が、どの実験でもどの年齢でも例外なく多く、また(−)刺激の時、「押すな」と言語化する条件3で、反応制止失敗の誤りが最多である（表2・14）[21]。運動反応そのものも、また、言語化で運動反応を統制する場合でも、制止することは始発すること以上に難しいことを、これらは示している。

この制止機能に焦点をあて、ルリヤ流のバルブ押しよりももう少

表 2·15 制止の5試行におけるエラー数　(Strommen, 1973)

年齢 (中央値)	性別	N	第1ブロック 平均	第1ブロック 標準偏差	第2ブロック 平均	第2ブロック 標準偏差
幼稚園児 (4:9)	男子	9	4.33	1.32	4.22	1.72
	女子	9	3.67	1.87	3.67	1.73
5 歳児 (5:10)	男子	17	3.29	1.79	3.24	2.05
	女子	17	2.53	2.15	2.18	2.27
1 年 (7:1)	男子	20	1.95	1.85	1.15	1.76
	女子	20	1.40	1.50	0.95	1.57
3 年 (8:11)	男子	25	0.56	0.71	0.16	0.37
	女子	25	0.40	0.65	0.20	0.41

し複雑だが、日常的動作についてストローメンが面白い手続きで検討している[287]。アメリカの子どもたちの間でよく知られている一種のことば遊びに、「シモンがいっている。○○○"Simon says ○○○=Touch your nose."」といわれたら○○○の動作をする、ただ○○○（"Touch your nose."）とだけいわれた時にはその動作をしてはいけない、というのがある。就学前幼児から小学三年生までに、このゲームを使い、一〇種の動作（手を振る、腕を上げる、手を頭にのせる、後に足ぶみで下るなど）のうち、半分は、「シモンがいっている」でその動作をすることを、残り半分は"シモン"なしで制止が求められる。一〇試行が一人の子どもに二回ずつ施行された。

「シモンがいっている。○○○」といわれてその動作をすることは、ごく少数の年少児がわずかの誤りをしたほかはほぼ完全にできたという。つまり行動の始発は、この方式と扱った限りの動作では、この年齢範囲でほぼ等しく可能なのである。一方、"シモン"なしの時の制止は、年少段階の成績はきわめて悪く、随分難しいようだ（表2・15）[287]。制止すべき動作の種類を変えた問題すべてが誤反応、つまり制止できずその動作をしてしまった場合が、就学前では少なからずいたほどで、最年長の三年生になって、ようやくほぼ誤りなく制止ができるようになっている。年少児では二回目の試行でもほとんど誤りなく成績は改善されず、この年齢では制止の難しさは相当なものであることがわかる。

この成績は、ルリヤのそれよりずっと悪い。これは課題の複雑さ——始発・制止とも命令はすべて言語だけで示される（↕光と言語の両方）、動作が多様である（↕バルブを押すことの一種だけ）といった差——によるであろう。制止すべき時にその動作をしてしまった子どもたちは、恥かしがったり、てれたように笑ったり、狼狽した様子をみせ、自分が制止できなかったことに気づいており、制止しなければいけないことはわかっている。にもかかわらず、あらかじめ自分から制止することはできないのであった。

2 社会的行動の制止・抑制——誘惑抵抗の強さ——

日常生活で子どもたちは、してはいけないことを少しずつ学び始めている。最初は、親や他人からいわれて制止しているが、やがていわれなくてもいけないとされた動作はしなくなってゆく。外部からの言語統制から自己統制に移行するのである。これには、ストロメンの実験のように、ただ言語命令を同じ形で反復するだけではなく、さきのベンがしたように、言語命令の形を変えたり、少しずつ弱めたりするなど、段階を追った工夫が自然にされているからなのであろう。

単純な運動反応以上に、より日常的で、価値を含んだ行動についても、言語の統制機能が問題とされ始めてきた。逸脱（誘惑）への抵抗、強化遅延耐性などでの検討がそれである。

禁止されている行動、しかし当人にとっては魅力的でやりたい衝動がある行動を、外罰なしにどれだけ制止できるか、これは前述した罰の内在化にかかわる。これを意識のレベルではなく、実際の行動として、しかも実験的に検討する試みは、グラインダーに始まる[86, 87, 88]。それまでの道徳の発達

研究は、フロイトの系統をひく自責、自罰感情といった面や道徳的知識や判断などの認識面か、日常生活でのいわゆる"よい子"の記述にほとんど終始してきていた。しかも、認識の面と行動の面との関係はほとんど問題にされていない。その理由の一つは、道徳的行動がもっぱら日常行動の観察・記述にとどまっていることにある。グラインダーは、射的ゲームで、よい成績をあげるよう強く動機づけた後、厳しいゲームのルールを課して、ズルをしないと点がなかなかとれない状況を設けた。何試行かやらせた後、実験者は用事で室外に出て、子どもは一人おかれて試行をつづける。この間に子どもにどれだけルール違反があったか——よい点をとりたいという誘惑に負けて禁じられたルール違反をしてしまうか——を観察・測定する手法で、行動のコントロール、制止、罰の内在化を検討している。

グラインダーによると、この違反行動は、男子では七歳から一一歳の間、変化がみられないが、女子では発達的に増大してゆくという[88]。しかし、道徳的判断との関係をみたところ、違反行動と判断レベルの高さとは必ずしも対応していない。つまり道徳的知識と実際の行動との間にはギャップがあることを見出して、道徳性発達という問題の複雑さを改めて指摘している。

このグラインダーの手法は、誘惑抵抗あるいは逸脱への抵抗（resistance-to-temptation: RTT, resistance-to-deviation: RTD）として、外罰の内在化あるいは衝動の制止、コントロールへの実験的アプローチとして、最近、再びさかんに用いられている。

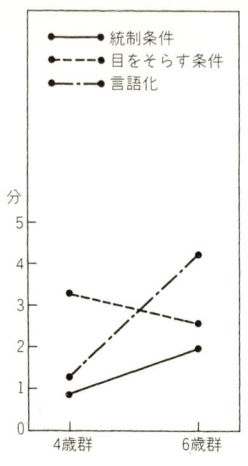

図 2·17 4,6歳における違反持続時間 (氏家, 1980)

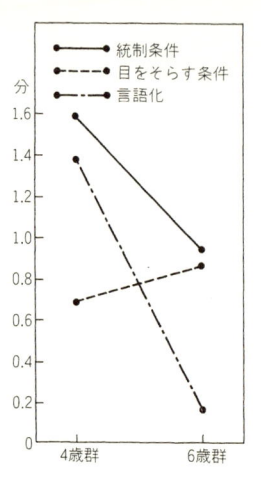

図 2·16 4,6歳における違反潜時 (氏家, 1980)

3 誘惑抵抗を強める言語の働き

この誘惑（逸脱）抵抗という行動の形成に対して、言語の果たす役割が検討されている。

ハーティグらは、三歳から七歳児を対象に、実験者の不在中に魅力的な玩具にさわってはいけないという誘惑抵抗事態で、違反行動を言語化させると制止が強くなる、また年長ほどこの言語統制が大きいことを見出している[89]。

氏家は、四歳児では誘惑物から目をそらしているという具体的なやり方でしか誘惑に抵抗できないのが、六歳児では制止の言語化が、現物をみないでいるという方法に代って誘惑抵抗を強める方略になることを明らかにしている[313]。違反までの潜時（図2·16）、違反持続時間（図2·17）のいずれの測度でも、目をそらす方略と言語化の方略の効果は年齢と交互作用をもち、四歳児と六歳児とでは有効な方略が異なる。言語が統制力をもつ以前は、誘惑物を見ないという直接的・具体的行動で制止するほかないのが、やがて目の前に見ていながら制止可能になる。それには言語の役割が大きく働いている。さらに、言語化も目をそらすこともさせない統制群の成績が、六歳児では四歳児より優れ、しかも目をそらす条件に匹敵する成績をあげている。これは、実験者からの指示なしに自発的な統制が

第2部 自己の行動統制機能の諸相とその発達 188

4 言語の制止機能と始発機能

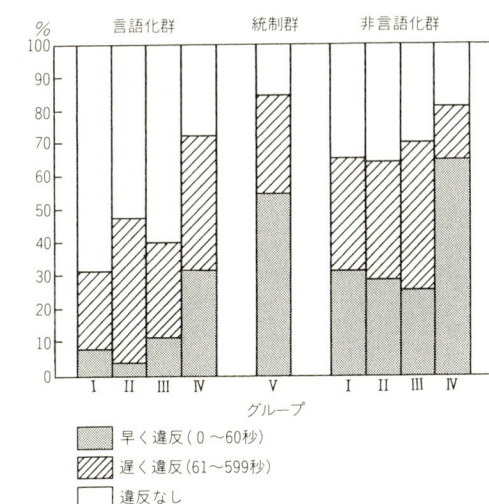

言語化は、制止だけが求められている場合には、概して効果が認められるが、禁止していない行為「〇〇では遊んでいい」も加えると、低年齢群では成績は悪くなってしまう（サヴィンら[213]）。禁じた遊びの制止について言語化する場合と、その言語化をしない場合の、一、二年生の成績は、図2・19のように交差してしまう。しかしこれは、言語の制止機能の方が強く、また早く成立することを示すとは必ずしもいえない。してよいこと（始動）と、してはいけないこと（制止）の二種の言語自己指

図2・18 言語条件別の違反反応の起り方（早く違反、遅く違反、違反せず）の比較 （Hartig & Kanfer, 1973）

なんらかの形で起こっていることを示唆している。

他方、実験的に言語化を導入しても、その群の子どもがすべて言語を適切に使うとは限らない。ハーティグらの実験群の子どもを、正しく言語化した者と言語化をしなかった者とに分けて成績を比較すると、実際に言語化した者では、違反反応をまったくしない者がずっと多いのに対して、言語化しなかった者では、短い潜時で違反を犯してしまう者が多かった（図2・18）[99]。制止機能の発達がたんなる年齢の関数ではなく、また言語化の導入が直ちに制止に結びつかないことを示唆している。

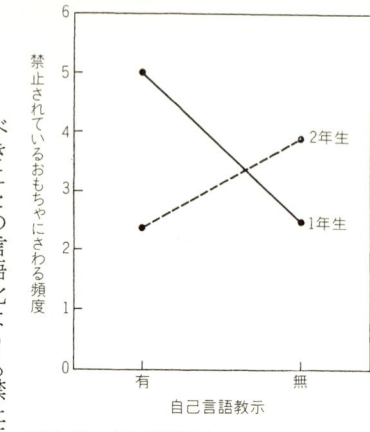

図 2·19　自己言語教示
(Sawin & Parke, 1979)

示を識別して反応しなければならない難しさが、禁止・容認言語化条件にはあるからであろう。また、年少児では、「〇〇で遊んでもよい」という言語の始発的要素が強く働いてしまい、制止すべき行為にまで、その効果が及んでしまったためとも考えられる。

禁止すべき行為だけを言語化させる群、すべきことを言語化させる群、しなければならない方の行為だけを言語化させる群、いずれが誘惑抵抗を強め、課題成績を高める統制機能をもつかを検討したパターソンらは、なすべきことの言語化も、禁止の言語化につぐ効果がある（また課題を遂行したら報酬がもらえることの言語化も、禁止の言語化の方が効果がある）ことを見出している（図2・20）[256, 226]。そして言語化の役割は、自分のなすべき（またはすべきでない）行動についてのプランを子どもに明確にたてさせることを促し、これが行動の自己統制を導くと解釈している。この実験では、制止の言語化が始発の言語化よりも効果があった。しかし、ここでは誘惑が非常に魅力的で、やらねばならぬことを一生懸命やりさえすれば、その魅力的遊びができるという条件であったためと考えられる。制止の言語化がもっとも効果があると一般化し、結論するには、禁止行為の魅力度を変化させた条件下で制止言語の効果を比較、検討する必要があろう。また、この実験では、報酬に注目させる言語化がきわめて効果的だが、この実験のようにいつまで待つか、いつまで誘惑に耐えていなければならないかが本人の努力にかかっているのでなく、実験者しだいである受身の場合には、報酬に関心を向けていること

は妨害的だという結果もある。

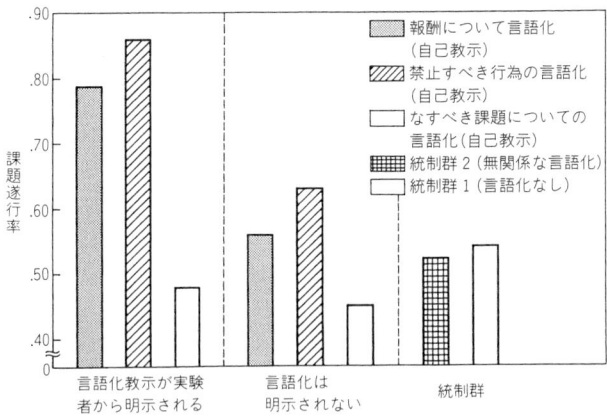

制止と始発のいずれが容易か、またいずれの言語化が効果的かは、魅力や興味などを含む価値的・社会的行動場面では、単純な運動反応の場合のように一概には決まらない。ただ、なすべきこと、あるいは、してはならないこと、こうすれば結果（報酬）はこうなる、といったことを子どもに言語化させることは、いずれにしろ、行動のプランや指針となり、そのプランや指針に沿った形に行動を効率的・自己統制的にすすめてゆくことは確かである。しかしこのような言語による統制も、少なくともこの年少段階では、制止なり始発なり、言語化すべきことを実験者の方から具体的に教示してやらないと効果が小さい。ただ漠然と「思ったことを声に出していうと効果がありますよ」というふうに言語化を示唆した群（図2・20の言語化は明示されない群）では、成績はずっと下回っている。就学前幼児の言語による統制は、完全に自発的な形ではまだ効果的には生じないのである。これが、一般的に示唆されるだけで、場面に適した言語化を自分から編み出し、それで行動を十分統制しうるようになるのは、もう少しあとのことで、それは、場面についての認知がより分化した構造になるのを待たねばならないのである。

図2·20　課題遂行時間の比較　　　　　　（Mischel & Patterson, 1976）

191　第2章　行動制止機能の発達

表 2·16 愛他的行動の社会的強化の効果（20の行動中の寄付行動の数）(Midlarsky & Midlarsky, 1973)

モデル＼強化	あり	なし
愛他的	17.67	13.00
利己的	6.00	9.08

制止の学習をめぐる諸条件

逸脱抵抗、禁止行為の制止は、以上のような言語化を伴った直接学習のほか、モデルからの観察学習によっても習得される。禁じられた言語化なしの統制群に比べて、有意に制止しているモデルを観察した群は、いわれた通り手を出さず制止することを示す実験報告は少なくない。モデリングによって、子どもは新しい反応様式を習得するだけでなく、制止すること、行動しないことをも学ぶのである。また、この際、行動だけ示範するよりも、制止の理由や制止の方法などをモデルが言語化したり、観察者（被験者である子ども）も言語化しながら観察する、といった言語化は、観察学習をいっそう促進するという報告もあり、ここでも言語の役割が注目される。

ところで "制止すること" のモデリングは、"習得すること" のモデリングに比べて、より難しい可能性が、これまでにみてきた行為発達の傾向から推論される。ことに、制止すべき行為（"禁じられた遊び"）が子どもにとって魅力的なものであるほど、制止は難しいと予想される。これは観察学習に限らず、言語教示、直接学習の場合も同様であろう。これを子どもに、どのような仕方で、もっともよく学ばせることができるか——直接学習でか、モデリングでか——は実際上にも重要な問題である。この点に答える比較検討はみあたらない。

しかし、実際のしつけでは、直接学習か観察学習かどちらか一方だけということは稀れで、二つは並行して起こっている。するとこの二つの学習内容が一貫しているか否かも、重要な決め手である。モデルが自分の示範する行為と一貫性のある強化をした場合には、子どもはモデルから多くを学ぶが、

表 2·17 違反反応の潜時 (Stowrie, 1971)

		男　子		女　子	
		平均(秒)	標準偏差	平均(秒)	標準偏差
一貫性：男性・女性	男性モデルさき	499.83	316.70	868.16	77.97
モデルとも禁止	女性モデルさき	683.33	336.38	795.00	257.19
矛盾：男性モデル禁	男性モデルさき	275.88	352.50	311.33	441.86
止・女性モデル違反	女性モデルさき	259.66	312.52	412.77	412.14
矛盾：男性モデル違	男性モデルさき	242.66	105.33	446.00	392.27
反・女性モデル禁止	女性モデルさき	209.77	276.32	459.88	430.93
一貫性：男性・女性	男性モデルさき	1.83	1.72	8.83	13.39
モデルとも違反	女性モデルさき	4.83	7.35	2.83	2.78

表 2·18 各条件群での違反反応の頻度と時間の推移 (Stowrie, 1971)

		ブロックⅠ	ブロックⅡ	ブロックⅢ
一貫性：男性・女性モデルとも禁止	頻　度 時間(秒)	0.21 0.37	0.25 0.42	0.50 2.21
矛　盾：男性モデル禁止・女性モデル違反	頻　度 時間(秒)	5.11 102.50	5.08 114.03	5.92 130.38
矛　盾：男性モデル違反・女性モデル禁止	頻　度 時間(秒)	4.03 88.81	5.42 134.06	5.31 166.64
一貫性：男性・女性モデルとも違反	頻　度 時間(秒)	12.79 365.71	16.12 362.58	9.54 329.92

それが一貫していない場合には、モデリングも強化もいずれも効果がない。相反するモデリングと強化とは、その効果を相殺してしまう（表2・16）[209]。そのような状況におかれた子どもは混乱し、はては、モデルであり強化者である人に対する信頼も失うであろう。

しつけの一貫性が重要であることは、モデリングだけについてもいえる。男女二人のモデルが禁止あるいは違反の示範を一致してする場合と、二人が相反する場合とを比較すると、二モデルが一致して制止している場合に、子どもは最大の制止を学ぶ（表2・17、2・18）[285]。観察直後の成績もさることながら、時間をおいて何回かテストした結果では、この差はもっと歴然としてくる。二人のモデルが一致して制止を示範した条件群では、時間がたっても制止は

表 2・19　誘惑抵抗の強さに及ぼす感情の影響および性差　(Fry, 1975)

		禁止行為までの潜時（秒）		違反反応頻度		違反反応持続時間（秒）	
		平均	標準偏差	平均	標準偏差	平均	標準偏差
感情	快	368.31	53.75	.62	.45	63.71	19.49
	中性的(統制群)	245.45	57.45	1.02	.62	75.81	11.65
	不快	179.71	82.61	2.64	1.32	182.41	35.02
性別	男性	232.98	76.41	1.41	.71	98.01	27.45
	女性	269.08	72.61	1.21	.69	64.21	32.30

ほとんど安定しているのに対して、一貫性のないモデルの観察群は、逸脱反応時間は時間が経つほどに急激に増大している。"制止"を学ぶ日常の状況は単純ではなく、実際には実験的に扱われているもの以上に多岐にまた複雑にからみ合っている。

情緒・感情と制止

適切な言語化は誘惑抵抗を強めるという知見から、社会的行動の制止が言語を媒介とする認知的過程に結びついていることが明らかだが、加えて、情緒・感情的な要因も行動制止の可否にかかわるものとして見逃すことができない。

ミッシェルも、子どもが制止中どんなことを考えたり、思い浮かべたりしているか、またその間の気分や感情が禁止行為をしないでいられるかどうかに大きくかかわっていることを見出している[218]。誘惑抵抗や愛他的行動など社会的行動の発達は、親をはじめとする大人からの教育や、モデルからの習得によるとする立場でも、親や実験者との関係のよさ、暖かさ、親しさなどが、社会的行動の発達の重要な規定因として指摘されてきた。

このような感情的側面が誘惑抵抗の強さに及ぼす影響を、フリーはより直接的な形で明らかにしている[71, 72]。誘惑抵抗の実験に入る前に、楽しいことやうれしいこと、あるいは悲しいことやいやなことを思い浮かべるよう教示して、

子どもの感情的状況を作り出す。あるいは、知的課題を課して実験的に成功・失敗の条件を設け、その直後の誘惑抵抗の強さを比較・検討している（表2・19）。誘惑抵抗のあらゆる測度――禁止行為を冒すまでの時間、違反反応頻度と時間――で、楽しい感情状態にある者がずばぬけて成績がよい。逆に、悲しいとか、いやな感情的状態にある者は、誘惑抵抗が弱く、すぐ違反反応に走りやすい。成功・失敗の強弱によっても同様の結果が得られている。

このような感情状態の誘惑抵抗の強さに及ぼす影響は、向社会的行動の統制と発達にとって興味深い。成功体験をもっていたり、幸せな感情を味わっている子どもは、当該の問題以外の行動についても広く肯定的・積極的な感情を抱き、成功を予想することになる。そして肯定的感情状態は自分についての有能さを認識させ、それが向社会的行動や自己統制を促すことになるのであろう。このことは、子どもの社会的行動の育成を考えるうえで、言語化・自己教示訓練といった認知的統制を身につけさせることとあわせて、重視すべきもう一つの点であろう。

IV 認知的抑制

1 認知的抑制――認知スタイルの発達――

運動反応や社会的反応の統制（ことに制止）に、言語化や言語教示が大きな役割を果たすことをみてきたが、このことは、行動の自己統制、ことに反応の制止には認知判断的過程が深く関与している

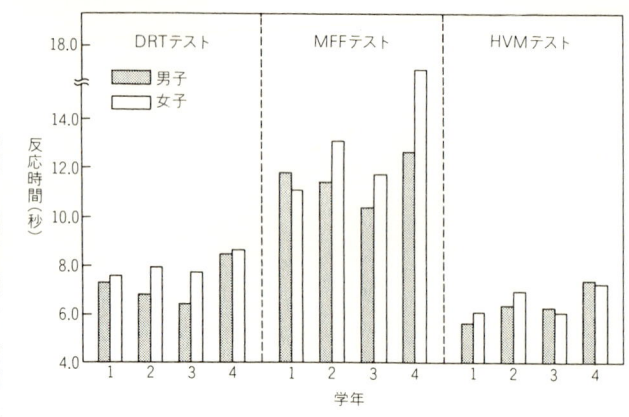

図 2·21 反応時間の発達的変化 (Kagan, 1966)

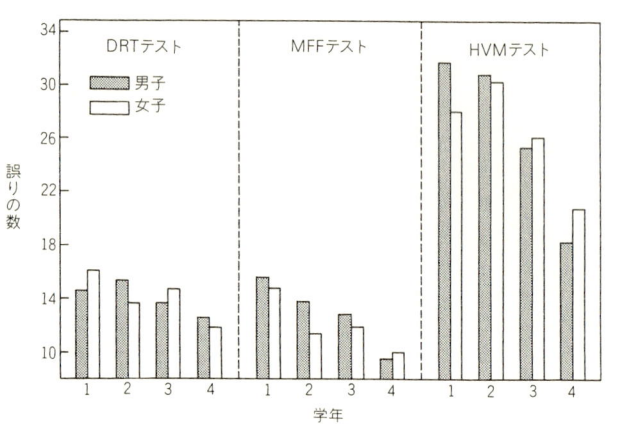

図 2·22 誤り数の発達的変化 (Kagan, 1966)

ことを示唆している。認知スタイルは、この認知的抑制の難しさとその発達を扱っており、ここでの問題と関連がある。

いくつかの反応選択の可能性があり、その中から正しい判断・選択が求められる課題場面では短時間で正しい選択反応をするのがもっとも理想的である。しかし実際には必ずしもそうはいかない。きわめて難しい課題や逆に容易な課題では、反応時間と誤数は概して相関し、難しい課題では反応時間、誤りとも大であり、容易な課題では両測度とも小となる。しかし、中間の課題ではこの二測度は必ずしも相関しない。反応時間の長いことが誤りの少なさに、逆に反応時間の短いことが誤りの多発に、それぞれ結びついている場合が少なくない。

このような認知判断における時間と反応内容との関係を、ケーガンらは、まず個人差と発達の問題として取り上げた[134]。課題場面で自分の解答の妥当さを、反応時間および誤数の測度に反映されるとし、これを測定するテストを開発した。反応時間が短く、誤りが多いのは、確からしくみえるいくつかの選択肢がある場面で最初に衝動的に思い浮かんだことをそのまま外に出して反応してしまうためである。この衝動型に対して、直観的に思い浮かんだ反応をすぐ表出せず、自分の中で反芻し他の選択の可能性を確かめ、これでよしと確信したうえで反応をする熟慮型は、時間はかかるが誤りは少なくなる。

どちらの型も、子ども、大人を問わず、個人差として存在する。しかし一方、発達的にみると、年齢上昇に伴って相対的に衝動型から熟慮型に移行してゆく（図2・21、2・22）[133]。

この発達的変化は、課題時に初発しやすい衝動的反応を抑制できること、仮説を吟味・検討する内的過程が成立することによる。そしてこのような認知判断過程は、特定のテスト課題に広く通ずるものである。ケーガンらは、いくつかの反応の可能性があって選択的判断が求められる認知的・社会的場面に広く通ずるものである。また衝動的反応の抑制ということは、既にみた運動反応の制止の可否ともつながる。ケーガンらは、幼少時に一つの活動に持続的にかかわるタイプの子どもに比べて、別な活動に短い間に次々と移る活動的なタイプの子どもは、後年、その認知スタイルが衝動型に対応する傾向を、縦断的データで見出している。つまり、幼少時の運動的な活発さと長じてからの持続的注意の時間とは、逆相関関係にあり、しかもこの関係は、乳児期からずっと安定しているというのである。ケーガンらはこれを情報処理のテンポ、あるいは概念的テンポの次元としている。

197　第2章　行動制止機能の発達

表 2·20 制止にかかわる諸測度間の相関　　　　　　　　　(Toner et al., 1977)

			運動反応抑制		自　己　統　制			
			DAL	WAL	遅延報酬テスト 1	2	誘惑抵抗テスト 1	2
M F	誤り数	男子 女子	−.514** −.354*	−.333* −.180	−.399* −.061	−.403* .079	−.173 .200	−.329* −.312*
F	潜時	男子 女子	.353* −.007	.028 −.325	.023 −.207	−.075 −.035	.348* .028	.107 −.008

* $p<.05$　　** $p<.01$

この認知スタイルにおける反応抑制は、同一個体において他の制止機能とどれほど対応しているだろうか。

2　認知的抑制と他の制止行動との対応

トナーは、認知的抑制が、たんに認知的課題においてだけでなく、抑制、制止が必要とされる場面に広く通ずる一般的特性である可能性を検討した[300]。運動反応抑制の測度として、できるだけゆっくり線を書くテスト(DAL)、線上をゆっくり歩くテスト(WAL)、また行動・欲求抑制の測度として二種の遅延報酬テスト、誘惑抵抗テストを同一被験児に、認知スタイルテスト(MFF)とあわせて実施し、平均五一ヵ月の男女児について諸測度間の相関を検討している(表2・20)[302]。

認知スタイル上の抑制は運動反応の抑制とかなり対応しており、遅延報酬、誘惑抵抗などの自己統制ともある程度一貫した関係がみられる。認知テストで反応が早く誤りの多い衝動型の子どもは、運動反応の制止も、また報酬遅延耐性、誘惑抵抗などの自己統制も弱い傾向があるといえる。

運動反応の抑制と認知反応の熟慮傾向とがかなり関係していることは、ほかにも支持的データがある(たとえば、表2・21)。自己統制の測度との相関は部分的であるがかなり高く、また、自己統制測度間の内部相関も高い[93]。抑制、制止という機能が、個々の課題場面に特有な要因に影響されず、また、求められる制止の内容

表 2·21 就学前の子どものMFFテストとIMT(運動抑制)テストの相関関係
(Harrison & Nadelman, 1972)

測度	MFF 潜時 誤り	運動抑制テスト 1."普通に"の条件で	2."ゆっくりと"の条件で	[2−1]の差
MFF 潜時誤り	−.36**			
運動抑制テスト(IMT) 1."普通に"の条件で	.43**	−.02		
2."ゆっくりと"の条件で	.52**	−.34*	.70**	
[2−1]の差	.49**	−.39**	.53**	.98**
IQ(Peabodyテスト)	.26	−.29*	.10	.21	.21

* $p<.05$ ** $p<.01$

――運動、認知、感情など――を超えた一貫性をもつ発達的検討がさらに必要であろう。そのためには、一般的特性となってゆく過程については、制止の測度、さらに低い内部相関しか得られていない感情・欲求の自己統制の測度の妥当性の検討や、より妥当な測定法の工夫も必要に思う。運動反応の制止に比べて、社会的・価値的要因が介入しているだけに、その制止はより複雑・困難であるし、場面ごとの特殊な要因が大きく働く。したがって、正誤が一義的に決まる認知テストや単純な運動反応制止とは必ずしも対応しないものなのかもしれない。

しかし、ロールシャッハ・テストで衝動の統制に欠ける情緒的反応が、MFFでの衝動型の子どもに有意に多いという池上の報告は、認知スタイルの衝動型が、認知判断の場合に限らず、行動・衝動の抑制一般につながるものである可能性を示唆している[116]。

四・八歳、五・八歳の二年齢段階について、MFFテストでの衝動型と熟慮型の子どものロールシャッハ反応を比較して、池上は、二群間にいくつかの興味深い有意差を見出している[116]。熟慮型の子どもは、部分と全体を統合的に把握するより高度な認知様式を示すのに対して、衝動型の子どもは、こまかな部分の断片的な把握にとどまっている。また内容も、熟慮型の子どもの方が情緒的にバランスのとれた

安定度の高い面で衝動型の子どもより優れ、情緒的統制がより成熟していることが認められたという。もっともロールシャッハ・テストでの認知スタイルとの関係が強く出るのは当然かもしれない。同じく認知的課題であるMFFでの認知スタイルとの関係が強く出るのは当然かもしれない。それにしても、衝動型の子どもの情緒反応――自己抑制の欠如とみなされている部分反応や色彩反応――が、熟慮型に比べて有意に多いという差は、制止・抑制が認知課題にとどまらず、他の行動にまで及ぶ一般的特性である可能性を示唆するものであろう。

3 制止・抑制の基礎としての言語的媒介

ところで、運動であれ認知課題であれ、反応制止が難しいのは、一つには言語の行動統制機能が未発達なことにもとづいている。ことに内言で自分の行動の指針を立て、それに沿って行動を導いていく働き――言語的媒介――の未熟である。

日常生活で自分の衝動や感情を抑制できず、過度にまた時には非適応的におもてに表わしてしまう攻撃的な子どもたちは、非言語性課題の成績が普通児より劣る(言語性および一般知能水準は差がないのに)。これは課題解決過程で内言による媒介――課題の性質を吟味し、解決の可能性を検討する媒介――が十分できないためであると指摘されている(キャンプ[41]、ジェンセン[128])。内言による言語的媒介が発達していると、認知的場面、社会的場面で、最初に思いついた反応をそのまますぐ外に出してしまうことをためらう。そして、ひとまず別な反応の可能性を頭の中で検討をする。そのため、反応時間は長くなる代わりに、誤りや感情的な反応や非適応的な攻撃は少なくなるのであろう。このよう

に、言語的媒介、内言の発達は、認知的反応から感情・衝動などの自己統制に広くわたる制止機能の基礎をなす。

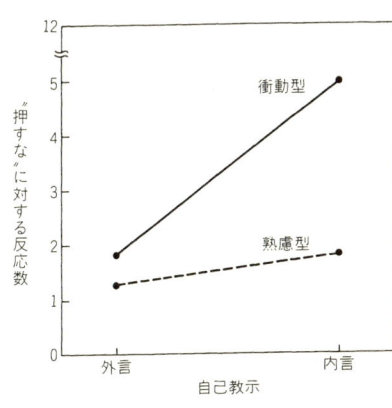

メイヘンバウムらはこのような言語の統制機能が、認知スタイルの熟慮―衝動型間で差があり、またその差が運動反応の統制にも及んでいることを報告している[205]。MFFの成績で分類した衝動型群と熟慮型群（平均六八ヵ月児）が、青い光には"押せ"、黄色い光には"押すな"の自己言語教示を、外言、内言の条件で行なった時の成績は、外言条件では両群間に大きな差はないが、内言条件では大差がある（図2・23）[205]。衝動型群の成績がずっと悪く、"押すな"であるのに押してしまう、つまり制止が不成功になってしまうのは、キャンプらのいう言語的媒介が弱いことを示すものであろう。また、指で鍵盤を押す課題では、運動反応そのものにはこの課題ほど明白な差はみられなかったが、興味深いことは、衝動型の子どもは"早く"とか"ゆっくり"ということばを言わせながらさせると、一語いうごとに一回押す、というふうで、言語の意味内容よりも、言語反応の運動的面が働いてしまう。つまり言葉をいう唇と打鍵の指との二つの運動反応を同時にする協応動作になってしまい、言語が運動を統制しているとはいい難い有様であったという。熟慮型の子どもの方では、このような一対一の反応は起こらず、一回言語教示をすると数回の鍵盤押しをひきつづいてするというふうに、言語の意味内容が運動反応を制御しているといえる形になっている。

図 2・23 認知スタイル，自己言語教示別の制止失敗数の比較
（Meichenbaum & Goodman, 1969）

表 2·22 攻撃的子どもと普通児との諸テストの成績および差　　　(Camp, 1977)

測度	攻撃的な子 平均	攻撃的な子 標準偏差	普通児 平均	普通児 標準偏差	F
打鍵をゆっくりと声に出して命ずる	20.3	6.8	22.8	8.9	1.749
ことばあそびを外言しながらする	12.3	16.0	4.8	8.2	6.436**
打鍵のスピードの基準ライン	44.7	9.2	40.7	7.7	3.881*
MFFテスト時の無関係な発言	1.4	1.8	0.6	1.0	5.735**
読みの能力	2.1	0.0	2.2	1.0	0.197
動作性IQ	104.6	10.1	106.5	9.7	0.601
MFFテストの平均反応時間	10.3	5.2	14.8	7.3	8.286***
"シモンはいう" テストでの誤り	1.7	1.3	1.1	1.3	3.218*
WISC−R 言語下位テスト	9.3	2.9	9.1	2.0	0.242
打鍵をゆっくりと声に出さないで命じる	22.8	8.8	23.9	8.5	0.288
社会的言語	12.7	12.8	6.6	11.3	4.386**
MFF テスト	1.3	2.3	0.9	2.3	0.516
WISC−R 下位テスト（知識）	9.2	3.1	9.7	2.7	0.505
WISC−R 下位テスト（記憶）	8.4	3.0	9.4	2.6	2.33
セントロイド	−1.125		0.947		

* $p<.10$　** $p<.05$　*** $p<.01$

このような言語的媒介機能の差が両群の差をもたらしているのであろう。しかも抑制型の子どもでは、言語を声に出していわない内言条件でも、十分制止が成立している。これは、衝動型の子どもでは、内言条件になるとたちまち制止がきかなくなってしまうのと大きな差で、衝動型の子どもでは、内的な熟慮過程と言語的統制がともに不全であることを示している。

キャンプは、言語による統制を、認知的課題から運動反応までについて検討し、攻撃的子どもが普通児に比べて、内言条件で運動反応の統制成績が劣ってしまうことを見出している。この子どもたちは一般的場面での言語活動や言語的知能には普通児と差がなく、むしろ表出言語量は普通児よりも多いほどである（表2・22）にもかかわらず、自分の行動を統制し導いてゆく言語の内的な機能が十分に成立していないのである[41]。これがMFFでの反応時間の短さ、指で鍵盤を叩く早さなど、表2・20にみられる認知的・運動的抑制成績の低さと結びついているのであろう。また、

日常生活で攻撃的であるのも、この言語的統制の未熟の結果でもある。このように見てくると、認知的、運動的、さらに欲求などの諸行動が制止できるということは、いずれも言語的媒介を共通の基礎とするある一貫した過程と見なせよう。

言語が行動を統制するこのような機能に注目して、子どもが自然には制止し難い行動を、言語教示を自分でする訓練を施して反応抑制を成立させようという試みが最近さかんである。衝動型の子どもに、ゆっくり行動するモデルを呈示したり、"ゆっくり"という自己教示を訓練したりすると、反応時間を長くし、また誤りを減少させる効果がある。そしてその訓練効果はある程度持続することも確かめられている（ベンダー[23]、トナーら[304、306]、エグランド[60]、メイヘンバウムら[206]）。

4 抑制・制止を促す社会的・文化的背景

認知的課題、運動反応、社会的行動を問わず、制止ということが可能になるには、言語的媒介をはじめとする発達的要因があることをみてきたが、一方、それを促す文化的・社会的要因も無視できない。認知スタイルが一般的には衝動型から熟慮型と発達的に移行するものではないが、その移行の時期や程度には文化的な差があることからも示唆される。日本、アメリカ、イスラエル三国の五歳から一二歳（日本は一〇歳）のMFFによる反応時間と誤り数の発達的推移をみると、いずれの国の子もたちも、年齢上昇に伴い、誤り数は確実に減少し、反応時間はある年齢までは長くなってゆく傾向がみられ、認知スタイルは衝動型から熟慮型へ移行してゆく。しかしその推移のパタン、また同年齢ごとの成績を三群で比較するとやや差があり、それぞれの特徴もある（図2・24、2・25[268]）。とくに

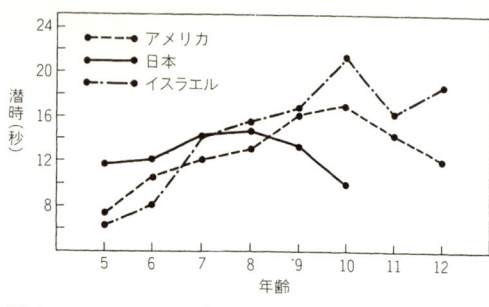

図 2・24 アメリカ，日本，イスラエルの子どもの認知スタイルテストでの潜時　(Salkind et al., 1978)

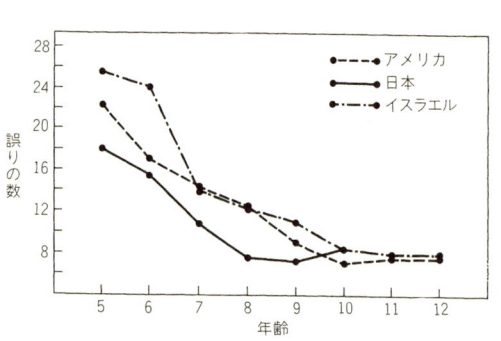

図 2・25 アメリカ，日本，イスラエルの子どもの誤り数　(Salkind et al., 1978)

反応時間の短縮と誤り数の減少がもっとも顕著にみられるのがイスラエルであるのに対して、日本の子どもは早くから誤り数が少なく、八歳で他の二国の一〇歳なみの正確さに達してしまう。他方、反応時間は年少段階で他二群より長いが、八歳以降は他の二群はなお長くなりつづけているのに、逆に短縮化に向かってしまう。つまり、日本の子どもは他国の子どもに比べて相対的に早く熟慮型に——八歳にして他国の一〇歳なみの——なってしまう。ほかのデータでも、日本の子どもたちが早くに熟慮型に、とくに誤り数が急激に減少することが確かめられている。この文化差は、一つには、英語に比べて文字の微細な特徴に注目しなければならない日本語による可能性もあるが、それ以上に大きいのは、認知的達成に対する期待ないしは誤りや失敗への圧力の差であろう。

第 2 部　自己の行動統制機能の諸相とその発達　204

第3章　能動的・自律的行動とその発達

人間にとって、活動の遂行そのものは、本来、快でありよろこびであり、人間は活動の遂行そのものを目的とする能動的・活動的存在である。それは活動そのものの快やよろこびを求める内発的動機づけにもとづく。好奇心と呼ばれるものはその典型であり、さらにより新しいもの、複雑なものを求め、より難解なものにあえて挑戦する行動には、好奇心以上の、自分の有能さを確かめたり発揮したりすること、さらに、より有能さを高めようとすることへの動機づけもあると考えねばならない。このような自発的・積極的行動の背景をなす動機づけは、内発的動機づけ、達成動機づけとして論じられ、数多くの実証的研究もされている（波多野ら[101]、宮本[230]、林ら[104]）。

達成動機づけの研究では、この動機づけの概念の検討、それにもとづく測定法の開発、達成動機づけの強さと実際の達成行動（主として学業）との関連、達成動機づけの規定因の検討などに力が注がれている。達成動機づけの強さと達成行動とは概括的には関係が示唆されているが、学業成績との相関に限ってみれば、必ずしも一貫して有意な関係ばかりが得られているわけではない。これは一つには、動機づけの測定法の曖昧さや不備、学業成績が達成行動として多義的であると同時に一面的であることによるのであろう。さらにもう一点、動機づけの強さがただちに達成行動に結びつくとは限ら

205

ないことも示唆している。動機づけが強くても、能動的に行動にふみ切れない、また行動し始めても積極的・前進的に展開していけないこともあろう。このような動機づけと行動とをつなぐものは何なのだろうか。どのような要因が関与しているのであろうか。

内発的動機づけにもとづく行動とは、その定義からいってそもそも他からの指示、強制、強化などがなくとも起こることが特徴である。しかし、動機づけの強さと達成との相関が必ずしも高くはないというデータや、日常の経験に照らしてみても、この種の行動が常に最初から完全に自発的に起こるとは限らない。きっかけはなんらかの外的な力に触発されて起こり、いったん始めると、活動そのものの快が喚起されて、あとは外的強制なしに自動的に展開してゆく場合も少なくない。逆に、最初は好奇心から自発的に始めた活動がだんだんに弱まりがちなところに、外からの働きかけ——激励であったり賞であったり——で再び活性化し、持続することもあろう。

このような内発的動機づけにもとづく活動に働く他者からの評価や賞などの外的強化の効果は、さかんに検討されているが（稲垣[119]）、ここでは、やや別な視点から行動の自発性や自律的・能動的行動について考えてみたい。前章で望ましくない行動、禁止されるべき反応の制止・抑制についてみた行動の自己統御機能が、なすべき行為を自律的・能動的に行なうという面に、どのような形であらわれるか、どのようにして可能になるかを検討することにする。

1 遅延強化（報酬）耐性——行動の自律性の一つのあらわれ——

かなり長い間学習心理学の研究の焦点は、内発的動機づけにもとづく行動ではなく、外的賞罰によ

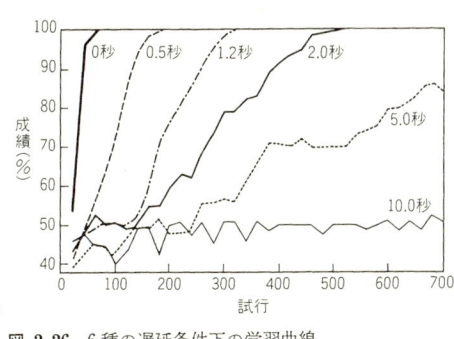

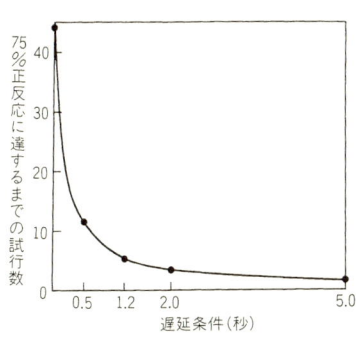

図 2·27 遅延時間と正反応の関係 (Grice, 1948)

図 2·26 6種の遅延条件下の学習曲線 (Grice, 1948)

っていかに新しい反応パタンを習得させうるか、制止させうるかにあり、学習の諸原理・法則はこのテーマにかかわって構築されてきた。その一つに、強化の遅延勾配がある。図2・26はネズミの白黒の弁別学習で、反応直後（０秒）に強化を与える通常の実験条件から一〇秒後までの六種の各遅延条件下の成績を示したもの、図2・27は五秒までの五群が七五％正反応に達するまでの試行数の逆数で、遅延勾配といわれるものである[85]。遅延時間の長さと学習成績とは明確な関数関係にあり、五秒の遅延でも学習が妨害されてしまっている。

しかし、強化（賞）の遅延は、賞のもたらすはずの効果──強化された反応の生起確率を高め、その反応を獲得させる──を妨害する働きをもつという動物実験で確かめられたこの法則は、人間では必ずしも成り立たない。幼少児では遅延は直後強化より成績が劣り、動物と変わりない。しかし、長ずるに従ってこの妨害効果はそれほど明確ではなくなる。遅延条件の方がむしろ成績がよくなるという実験報告さえある。

外国語を用いた弁別学習を、一〇秒後の遅延強化と直後強化の二条件で行なった八歳児の成績は、最初の習得期の成績は両条件に差がない（表2・23）[35]。そして、一日後、一週後の再学習では、遅延条件の方が成績がよく、遅延強化はけっしてマイナスではないのである。

207 第3章 能動的・自律的行動とその発達

表 2·23 直後・遅延強化条件の学習成績
(Brackbill *et al.*, 1964)

	直後強化	遅延強化
学習達成までの試行数	48	47
1日後の再学習での試行数	33	14
1週間後の再学習での試行数	26	11

もっとも動物の場合でも、遅延は習得期の成績にはほぼ例外なく不利だが、消去期には遅延条件の方が消去しにくいというデータがある。習得された反応が、無強化になってもどれほど持続するかを示す消去抵抗の強さは、長期的な学習効果を示すよい指標とみなせるが、動物で習得にマイナスであった遅延が、この点ではむしろプラスに働くことは意味深い。ただ、動物では遅延強化は習得には不利だから、直後強化と同じ学習完成水準に到達させるには、遅延条件の方が試行数が多く必要となる。この強化数の多さが消去抵抗を大きくするのにあずかっている可能性があるので、単純に遅延が消去抵抗を大きくするとはいえない。これにひきかえ、ブラックビルらの被験児では、習得期の試行数には差がないうえ、再学習成績が一貫して遅延群の方が優れているという点で、遅延強化がマイナスではないことは歴然としている[34、35]。

学習実験の枠組みで、系統発達的にも個体発達的にも注目される強化の遅延の問題は、別な文脈でも検討されてきた。実験に参加したごほうびを、直後にもらいたいか、あとでもらうのでもよいか子どもに選ばせたところ、年齢差のほか、種族（文化）による差もある、というミッシェルの一連の研究である[213、214、215、217]。五歳児は圧倒的に直後報酬を選ぶが、一一歳児では遅延報酬の方が多く、八歳頃に直後報酬から遅延でもよいという方向に移行する、という。また、異なった国の子どもを比較したところ、年齢にかかわらず直後報酬選択に大きく偏る種族があり、また父親不在家庭の子どもに直後報酬選択が多い、というデータもある[216、217]。

表 2・24 遅延条件と遅延可能時間（分）
(Mischel & Moor, 1973)

	遅延中の条件			
	被験者の選んだ報酬のスライド	無関係なスライド	ブランクのスライド	スライドなし
平均遅延時間(分)	9.40	3.98	3.30	7.07

表 2・25 報酬をどれだけ待てたか
(Mischel & Ebbeson, 1970)

	報酬なし	2つの報酬	遅延報酬	直後報酬
平均時間(分)	11.29	1.03	4.87	5.72
標準偏差	6.84	2.39	6.57	6.43

2 遅延強化耐性を支えているもの

このような課題後の報酬の選び方という形で調べられた遅延強化への発達的選好と、学習実験での遅延強化の有利さとの対応を厳密に確かめたものはないが、大筋としては同じ方向にあるものではなかろうか。いちいちの行動にただちに報酬が与えられなくとも行動できる（遅延強化耐性）、遅延条件下でむしろよりよく学習できるということは、行動の自律性、自己統制の一つのあらわれである。では、これはどのようにして可能なのであろうか。

ミッシェルらは報酬を待つ間の条件を実験的に操作することによって、この点をかなり明らかにしている。待っている間、その報酬が子どもの目の前にあると、遅延時間は短くなる。逆に、報酬そのものではなく、その写真スライドという象徴的な形で提示されている時には、より長い時間の遅延が可能となる（表2・24）。そして、すぐもらえる報酬と待てばもらえる報酬の両方が待っている間目の前にある場合には最もがまんできないし、そしてどちらかの報酬だけが目の前にある場合も、報酬を見ないで待っている場合よりも遅延成績は劣ることも報告されている（表2・25）[224, 222]。このような差は一般に報酬（強化刺激）がもつ二つの機能——動機づけ的機能と

表 2·26 教示の遅延行動に及ぼす効果（動機づけ的面と情報的面の比較）(Mischel & Baker, 1975)

	教示内容		統制群
	報酬の動機づけ面	報酬の情報的面	(教示なし)
平均遅延時間(分)	5.60	13.51	8.44

情報を与える機能——と関係している。実物の報酬は前者の機能が強く働くから、遅延は子どもにとって大きなフラストレーションであり、これを克服することは難しいため、遅延は短くなってしまう。これに対して、現物そのものでない写真だと、それはちょうどできたしるしのおはじきのようなもので、情報的機能の方がクローズアップされるから、遅延はとくにフラストレーションではなく、待つことに対して妨害にならず、むしろ促進されるのであろう。そうだとするとどんな形で報酬が提示されているかでなく、子どもが報酬にどう対処していたか、報酬のどのような面（機能）に注意を向けていたはずである。

遅延に入るに先立って、どう待っているかについて別々な教示を与えてみる。動機づけ的面に注意を喚起するような教示——「このマシュマロ（報酬の）は甘くておいしいですよ。どんなにおいしいか想像してごらん」——と、報酬の情報的面だけに注意を喚起する教示——「マシュマロをみたら雲のことを思い出してごらん。丸くて白くて、ふわふわしているでしょ。白い雲みたいね。マシュマロをみたら雲のことを思い出してごらん」——である。結果は、報酬の動機づけ面を強く喚起されると、子どもは大いにフラストレートされるのか、遅延成績はきわめて悪い（表2・26[225]）。報酬の物理的性質の情報的面に注意を向けられた場合には、ずっと長い時間の遅延が可能になる。しかし、同じく情報的面への注意を喚起させられるにしても、それが当の報酬についてでない場合には、その効果はまったくない。また逆に、動機づけ面を強調されても、それが遅延される報酬でない場合には、むしろ妨害にはならず長く待てる。

第2部　自己の行動統制機能の諸相とその発達　210

目あての報酬の情報的な面に注意を喚起し、それをより象徴的な形に（"雲みたい"と教示されたように）変換して認知・保持していることが、魅力的報酬を我慢するという一種の衝動統制である遅延行動を支える一つのメカニズムであることを、これら一連の実験は明らかにしている[219、227]。

さらに、情報面をより象徴的な形で認知することができず、報酬の動機づけ面に心を奪われてしまうことが遅延を妨げるのならば、遅延中ほかの何か熱中できる楽しいことに気をそらせておくことも効果がある。待っている間、ほかの楽しいことを考えているようにいわれた場合、断然、長い遅延ができている（図2・28）[223]。魅力のある報酬を待つという、フラストレーションを含む衝動処理、情緒のコントロールができるには、より楽しい感情に自分をふり向け、それで気をまぎらすという巧みな感情処理、情緒のコントロールができることも、大事な要件であることがわかる。

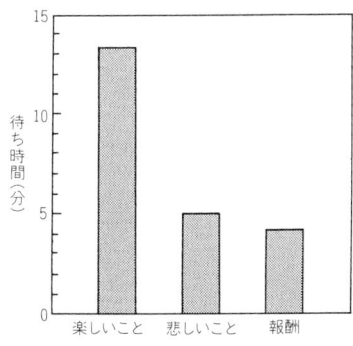

図2・28 "待つ"条件による制止時間の比較
(Mischel et al., 1972)

実験者の教示で促されなくても、これが自発的にうまくできればいっそうよい。しかし、実験者が楽しい気持でいる条件を導入してやっても、年少児だと必ずしもそれが成功せず、遅延時間を増すことにならないこともある。イエーツらは、五・四歳、六・九歳、八・四歳の三年齢段階で、認知的情報に関する教示を与える群と、楽しいことを考えさせる感情導入の教示を与える群とを統制群と比較して、条件と年齢との間に興味ある交互作用を見出している（表2・27）[329]。年少児では、認知的教示群で他二群を大きく上回る長い遅延が可能であるのに対して、六・九、八・四歳では、認知的教示、感情導入教示でともに統制群と有意差のあ

表 2·27 教示の種類による遅延時間（秒）の比較
(Yates *et al.*, 1981)

年齢(中央値)	統制群	正の感情導入教示	認知的情報に関する教示
実験1　4.8	229	209	409
8.1	348	629	662
実験2　5.4	325	288	575
6.9	341	627	602
8.4	775	868	832

　長い遅延成績をあげている。しかも興味深いことに、何の教示も与えられず自発的な方式で遅延した統制群の成績に、顕著な年齢差がある。これは年長になると、教示されなくとも、自発的になんらかの効果的な仕方で遅延に耐える自己統制ができるようになっていることを示唆している。逆に年少児では、有効に使えるはずの方式が導入されても、それを十分に活用できない。これは、別な楽しいことを考えているということが、ただ感情を一時的に切り替えるだけでなく、それを持続しつづけるという過程も含む、より複雑なものであるためと考えられる。

　遅延中をどんな仕方で過ごしたかを実験後自由に話させたところ、長い遅延ができた年少児は、当の課題や報酬とは別なことに注意を向けていたという。このような認知的過程を自分で編み出さねばならない条件は、年少児にとっては難しいであろう。

　方式は、単純な感情的な反応というより、どう行動すべきか、何について考えているかを自分に指示する、認知的で自己教示的な過程を含んでいる。

　遅延報酬を可能にするメカニズムは、以上のような実験的検討のほかに、遅延耐性がどのような人格特性と関係しているかをみた相関分析からも示唆される。直後報酬選択の子どもと、遅延報酬選択の子どもとの因果帰属には差があり、後者では内的統制型——ものごとの成果に自己の責任や統制感を強く認識している——が多いという（ミッシェル[24]）。また、五、八、一一学年生で、将来の時間的展望の長さ、自己責任性尺度（内的統制）、遅延報酬耐性を比較検討したレッシングによると、自

表 2·28　統制型・遅延報酬耐性と時間的展望
(Lessing, 1968)

下位グループ	自己責任性尺度（内的統制）	遅延報酬耐性
I. 性別　男子	5.06	5.64
女子	5.46	5.98
II. 未来の時間展望　長い	5.61	6.06
短い	4.92	5.57
III. 性別×未来時間展望　男子長い	5.61	6.03
男子短い	4.56	5.28
女子長い	5.62	6.09
女子短い	5.31	5.87
IV. 学年　2年	4.17	5.28
8年	5.57	5.95
11年	6.25	6.25

己責任性、遅延報酬耐性のいずれもが将来の時間的展望の長さと対応をもちながら、学年とともに増大していくという（表2・28）[17]。これらは、自分の力に信頼感・自信をもっていること、自分が行動を統制しうるという認識が、一つの基礎であることを物語っている。効力感、達成動機づけは、主として学業成績をはじめとする知的課題行動と関係づけて検討されてきた。しかしこれは知的課題に限らず、社会的行動、個人的な情緒的反応、性格形成など広い面にわたって、外的規制がなくとも能動的・自発的に行動し、より望ましい方向に自分を変革してゆく源となっていることはまちがいない。

これについては、後に自分で賦与した達成基準による学習、達成行動としてみることになる。

3　行動を持続する力──消去抵抗の強さ──

各反応ごとに強化を与える連続強化に対して、いくつかの反応に対して間欠的に強化を与える部分強化が、習得期には多くの試行数を要するが、学習完成後の消去抵抗は大きいことが知られている（部分強化効果あるいはハンフレイズ効果）。新しい反応様式を習得するまでの過程以上に、さらにそれがどれほど持続・定着するかを扱う消去抵抗の問題は、子どもの発達・教育の問題を考える上で実用的にも関心がもたれ、部分強化がなぜ有利なのか、また消去後も反応しつづける消去抵抗の強さ

213　第3章　能動的・自律的行動とその発達

表 2·29 連続逆転学習・確率学習・部分強化学習にみられる系統発生差 (藤田, 1969)

動 物 種	部分強化学習 (試行数をそろえた場合)
{ ルミリメミナリシ サ ネ ト カ 除皮質ネズ サゴ キブ ダンゴム ズ カ	R R R R R または F — F — — —

Rはネズミ型, Fはサカナ型を意味する.

とは何を意味するかが改めて問われる。

ここで参考になるのは、部分強化効果に系統発達的な差がある事実である。部分強化がサカナではみられず、ネズミには認められる。系統発達的段階にほぼ対応して、高次な種で部分強化効果があらわれる（表2·29)[74]。消去抵抗が連続強化で大きいサカナでは、部分強化条件の習得期の強化数と消去抵抗の強さとは相関しており、強化数が大きいほど反応強度は大きく、消去抵抗も大きいという強化理論に完全に合致している。両生類・爬虫類あたりを境に"強化の矛盾"があらわれ、ここでは強化・非強化の即時的効果だけに規定されず、強化・非強化の相互作用や両事態間の弁別や一般化といったことが影響してくる。

このような系統発達的な差は、個体発達的にもほぼ対応すると考えられる。これを的確に示す組織的なデータはない。しかし確率学習や移行学習などさまざまな学習過程にみられる動物と人間との差、また子どもと大人との差が、刺激や外的強化に規定されることが少なくなること、学習者の側のある内的過程が学習をすすめてゆく方向を示唆するものであること（柏木[144参照]）から、そう考えてよいのではなかろうか。

モデルへの代理強化による学習で、大人（大学生）と子ども（児童）について、まず連続強化で学習させた後、四種の部分強化の効果を検討した玉瀬のデータは示唆的である[295]。とくに、最初、連続強化をうけた後、強化条件間の差がより大きいことに特徴がある（図2·29)[296]。

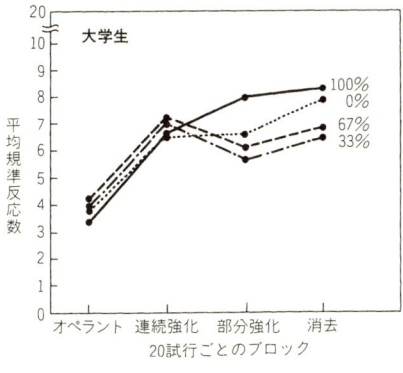

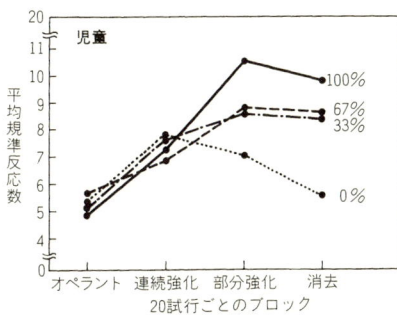

ゼロ強化に移った群では、その後、急激に反応がオペラント水準にまで低下し、消去の方向を辿る。これが大人ではいずれの群でも部分強化期から消去期にかけて変化はみられず、むしろ反応数はやや上昇方向にある。しかもゼロ強化群においてさえ成績は低下していない。このデータでは、直接強化学習で認められてきた強化スケジュールの差に応じた成績差や消去期の部分強化効果はみられていない。むしろ、大人では、ある程度学習がなされた後（すべての群で最初に連続強化による学習が二〇試行与えられている）には、もはや外的強化いかんには影響されず、自律的に反応している可能性が示唆される。これは、さきにうけた連続強化条件の学習過程で、この課題場面での反応の様式やルールについて自分の中につくりあげた枠組みに従って行動するようになっていることを示す。このことは、消去抵抗の強さや、前述の遅延強化耐性の強さにもつながる。外的強化がない時、あるいはそれがあとにひきのばされている間、外的刺激や強化に代って自分の行動をすすめる指針となる認知的過程が成立し、機能していることが想定される。

図 2·29 大人と子どもにおける代理強化スケジュールの効果　　　　（玉瀬・門田, 1977）

4 自己指示過程（言語の行動統制機能）の発達

このような認知的過程がどのようなものかは、遅延強化事態にうまく対処できた際の子どもの行動や、どのようにしたら子どもを遅延強化に耐えうるようにできるかを検討した前述の実験などから知ることができる。反応した後すぐに強化が与えられないと、自分の今の反応について、「ぜったいあたりだから」とか「アッしまった！」というふうな評価を口にすることがある。さらに「ア、いけない、あっちだった」「いけない、今度こそ……」と次にとるべき反応を予言することもある。自分で正誤の判定をしたあとでその反応に正の強化が与えられると、「やっぱり」とか「ホラネ」といったり、そんな表情や仕草をみせる。また自分の判定に自信があると、外的強化で確かめるのを待たずに、次の試行に進みそうになる。とくに今の反応がまちがいだと確信した時には、すぐにも正しい反応をしそうになる。

このような自発的な言語や活動の内容は、自分の反応の正・誤や確からしさのフィードバック、および次にとるべき反応の予告や指示である。この種の言語はすべての子どもに自発的に現われるわけではない。また口にするとしても、断片的であったり、十分整った形をとっていないことの方が多い。しかしそれらを通じてみられるものは、前述した自分の反応へのフィードバックと、次の試行の予告の類であり、まったく無関係なことをつぶやいてはいない。稀れにあっても、そのような時には、課題成績は悪い。

このような子どもの断片的ではあるが時に外言化されてあらわれる過程が、大人では内的な過程と

表 2·30 就学前幼児および小学生の遅延耐性（秒） (Toner et al., 1977)

グループ	N	実験条件			
		制止についての言語化	無関係なことの言語化	報酬の言語化	言語化なし
就学前幼児	15	424.9	408.2	192.8	163.5
小学生	15	302.7	205.6	161.8	311.7

表 2·31 言語化内容による遅延行動の比較（秒） (Toner & Lewis, 1979)

言語化の内容	評価	
	肯定的	否定的
報酬についての言語化	42.9 (70.9)	112.6 (222.3)
制止についての言語化	343.1 (253.9)	167.3 (236.1)

言語化なし群の成績は152.8(197.6)秒である．
（　）内は標準偏差．

して進行しており、それが外的強化の遅延や不在にもかかわらず、反応をまちがわずにすすめてゆくことを可能にしている。

これを自己指示 (self-instruction)、フィードバックの面に注目して self-correcting feedback、また次の行動を導く機能を重視して self-guidance という人もある。いずれにせよ、外的強化や他者からの指示に代って、自分で反応の正誤を見定め、次の反応の方向を指示する自律的機能をになった言語的過程である。

このような言語による行動統制がまだ自分からとれない子どもに、意図的に適切な自己指示的言語化を導入してやることによって、遅延強化耐性を強めることができるはずである。どのような内容の言語教示がもっとも効果的か——より長い遅延が可能か——を、トナーが最近丹念に検討している[301, 302, 306]。それをみると、概して言語化は遅延耐性を強める傾向をもつが、課題状況のどの面に焦点をあてた言語化が効果的かは、年齢段階と交互作用がある。たとえば、制止（待つこと）についての言語化、（あとでもらえる）報酬についての

表 2·32 教示内容と自己教示・他者からの教示による遅延行動の比較（秒） (Toner, 1981)

言語化内容	自発的な言語化	実験者からの教示で指定された言語化	実験者の教示	教示なし
報酬についての言語化	30.8	77.1	220.9	105.7
制止についての言語化	511.1	339.9	342.1	——

言語化、無関係なことの言語化を、統制群（言語化なし）と比較すると、言語化が効果的とは一概にはいえない。就学前幼児では概して言語化が効果があり、制止の言語化は報酬の言語化や言語化なしに比べて効果的だが、小学生では、報酬や無関係なことの言語化よりも、むしろ言語化なしの方が成績がよい（表 2・30）[302]。

別なデータでは、就学前幼児では制止についての言語化が報酬についての言語化より効果が大きく、さらに制止する（待つ）ことを肯定的に評価させる言語化によって、いっそう効果が大きくなる（表 2・31）[305]。また、制止あるいは報酬について自由に言語化させた場合、制止の言語化を選んだ子どもが最大、ついで実験者からの教示でやはり制止の言語化をした者と制止を実験者から教示された者が、ほぼ同程度の長い遅延時間を示す（表 2・32）[301]。

これらのデータを総覧すると、就学前幼児では、制止（待つこと）についての言語化は遅延行動を促進し、その上言語化を自分から積極的に選んだ場合には、いっそう効果的なのである。これが、学齢をすぎると言語化導入は必ずしも最大の効果をもたず、実験者からは何の言語化も与えられない統制群でむしろもっとも成績がよい。これは、外から言語化を教示されなくとも、自発的な自己指示が進行しており、それは声を出していわずに内言化された過程として成立している可能性を示唆している。

言語指示が外言から内言化してゆくことは、ヴィゴツキーも述べているところだが、就学前幼児の誘惑抵抗が、言語化が外言、内言、その両方という条件によって異なるという安部のデータは、その

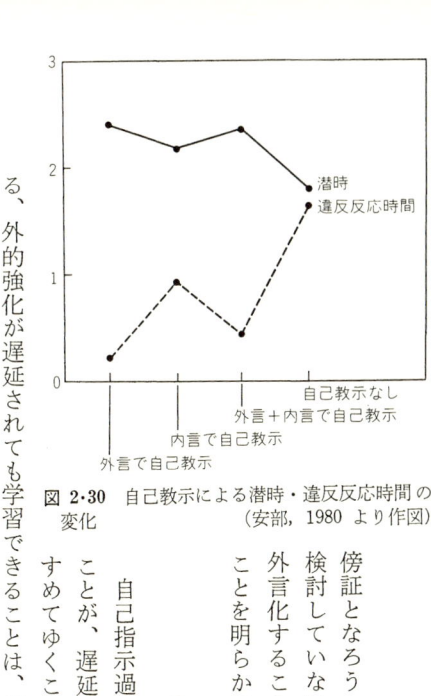

図 2·30 自己教示による潜時・違反反応時間の変化（安部, 1980 より作図）

傍証となろう（図2·30）[1]。三〜六歳を扱っているが、年齢差は検討していないので、発達的変化はわからないが、全体としては、外言化することが行動統制上まだ必要で、より有効な段階にあることを明らかにしている。

5 遅延強化耐性と文化

自己指示過程がはじめは外言で、やがて内言化されて機能することが、遅延強化耐性や外的強化に依存せずに学習を効率的にすすめてゆくことを可能にしている。そして、子どもが報酬を待つ、外的強化が遅延されても学習できることは前述したとおりである。さらにこれらに加えて、報酬なしにも行動する、長期的展望に立って将来を志向して行動することが、社会的に価値づけられていることも背景にある。遅延耐性に文化的な差がある事実、また遅延報酬選択モデルを観察することが言語化と同様、遅延を促進するうえで効果的だというデータは、それを裏付けている（トナーら[303, 304]）。

報酬の遅延耐性についていえば、ピューリタン的性格とかプロテスタントの倫理とされるものにそれはもっとも近い。目先の利益を追わず、遠い将来に約束されている（と信じている）高い目標のために、労苦をいとわず勤勉に働く。その勤労の報いはこの現世にはなく、死後の世界にあると信じる人々の間に、遅延報酬耐性のもっとも強い極があるのではないか。そうした社会、文化は、子どもに

その耐性を身につけさせるよう働きかける。また、その典型的なモデルがいる点でも、子どもに遅延報酬を経験させる機会の多さの点でも、その学習が促進される条件が整っている。また黒人の子どもは実験者が同じ黒人の場合には遅延報酬を選ぶが、白人実験者の場合には直後報酬が増えるという（ストリックランド[286]）。強化者への信頼、安心感がもう一つ重要であることを示唆している。

将来支払うという契約が守られない不実な支配者の下で長いこと労働を強いられてきたトリニダッド族の人々は、待てばもっと大きい報酬があるといわれても、それよりも少量でもいいから、すぐにその時点で確実にもらうことの方を選ぶ、という（ミッシェル[215]）。これはプロテスタントの場合とはまったく反対の文化――そこでの直接経験やモデル――に負っている。また労働や生活が単純で、時間による拘束が少なく、長期的な計画や契約などの必要でないところと、いつも時間・年齢といった時間的要因が行動を規定し、計画や活動も長期的な展望の下に運ばれるのが当り前で、また必要なところというように、時代により地域により、こうした時間や将来の要因が、その成員の行動を支配する程度や特質は異なる。

さらに、文化によってどのような行為に対する報酬が遅延されるかのちがいもあろう。こうした文化的背景は、自己指示過程といった言語的・認知的過程の有無を超えたもの、あるいはそれ以前の条件である。

表 2·34 遅延報酬耐性と時間的展望
(Klineberg, 1968)

グループ	時間的展望		
	短い	中間	長い
直後強化群	12	3	7
遅延強化群	2	13	10

表 2·33 遅延報酬耐性と時間(将来)的展望
(Mischel & Metzner, 1962)

条件	時間的展望			
	短い	中間	長い	
直後選択群	16	5	9	$\chi^2=11.72$
遅延選択群	9	20	22	$p<.01$

表 2·35 障害児と正常児の遅延報酬耐性の比較
(Farnham-Diggory, 1966)

	障害児群 ($N=24$)	正常児群 ($N=28$)
直後報酬選択	15	5
遅延報酬選択	9	19

未来への時間的展望をもつこと・もてること

遅延報酬耐性が、将来という時間的展望をもつことを前提にしていることは、発達的にも成り立つ。一般に、幼少ほど直後報酬選択が多く、長ずるに従って遅延報酬選択の増加が認められているが、それは子どもに時間的見通しができてゆくこととの関係を間接的に示す。これはもっと直接的な検討で確かめられている。

一年生から六年生までの子どもの時間展望の度合いを質問紙で測定する。「いま、皆自動車をもっているように、飛行機をもつようになるのはいつ頃になると思うか」、「いつ頃、あなたは結婚すると思うか」、「六六本のホームランを出す人が出るのはいつ頃か」といった質問への回答結果から、将来展望の長さを三段階にわけてみると、遅延群と直後群とでは分布が異なる(表2·33)[21]。遅延報酬を選ぶ子どもは長い時間展望をもつ方に、逆に直後群は短い時間展望をもつ方に偏いている。

クリンバーグも、フランスの子ども(一〇～一二歳児)について、遅延・直後報酬群の時間的展望を比較し、TAT図版二枚の絵についてつくった物語にみられる時間的展望や、いつ頃、どんな事をする(できる)ようになるかの質問への回答結果にみられる将来志向

221 第3章 能動的・自律的行動とその発達

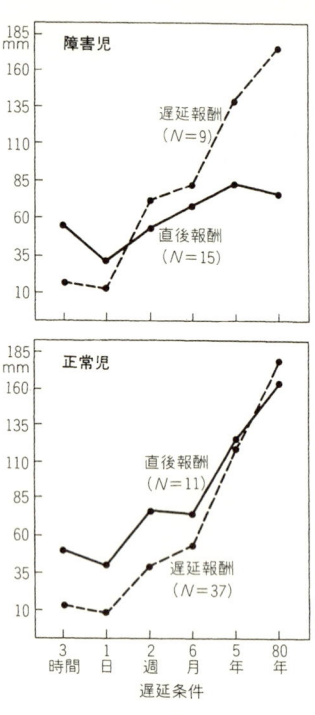

ない。ここでみられた関係は、時間的展望だけではなく、それとかかわる認知発達全般の成熟との関係を示しているともいえる。

ファーナム・ディゴリーは七〜一六歳の障害児群が正常児群（年齢、性、家庭要因などをマッチングした）に比べて直後報酬選択が多く（表2・35）、これが、未来の時間の長さ判断が的確にできないことと関係していることを見出している[67]。三時間後、一日後、二週後など、六種の未来がどのくらい先かを、線分の長さで表わす方式で評定させたところ、遅延選択者は、未来の長さ、遠さに応じた評定ができるのに、直後選択者ではこれが十分にできていないもっとも近い未来の三時間後も、六ヵ月後とほとんど差がない形で捉えられている（図2・31）。ことに、障害児では、でも、遅延できない者は遅延できる者よりも、近い未来をより遠い先のこととして捉えている。また、正常児群く直後選択児でも正常児群と障害児群とでは、未来の捉え方の難しさにややちがいがあるものの、い

図 2・31 正常児と障害児における時間的展望と遅延報酬選択との関係
(Farnham-Diggory, 1966)

性は、遅延群の方により長く強い傾向を報告している（表2・34）[159]。時間的展望は、概して年齢と相関していると考えられるから、現在の経験・生活中心の幼少時から、しだいに、未来や過去へと思考が拡がる発達途上では、このような関係がみられるのは当然かもしれ

表 2·36 過去・将来の生活満足度と遅延報酬の関連（％）（小宮山，1977）

過去	＋	＋	－	－
将来	＋	－	＋	－
直後型	30.57	23.97	32.77	12.70
遅延型	46.76	7.75	35.83	9.86

いずれも未来について客観的・合理的なイメージがもてないことにはかわりがない。だから「あとでごほうびをあげる」ということに安心できないのであろう。ちなみに、この障害児群の七五％は、"死"というものがいつか来るという予測をもっていないという（正常児の三一％に対して）。これも、彼らが未来というものの現実的展望に乏しいことを示唆している。

このような時間的展望の乏しさに加えて、他人が自分に対して配慮してくれているという信頼感や自信を欠いていることも、遅延耐性のもてないもう一つの要因のようだ。自分の性格、能力などを自己評価させたところ、"他人から好かれる"という尺度で、障害児群は正常児群ともっとも大きな差をみせている。この尺度の低さは、遅延報酬の選択の少なさと対応しており、自分のことを他の人が好いてくれるという信頼や、安心感が遅延耐性の一つの基礎であることが示唆される。

時間的展望をはじめ認知的能力の発達については、既にほぼ同等の水準にあると考えられる青年期以降では、その将来をどのくらい希望のあるものとして肯定的にみているか、とくに自分の未来について明確で明るい積極的な像をもちえているかが重要になる。過去と将来の生活についての満足度・肯定度を多面的に測定し、遅延・直後報酬のタイプを比較した小宮山は、両タイプが過去と未来への展望の仕方に差があり、将来に希望をもち、積極的・肯定的な未来の自己像をもっている者が、直後報酬よりも遅延報酬を選ぶ傾向を見出している（表 2・36）[165]。

このデータは、明るい将来志向性をもちうるには、その人の過去の生活もやはり満足したものであることが重要であることも、同時に示唆している。遅延報酬耐性に文化差があ

る、というミッシェルらの報告は、このような将来への展望、肯定的未来への志向を可能にする社会的・歴史的背景に文化による差があると考えてよいであろう[221]。アングロ系、インディアン系、メキシコ系のアメリカ人三群の現在から未来にかけての時間的展望を比較したシャノンは、アングロ系、メキシコ・アメリカ群が、他の二群に比して「現在」をより長く捉えていることを報告している[278]。この三群はいずれも同じ学校に在籍する子どもたちであり、時期、物理的な環境は変わらない。にもかかわらず、このような差があるのは、アメリカの社会における人種によっておかれている学歴、職業などの社会的状況の差――未来志向的で、未来への期待や夢をもちうるか否か――を反映するものであろう。

6 自己達成基準の設定

自己指示過程には、自分の反応の正・誤の判定、確からしさの推定が含まれていた。通常の学習実験のように反応が正か誤のいずれかが一義的に決められたり、明示されている場合には、これはそれほど難しくない。何回か試行して、正誤の基準が見当つけば、あとは外的強化を待つまでもなく自己評価を下せるようになる。しかし、反応が正か誤の二者択一的なものではなく、よしとする基準が多肢的であったり、達成の度合い（水準）によるような場合には、自己評価はもう少し複雑になる。実際の生活でわれわれが出会う課題は、単純な正か誤かのものはむしろ少なく、多肢選択的あるいは何がしかの量的水準に沿って、自分の反応を判定していることが多い。これは二者択一的課題の場合より難しく、質的に異なる多様な反応のうち、どれがよいのか、またどのくらいの水準まで達成すべ

かは、多くの場合、一応、外から示される。時には強化という形——求められる反応の形や水準に達した反応にはなんらかの賞、それからはずれたり達しないときは罰を与える、など——で示される。

しかし、こうした外的に呈示されたり、強制されたりする基準とは別に、それぞれ自分が達したいと目指す基準を各人がもつようになる。八〇点以上は優と決められていても、九〇点以上、できれば満点をとらないと満足しない子どもや親もいれば、七〇点くらいとれれば十分だと自足し、それ以上はガツガツしない子どももいる。このような人ごとの達成基準は、外的に呈示される基準や強化と完全に無関係ではなく、それが一つの目安にはなっている。しかし同じ課題状況でも、どの程度の達成基準を選んで、自分に課するかには幅広い個人差がある。どのくらい高く、きびしい基準を設定して自分に課すか、あるいは外からの要請にもかかわらず、それより低く、ゆるやかなものに目標をおくかによって、達成そのものが大きく左右される。多義的な課題に自己指示的過程が進行しているとすれば、その人がどれほどの達成をそこで果たすかは、外的強化や外的基準よりも、各人ごとの自己達成基準に則して評価し、達成努力をしていると考えられるからである。

したがって自己指示過程では、この自己達成基準の設定がキイとなる。そしてこれがどのように設定されるか、どのような要因がこの基準の獲得に働くのかが問われる。

この問題は、これまで要求水準の設定という実験で扱われてきたものにも重なるが、行動の自律性、自己統制という観点から最近改めて検討されている。

その一つは、社会的学習の枠組みから、子どもの自己達成基準の設定およびその基準にもとづく達成行動が、教示やモデルによって外から呈示される達成水準によって規定されるメカニズムを実験的

225　第3章　能動的・自律的行動とその発達

表 2·37 達成基準（20 点）以下の自己賦与基準による反応数（Liebert & Ora, 1968）

下位グループ		統制群	モデリング	直接学習
誘因	低い	7.417	0.917	0.083
	高い	12.750	3.250	2.917

　に明らかにしようとするものである。
　リーバートらは、ミニ・ボウリング・ゲームで、ピンを倒してとる得点を「5」「10」「15」「20」とかかれた光の点灯で示す装置を開発した[177]。ある子どもは、一〇～一二ドルくらいのごほうびを見せられて、点をとるほどいい賞がもらえるといって高い誘因条件におかれ、その後、二〇点とらないと賞はもらえないという達成基準で直接訓練をうけたり、モデルがその基準でゲームするのを観察した。このあと、一人にされてゲームをした時に、どの基準で点をとるか（自己賦与達成基準）をみた。表2・37は、前学習（直接学習、モデリング）で示された二〇点という基準を下回った回数である。達成基準に関する訓練をまったくうけないと、低い得点でも得点とすることが多い。これに比べると、直接強化であれモデルの観察であれ学習経験によって、達成基準の設定は大きく規定されている。この年齢（八～一〇歳）では、直接強化、代理強化、モデリングいずれの学習経験も、達成基準の設定に効果をもち、学習法による差はない。そしてこの際にも、基準設定の原則や理由を的確に言語化するほど、学習の効果があがるという[178]。

　注目されるのは、いずれの学習条件でも、得点をかせぐとあとでこんな賞品がもらえる、と高い誘因を導入されると、魅力的な賞品をみせない場合よりも、基準が低くなってしまう。これは前述の報酬の遅延耐性とも関係している。目の前に報酬があると、遅延時間が短くなり、遅延中ほかの活動をしている方がより長く待てる、というのと同じで、目の前に報酬はなく、課題として高い得点をあげることに集中するほうがよいというのである。これは、子どものたてる達成基準が、強化やモデルで

外から示される基準に規定される一方、子ども自身課題を遂行してどのくらいうまくいったか、もっと高い点を出そうとあれこれ試みることが意味があり、強化機能をもつことを物語っている。何の学習経験も与えられない統制群でも、高誘因条件よりも、課題そのものに集中できたと考えられる低誘因条件の方がずっと成績がよいことからも明らかである。課題に取り組んでいるうちに、次々とより高い得点を期待してはそれに挑戦する、こうした自発的な達成活動が、より高い達成基準をたてさせることになる。この研究は、もともと意図的に与えた学習経験の効果をみることにあったのだが、その効果と同時に、子ども自身の達成活動が果たす役割を示していて興味深い。

子どもに外部からなんらかの基準が課せられたり示されることも重要である。そこでどのくらいきびしく高い基準での直接学習なりモデルを観察したかによって、子どものたてる基準が大きく左右されるという実験結果は、これを示している。しかし、子どもが経験する学習は、必ずしも一貫したものではない。直接学習、観察学習が時には同時に、また入れ代り起こっている。またモデルの示す基準と強化される基準とは必ずしも同じではない。いや実際の生活では、これが多様で、時にくいちがうことが多い。さらにモデル内の差や、同じ人がモデルとして示す基準と子どもに課す基準とがちがう場合も少なくない。このような、多様で時に矛盾した外的基準に接する中で、子どもはある一貫した仕方で自分の達成基準を選び、決めてゆくようだ。

きびしい基準で子どもに強化した同じ大人が、他方、同じきびしさを自分にも課するのを観察した場合には、強化の基準とモデルとしての基準とが一致しない場合に比べて、子どもの達成基準の設定はきびしいものになる。また、いくらきびしい基準で強化学習をうけても、複数の大人が一貫して同

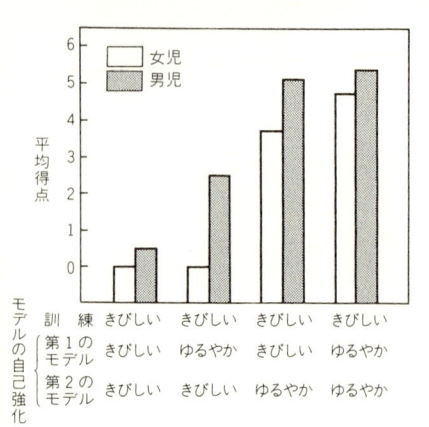

図 2·33 訓練時の自己強化基準と第1, 第2モデルの自己強化のズレと一貫性が子どもの自己強化基準設定にどう影響するか
(McMains & Liebert, 1968)

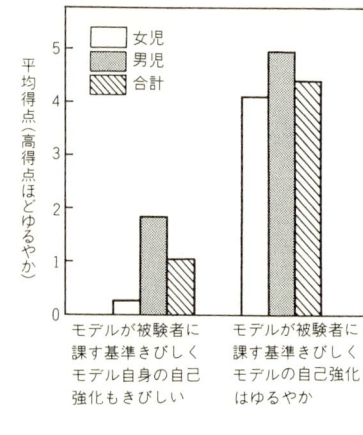

図 2·32 モデルの提示強化基準および自己強化基準のきびしさの効果
(McMains & Liebert, 1968)

じきびしさを示すモデルでないと、その訓練効果はきわめて小さいのである（図2·32, 2·33）[203]。

このように、子どもは、外的に与えられる多様な学習経験の中で選択的にそれぞれの基準をつくりあげてゆく。その過程では、前述したように子ども自身、課題に取り組む中で自分の達成を確かめながら、より高いところに目標をおいては次の試行に励む能動的な活動が重要なのである。いわれたとおりにする、人がするからやってみるということ以上に、自分がやってみてできた、もっとやってみようという活動その ものを楽しみ、達成そのものを目標にする活動は、達成動機づけ、内発的動機づけに根ざしていることは疑いない。だとすると、明示的な達成基準の強化学習やモデリングのほかに、強い達成動機づけをもっていること、これが育成されていることが前提として重要になる。

中島らは、実験に先立って測定した被験者の達成動機づけの高さが、モデルの示範する達成行動を観察して自己強化基準を設定する仕方に関係しているかを検討したところ、高い達成動機づけをもつ者は、高い基準を示すモデルを観察する

第2部 自己の行動統制機能の諸相とその発達 228

と自己強化基準を高く立てるが、達成動機づけの低い者は、同じモデルを観察しても自己強化基準はより低いところに設定するという[242, 307]。これは、自己強化基準が、たとえ外的強化で訓練されたり、モデルを観察したりすることによって形成されるとしても、当人がそもそもどれほど達成への強い意欲をもっているか、またどれだけ自分の能力に自信があるか、効力感をもっているかが基礎であることを示唆している。

幼少時の親のしつけ様式を検討したものによると、自立的行動を早くから促す要求的しつけと、子どもの成功や高い遂行への賞が、達成動機づけの高さと関係している（ウィンターボトム[323]）。もっとも、これは日本では必ずしも明確ではないし、子どもの性別や依存性と交互作用もあって、もう少し複雑なようだ（宮本[229]）。ともかく自力で試行錯誤する経験、成功や高い達成が親から認められ報酬を与えられるという幼少時からの経験が、高い達成基準をもたせ、達成活動を活発にさせる背景であろう。これに関連して、よくできたことへの賞とできなかったことへの罰の相対的効果が問われる。ウィンターボトムらの結果は、成功への報酬が有効なことを示すものであった[323]。正・誤ともに含むような子どもの反応に対して、誤りの面をまず正しくできた面をうけ入れ、認めてやるフィードバックが、子どもの達成と正相関をもつというデータ（東ら[10]）も、子どもの成功を認めるフィードバックの重要性を指摘している。

自己評価から自己強化へ

自分の達成の基準に照らして自分の反応を評価することから、さらにすすんで、通常は外から（実

験者から、日常的には親や社会から）与えられる強化を自分で執行することにもなる。成功や基準を達成したことに対して、必ずしも他人からの承認や報酬がなくともよい。逆に失敗や基準にはずれた時、人からとがめられたり罰をうけたりするより先に、自らそれを責め、なんらかの罰を自分に課す。このような営みは日常的にも経験するところだが、これは行動の自律性の一つの面である。

だいたい、成功といい、達成努力といい、客観的に決まった固定的なものではない。外的基準を一つの拠り所にしながら、各人の達成基準はそもそも当人にとって（のみ）意味をもつものなのだから、外的強化は必ずしも成功や達成の基準はそもそも当人にとってつくりあげてゆくものである。このように自分の達成基その人にとって十分であり、またむしろそれが有効である場合が少なくない。このように自己の達成基とすることで十分であり、またむしろそれが有効である場合が少なくない。このように自己の達成基準の設定は、自動的に強化の自律性につながる。

オペラント学習実験の枠組みで、被験者（学習者）自身による強化を成立させ、その機能が検討されている。最初は、マーストンらが実験者や装置から支給される正負の強化を被験者に代らせて執行させる手続きで、成人の言語学習で通常の外的強化とほぼ同様の学習が維持されることを見出したことに始まる[135]。その後、この自己強化（self-reinforcement）は、社会的学習の一環である自律的学習として位置づけられ、さらに人間の行動全般の特質を自己統制として捉えようとする人々（バンデュラ[14、15、16]、カンファー[137]、トールセンら[229]、マホーニー[192]、春木[95、96]など）、また自己強化の手法の臨床的適用（クラスナー[167]、ゴルドフリード[82]など）に広く展開している。

自己統制システムのモデル

カンファー[137]、バンデュラ[14、15、16]は、それぞれ自己強化に関する一連の研究を概観し、人間の行動・学習過程における自己 (self) の機能に関するモデルを提出している。用語や細部の説明には多少の相違はあるものの、基本的構想はほぼ等しい。

人は行動する際、まず課題に対する自分の達成についての評価基準をたてる。これには、外的に要求されている達成基準のほか、自分の過去経験、達成動機づけなどが関与し、それらを照合して自己評価基準がつくられる。ついで自分の遂行についてこの自己 (遂行) 評価基準と比較判断して評価を下す。そして、この判断にもとづく正負の強化を自ら執行する (自己強化)。カンファーは self-monitoring, self-evaluation, self-reinforcement の下位過程から成る自己調節 (self-regulation) のシステムとし、バンデュラも、ほぼ同様の過程を自己制御 (self-control) のシステムとしている。

この自己調節、自己統制のモデルは、少なくとも課題状況や自己の能力について現実的な判断をし将来を予想する認知的能力がある程度具わるようになった段階以降は、人間の行動にほとんど自動的に生じている過程をいいえている。これは、外的刺激と顕在的反応とが直結せず、その中間に認知的媒介過程を想定し、これによって刺激規定的ではないより高次の行動と多様な反応の可能性を説明する点では媒介説とも通ずる。ここでは、強化が人間において効果をもつのは、その強化の客観的性質によるのではなく、強化の効果を左右しているかーーとくに強化が自己の反応とどう対応しているかーーという随伴性の認識が、強化をどのようなものと認知するかーーという随伴性の認識が、強化の効果を左右している、そしてこれには学習者の原因帰属も関与している、といった人間における強化機能の特殊性が強調されている。

この十数年来、自己強化に関する実験的研究はおびただしい数に上るが、人間行動の自己統制システムの特質は、必ずしも十分には描きつくされてはいない。一つには、実験パラダイムの限界もあるし、また基本的には、"自己統制としての"自己強化とはちがって、あまりにも人工的、したがってもはや"自己統制"ではないものを扱っているといえなくもないからである。これは何も自己強化の研究に限らず、社会的学習の実験的アプローチ全般に通ずる問題点であり、限界であろう。

7 自己強化の形成と機能

そのような限界にもかかわらず、自己強化実験は、自己評価基準がどう形成されどんな機能をもつか、またどう発達するかについて参考になる。

自己強化を形成させる手続きは、二つに大別できる。一つは外的強化による直接学習によるもの（カンファーら[139]）、もう一つはモデリングによるものである。前者は、最初の訓練期で特定の無意味綴りと色光との対連合課題を強化を与えて学習させ、ある水準に達したところで自己強化をするよう教示して、その後の学習成績を、ひきつづき外的強化で学習する群や無強化になる統制群と比較する、というものである。

前訓練期の強化スケジュール、自己強化期に移行させる時の学習到達度などの要因や学習内容——知的課題から運動反応——、さらに被験者の年齢などが検討される。一方、異なるモデリングの手続きでは、モデルの示す強化基準のきびしさ、モデルとの関係等が変数とされる。このようなさまざまな実験条件を組合せた研究から、これまでに自己強化の機能として、反応維持、消去抵抗の増大、新しい反応の形成の三つが挙げられている。つぎに三つの機能について説明してみよう。

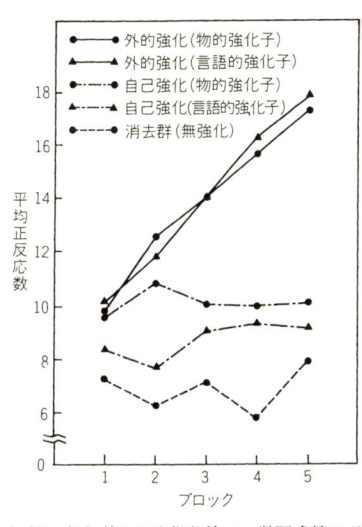

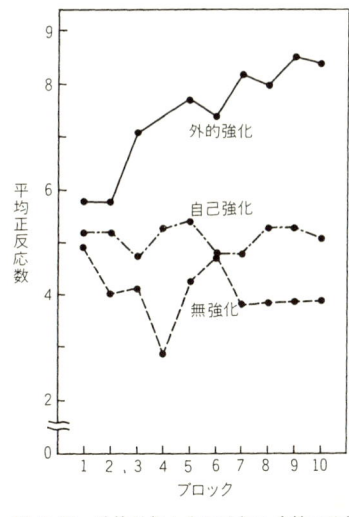

図 2・35 さまざまな強化条件での学習成績の比較 (春木・大山, 1976)

図 2・34 外的強化と自己強化の成績の比較 (Marston & Kanfer, 1963)

反応維持機能をもつ自己強化

強化学習の手続きで、ある程度学習が成立したあと、自分の反応が正しいと判断したら報酬も自分でとるように自己強化に切り換えられた群は、ひきつづき外的強化の群が正反応を増し、無強化(消去)群では正反応が急激に減少するのに対し、その中間で、訓練で到達した正反応レベルを維持している(図2・34)[195]。春木らでは、外的強化では強化子による差はまったくないが、自己強化では物的強化の方が言語的強化よりも成績がよい傾向がある(図2・35)[97]。このような自己強化の反応維持機能は子どもでもみられている。ただ後にみるように、持続性が子どもでは欠けるきらいがある。

自己強化の効力は、あらかじめ外的強化で訓練せずいきなり自己強化で課題をするよう促すだけでも、自己強化した反応を反復的に多発する形として現われる。モンゴメリーらは、五種の光を三つのボタンの中から選んで押しつづける、という課題で、自分の反応(光—ボタンの組合せ)が正しいと思ったら、手元のレバーをひいて報酬をとれと

233 第3章 能動的・自律的行動とその発達

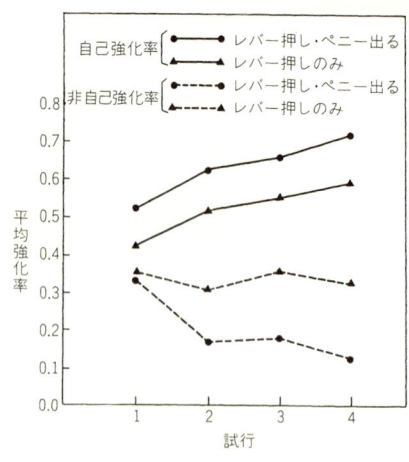

自己強化は消去抵抗を大きくする

図 2・36 自己強化率(一致反応に対して自己強化を行なった比率)と非自己強化率の推移
(Montogomery & Parton, 1970)

いう教示を与えた[235]。どれが正しいと実験者が教えたり示範したりせずに、強化基準も自分で設定させたのである。前回に自己強化した反応(よいと判断してレバーをひいた反応)を反復する頻度は、そうでない反応より多発し、しかもブロックの進行に伴って増加の傾向をみせている(図2・36)。レバーをひいて実際にコインが出てくる群の方がその傾向は著しいが、ただレバーをひくということだけでも、その反応が多発し、また漸増する傾向は変わらない。ただこの場合は、自己強化しなかった反応がブロックが進行してもほとんど減少してゆかない。

この実験条件は、どの反応が正しいか誤りかは学習者の才覚に任せられている。このような状況は日常それほど稀ではない。さきのマーストンらの場合のように、外から定められた基準であらかじめかなり十分な訓練をうけたあとの自己強化に比べると、自分が裁量する(しなければならない)範囲はずっと大きい。その点からみて前者のタイプの自己強化は、たかだか外的強化の継承にすぎないともいえるのに比べて、モンゴメリーらの実験での自己強化は、より自己統制的といえよう。ただこれも、やはり実験者からの教示に促されて始まる点では、人為的であるという限界をもっている。

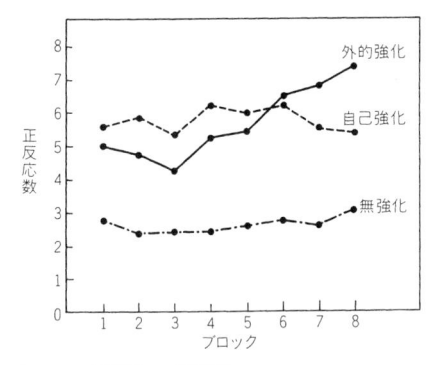

図 2·37 学習期の正反応数
(Marston & Cohen, 1966)

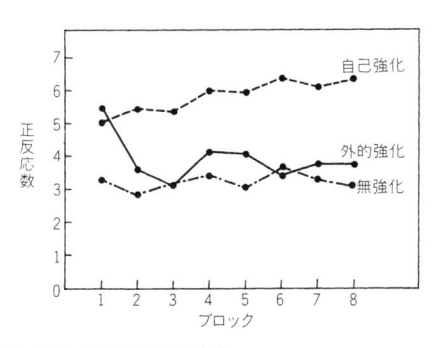

図 2·38 消去期の正反応数
(Marston & Cohen, 1966)

ある水準まで達した反応は自己強化によって維持されるが、さらに自己強化によって学習した反応は、消去期にもより多く生起し、消去抵抗は、外的強化による学習よりも概して強く、持続的であるという。

図形合せや無意味法学習課題で、まず外的強化による学習後、外的強化、自己強化、無強化の三群にわけて一定の試行を行なった後、消去期に入る、という手続きで検討したところ、正反応の消長は、図2・37、2・38のようであったという[196]。学習期の成績は、外的強化群と有意差のないレベルを保っているうえ、消去期には、他二群より有意に高い水準で維持されつづけ、消去抵抗の大きさを示している。

このような自己強化の消去抵抗は、発達的にみると、低年齢では概して認め難い。六歳から八歳について検討した石橋によると、前段階で高率の外的強化学習を行なった場合とか、外的強化に社会的強化も加えて訓練した場合には、消去抵抗がやや大きくなり、反応の維持機能が増す傾向をみせるにとどまっている[122]。子どもの自

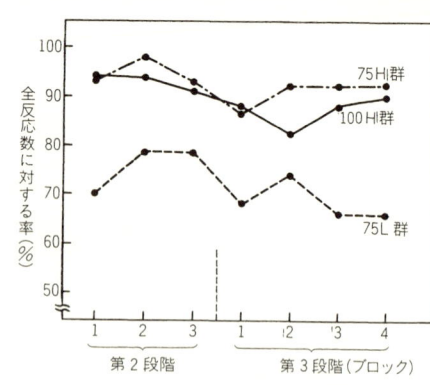

図 2·39 強化率および学習達成度別正反応率
（柏木，1972 a）

己強化の効果を左右するのは、最初の学習段階での強化率と、どの程度の学習水準まで達した後、自己強化に移ったかである。ともに安定した正反応の維持を示している図2・39の一〇〇H群と七五H群とは、前学習段階での強化率は一〇〇％と七五％と異なるが、いずれも一〇分の九正反応という高い学習基準まで達した後、第二段階での自己強化に入っている[14]。この二群に比べて反応がずっと少なくかつブロックに伴い漸減する七五L群は、強化率は七五％であるほか、一〇分の七と低い学習レベルで自己強化に入っている。この学習条件が、幼児が強化の基準をひきついで自律的に課題をすすめてゆくのには不十分なのである。石橋の実験は、たんにおはじきのような物的強化だけよりも、「よくできました。ここまでできるのはとってもよい子です」という社会的強化を加えることが、自己強化の機能を高めるうえで効果的であることを明らかにしたが、このことは、自己強化機能の養成や、実際上の応用にあたっては考慮されるべき点であろう。

自己強化が高い反応維持機能と消去抵抗をもつことを、子どもの問題行動の変容・改善に適用して成功した報告も既にいくつかある。たとえばジョンソンは、学校で注意散漫な幼児に対して、課題解決を注意深くすることをまず外的強化で訓練した後、自己強化に移行させた群が、ひきつづき外的強化を受ける群と等しい学習成績をあげ、さらに消去期にはそれを上回る消去抵抗を示すことを報告している[13]。

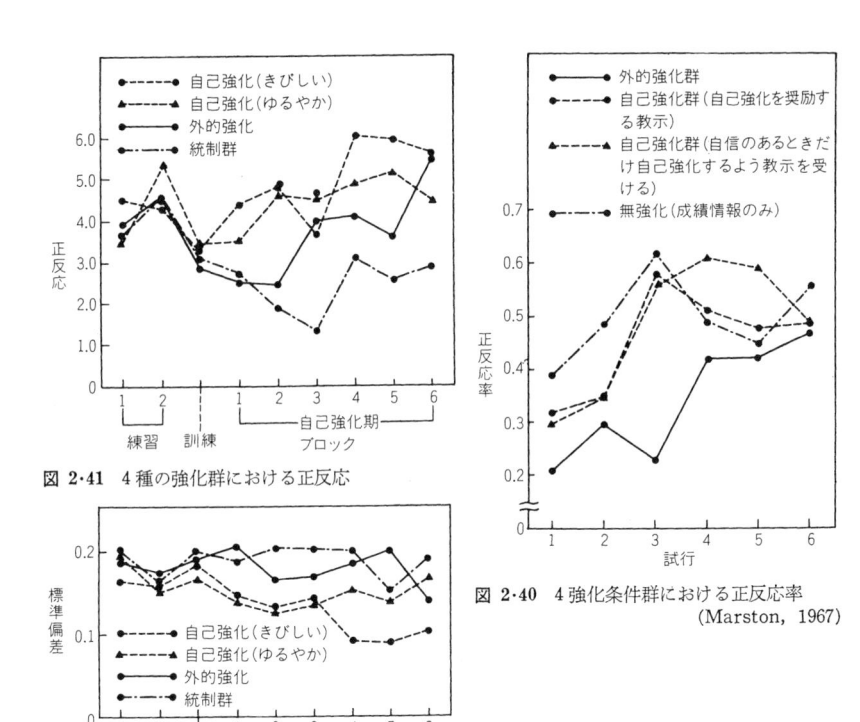

図 2・41 4種の強化群における正反応

図 2・40 4強化条件群における正反応率
(Marston, 1967)

図 2・42 4種の強化群における反応の標準偏差
(上図とも佐々木・福島, 1979)

自己強化は新しい反応も形成させる

自己強化は、既に習得した反応の維持や消去抵抗以上に、新しい反応を習得するという強化の中心的機能をもつことも明らかにされている。

マーストンは、目かくしをして的あてのゲームをする被験者に、(1)成績(標的のどの辺にあたったか)の情報だけを与える群、(2)成績情報を教えたうえ強化を与える外的強化群、(3)自分で成績の評価(予想)をさせ、当りと判断すれば自分で報酬をとらせるよう奨励する群、(4)自己強化後、成績の情報を与える群、の四条件で学習させた。外的強化群の成績が学習の初期段階ではもっとも劣り、情報だけ与えられた群と自己強化群と

237 第3章 能動的・自律的行動とその発達

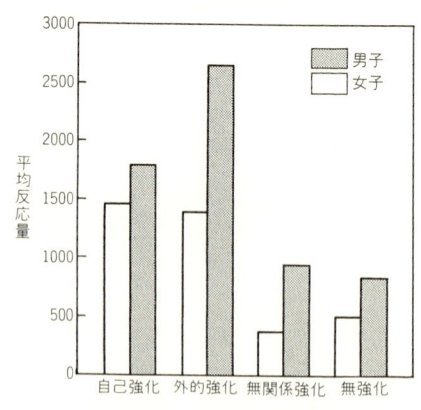

図 2・43 強化の種類および性別の反応量のちがい
(Bandura & Perloff, 1967)

で外的強化群よりも正反応の増加が認められている（図2・40）[194]。

佐々木らは、群間の条件統制をいっそう厳密にして、外的強化に対する自己評価―自己強化条件の成績の優位を確認している[271]。自己強化群は、正反応の増加も著しく（図2・41）うえ、他条件よりも早くかつ著しく（図2・42）、反応が特定の価（正反応近辺）に収斂してゆく。いずれも成人についてのものだが、自己評価―自己強化の手続きが、無強化条件はもちろんのこと、外的強化を上回る効果を一致して示している。

同様の自己強化の効果は、幼児に単純な運動反応を形成させる場合にも認められている（図2・43）。七～一〇歳児に重い車輪を回するという課題を、自分で決めた基準にあわせた強化を与える群と同じ基準にあわせた強化を与える）と統制群二群（まったく無強化と、強化群と同量の強化子を反応と無関係にあらかじめ与える）を比較した結果である[18]。ここで性差があるのは、重い車輪回転という課題のために、どの群でも男児の反応量が大きいことが一因であろう。性差はぬきにしてみると、自己強化と外的強化とはほとんど差がなく統制群より有意に高い成績をあげている。また、統制群のうち、強化群がうけたのと同じ強化子をうけとっても、無強化の統制群とまったく差がなく低いことは、ただ報酬が与えられることだけでは無意味で、特定の反応との結びつきがあることが重要なことを示している。

表2·38 自己評価,強化群における学習成績(学習完成者および得点)　(石田,1981)

グループ(N)	正答数	学習完成者率(%)
自己評価＋強化 (28)	14.18 (2.17)	53.57
自己評価 (20)	14.40 (2.46)	60.00
統制群 (27)	13.70 (2.85)	40.74

( )内は標準偏差.

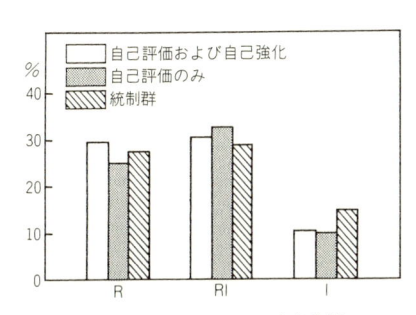

図2·44　強化条件ごとの誤りの内容分析
(石田,1981)
R:2関連次元についての誤り,RI:1関連次元と1無関連次元の誤り,I:2無関連次元についての誤り.

強化は、報酬の大きさといったそれ自身の客観的属性によって効果をもつのではなく、自分のした反応との関係が理解され認知されたときに、はじめて効果をもつ。このことは、どのような反応が強化に価するかさえ十分認知されていれば、必ずしも実際に強化を受けるか否かは、それほど重要ではなくなると予想される。石田の実験はこれを裏付けている[124]。概念学習課題で、児童に自分の反応の確かさを評価させるだけの群と、自己評価にひきつづいて強化も行なう群は等しい高い学習成績をあげている(表2·38)。

自己評価・強化ともに行なわせない統制群の成績は、正答数や正答者率では実験群よりやや劣るものの有意差はない(図2·44)が、誤答の内容分析によると、正事例をまったく含まない低次の誤りが他群より多く、課題をまったく学習していない者がより多くいることが示されている。また、自分の反応の正しさ(確からしさ)を、"まちがっている"(1点)から"あっている"(5点)の五段階で評定させたところ、自己評定は試行を重ねるごとに高くなり、また得点との相関も高くなってゆく。このことは、どの反応が正しいかの認識と自分の反応への確信が大きくなることが、学習をすすめる中心的な役割をになっていることを示唆してい

る。

自己強化機能の個人差

自己強化が、既得の反応の維持にとどまらず新反応の獲得・形成にも外的強化に匹敵する効力をもつことは、問題行動や学力などの改善に自己強化を適用した臨床的研究ではかなりはっきり認められている。これに比べ実験的研究によるこの実証は、マーストンらや佐々木らなど少数だし、否定的結果を出しているものもある。

春木らは、全体的にみると反応増加は認め難いものの、個別的にみると、自己強化を多発し、特定の反応頻度を高めている被験者(このタイプは全被験者の五四・八%にあたるという)と、自己強化の働きが低くしか起こらない者とがあることを分析している。同一の課題場面で、同じ教示をうけながら、このように生じる個人差は何によるのだろうか。

さきのバンデュラの実験で、性差があり、女児では自己強化と外的強化の成績は等しいのに、男児では外的強化の方が優れていた(図2・43)[18]。これは、課題の性質も考えられるが、男児の方が外的強化への依存度が大きい、換言すれば女児の方が自己制御の機能が発達していることを示唆するとも考えられる。違反や逸脱行動、さらに非行などは、男子の方が多いことは司法統計が一致して示すところだが、これを社会的行動の自己制御が女子よりも弱いとよみかえると、この性差はあの課題固有の結果ではなく、一般的な傾向を示したともみられる。

それにしても、何故、ある者では、自己強化の機能が強くあらわれるのだろうか。根建らは各種の

性格検査で、この個人差と結びつく要因を探り、不安の高さ、確信度の低さが自己強化の生起と関係していると報告している[244]。この男子大学生についての結果を一般化するのは早計であり、発達途上の子どもではもっと多様な要因が関与しているだろう。ここでとりあげている"反応についての確信度"は、自己評価にほかならない。自己評価は、それだけで自己強化と等しい効果をもつというさきの石田の報告にあるとおり、自己強化とは別個なものではなく、むしろ表裏一体のものであろう。

行動の自己統制機能を、このような自己強化として実験的に検討することには、限界と問題点も少なくない。とくに、そもそも行動の自己統制というものは、自発的・能動的に生じるところに本来の意味があるものなのに、教示によって自己評価―自己強化を促すという手続きをとるという点である。モデル提示の場合も恣意的・人工的であったりよったりである。

子どもに行動の自己統制が身につくには、それを促す直接教示やモデル観察等の経験が重要であることは確かであろう。しかしそれは、直前の経験であるとは限らない。自己強化が指示されてそう行動したとしたら、それは既に他律的で、自己統制の性格を半ば失ってしまう。子どもは特別な指示をうけなくても、まったく自発的に自己評価し強化して行動することも稀ではない。自己強化の実験で、何の教示も強化も与えられない統制群の成績が、実験群のそれとあまりちがわない場合がある。五歳児と八歳児に二種の自己強化群（言語的強化と物的強化）と統制群を設けて比較したところ、統制群の反応は両実験群より概して少ないものの、年長の八歳児は五歳児よりも多く、八歳ではあるブロックでは自己強化を行なった実験群の一方の成績と大差がない（図2・45）[111]。統制群の子どもは、

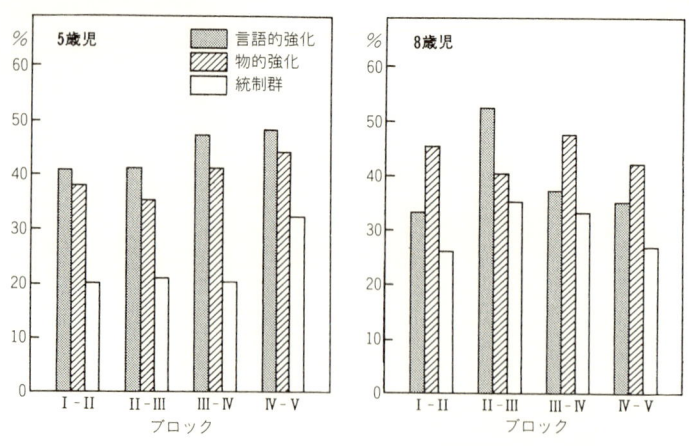

図 2·45 連続2ブロックにわたって同じ刺激カードを選択したものの比率
(平川, 1977)

　四枚の図形のうち一枚を選ぶという自由度の大きい実験課題に、ただあてずっぽうにランダムに反応してはおらず、実験者から自己強化をとくに指示されなくとも、自分の反応を確認しながら次の自分の反応を決めていったにちがいない。そうした自己の反応評価過程が実験群と同様の同一反応の連続選択をこれほど多くさせているのであろう。自己強化を指示された実験群中、実際に自己強化をした率は、年少の五歳児の方がやや高い(表2・39)[124]ものの、前述の統制群の八歳児の成績を考えると、年長になるほど教示によらずに自己強化が自発している可能性と、それが反応を規定する機能がより大きくなってゆく発達的変化を示唆している。

　このように自己強化の実験的研究の問題点やその効果の限界はほかでも指摘される。ドリンジャーらは、物的強化、言語強化、自己強化、強化なし(統制群)の五条件で迷路学習をさせ、どれほど難しい課題を選ぶかという仕方で、学習条件が内発的動機づけにどう影響するかを検討している[55]。物的強化とならんで自己強化の成績は低く、言語、象徴的強化はこれらをはるかに上回っている(図2・46)。自己強化が内発的動機づけを低めたことには、いくつかの理由が

表 2·39 2種の強化条件における子どもの自己強化率の比較 (石田, 1981)

グループ	5歳児 平均	5歳児 標準偏差	8歳児 平均	8歳児 標準偏差
言語的自己強化	9.15	1.65	8.33	1.74
物的自己強化	9.21	1.28	7.13	2.37

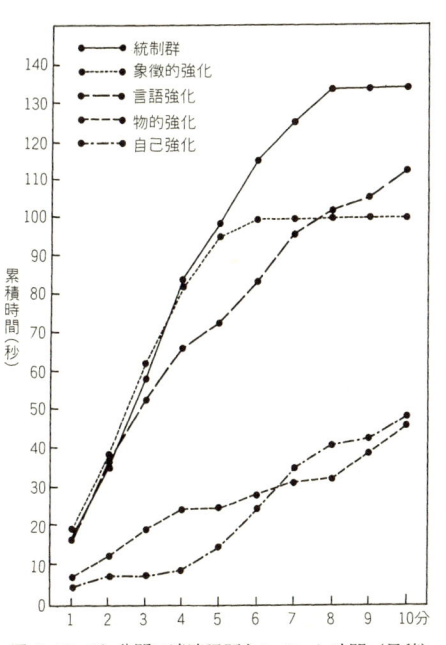

図 2·46 10分間に迷路課題をしていた時間（累積）の強化条件比較 (Dollinger & Thelen, 1978)

考えられる。一つは、自己強化を自発的にではなく外的に（実験者から）求められてする、既に自己強化ではなくなっている、という自己強化実験手続きそのものの問題である。さらに、強化子が物的賞であるため、"自分で強化する"という面以上に、物的強化である面の方が強く働いてしまったのではないか。物的（外的）強化と同じ成績に落ちていることから、その可能性も十分考えられる。

これらの点については自己強化を導入する実験の手続き上の工夫が必要だし、また、これ（就学前後）より年長のレベルでは、同じ強化条件がどのようになるかの検討も必要であろう。また、前述したような多くの実験で検証されている自己強化の成績は示されていないが、その点で各強化条件はどうであったのだろうか。それが内発的動機づけを高めることにならなかったとすれば、自己強化導入手続きの限界を示すものとして意味深い。

もう一つ、興味深いのは、何の強化もうけなかった統制群があらゆる強化条件群を上回る高い内発的動機づけを示したことである。だれからも、どんな強化もうけず、また自分でも強化子

243 第3章 能動的・自律的行動とその発達

をとらずに、まったく自由に自発的に課題に取り組む経験の中で、さらに難しい課題を志向する内発的動機づけが強くなったというのである。この結果は、外から何の強制もなく、報酬にもとらわれずに行動する時に、自分の興味に応じて自由に探索し、自分の力が発揮される。そして自分にはどのくらいのことができるかの自己評価、達成基準がむしろ明確にできたということであろう。外的に強制された自己（物的）強化以上に、自分の成績を評価しながら試行をすすめるという、実質的な自己評価、強化の過程が、この統制群の方にむしろ存在していたのではないだろうか。

実験的に検証された自己強化の機能や効果を、具体的な教育や臨床の現場に適用する試みが最近とみに増えている。正の自己強化が、学業成績や問題行動の改善のために教師からの外的強化に劣らない効果をあげるという報告が少なくない。それらの中で注目されるのは、自己強化群の子どもたちが、どのくらいの成績に対して自己強化をするかの基準を、だんだんに高く（きびしく）してゆく傾向があったことである。同様なことは前述のバンデュラらの運動反応の自己強化実験でも観察されていた。

被験児には、自己強化期に入るにあたって、各自、任意の強化基準を選ばせ、その基準でしばらく試行したのち、強化基準を変更するチャンスが与えられた。この際、前よりもきびしい高い基準に変えた者が少なからずいた。この子どもたちは、外からの強制によらず、まったく自発的に、報酬の得にくい、より難しい基準を自分に課したのである。このことは、報酬を得ることが第一の目標ではなく、より高い達成を遂げること自体に子どもは関心をもち、満足を見出していることを物語っている。自己強化基準の高さ（きびしさ）は、質問紙で測定した被験児の達成動機づけの強さと有意に正相関している、という福島の報告もこれを裏付けている[75]。

これらをみると、自己強化で行動することが、最初は実験者や教師から教示され指示されて始まったとしても、それを十分に機能させるのは、結局、自分の達成目標を果たす、しかもより高い達成へとすすめてゆこうとする内発的な達成動機づけにほかならないことがわかる。そこでは、実際に強化を得ることは副次的なこととなり、自分の行為を評価し、次の行為の目標をたてる内潜的な認知過程が中心となる。

バンデュラらの被験児の中で、途中で自己強化基準をきびしくした者のほかに、前よりもむしろ甘くした者、また前のまま変えなかった者もいた。このような自己強化基準設定の個人差、ことにそのきびしさには性差もあり、概して女児によりきびしい基準に変えてゆく者が多い。これは、最初に立てた基準のきびしさとも関連してはいるが、図2・43の実験で女児の方が自己強化学習が外的強化学習に優る成績をあげていたこととも無縁ではないであろう。道徳性の発達や逸脱行動の生起について性差が指摘されてきていることとも考えあわせて、学習法の発達、性役割の習得、達成動機づけなど、諸文脈にかかわる問題を投げかけている。

8 強制から自制へ（他罰から自罰へ）——罰の自己強化機能——

前述のように、他者から受ける罰の効果は、子どもでは多義的であり、罰の強さやタイミングなど客観的物理的条件の一義的規定性は小さい。これは、外罰に代る機能が子ども自身の中に生じたこと（罰の内在化）を示すが、この機能を実験的に形成できるかどうかの検討がある。

〝自己強化〟の研究が、多くは正の強化を扱っている中で、反応が正しいと判断したら正の強化を

するのと合わせて、まちがいだと判断した時に負の自己強化をさせる手続きで、負の自己強化が外的罰と同様の機能をもつか否かが少しずつ検討されてきている。

それをみると、正の強化と同様、直接強化やモデル提示により、負の自己強化を形成することが可能である。しかし、正の自己強化の場合のように、前訓練の条件、たとえば強化スケジュールのあり方に対応して自己強化が生じるということにはならず、やや複雑で難しいようだ。同じ課題条件で正負の自己強化を訓練した場合、負の自己強化は、正の自己強化に比べて生起頻度も低いうえ、持続性も乏しく、試行を重ねるに従って減少傾向を辿る（図2・47）[138]。

また、負の自己強化を形成できても、期待する制止機能を発揮することは、正の自己強化の場合よりもずっと低いという。塩田が三種の弁別課題を、正負両方あるいは一方の自己強化をさせる方法で学習させ、自己強化なしの群と比較したところ、正の自己強化は課題が難しくなるほど（ⅠからⅢへと難しくなる）多発され、しかも正の自己強化をした反応をその後も選択するという強化効果も認められたのと対照的に、負の自己強化の生起はずっと少ない[280]。そして負の自己強化を行なった反応をその後制止するケースは少なく、負の強化効果は認められない（図2・48）。このデータからは、意

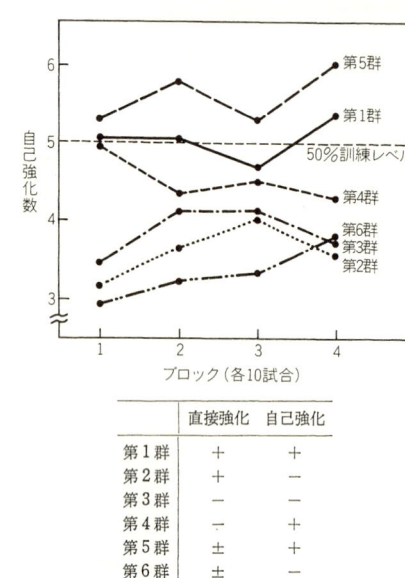

図 2・47 自己強化数の推移
(Kanfer & Duerfeldt, 1968)

	直接強化	自己強化
第1群	＋	＋
第2群	＋	－
第3群	－	－
第4群	－	＋
第5群	±	＋
第6群	±	－

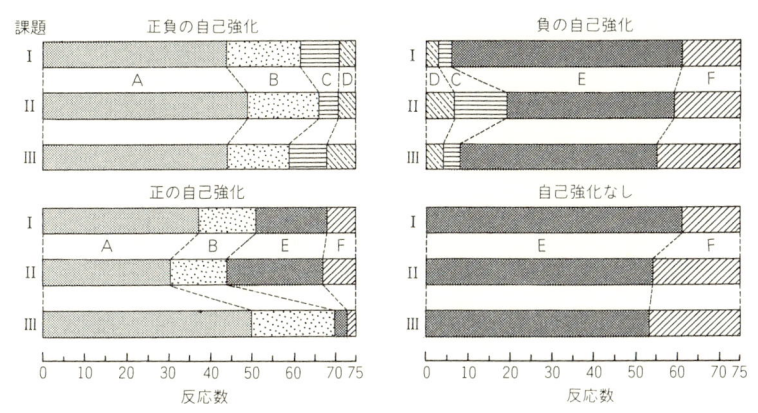

図 2·48 自己強化条件による3種の課題における反応分布　　　　　　　　　（塩田, 1978）

自己強化群における反応型に関する分析——同一項目に対する n 試行目と $n+1$ 試行目の反応を1つの単位とし, $n+1$ 試行目の反応を, n 試行目の反応と同一の場合は M_+ 反応, 異なる場合は M_- 反応とする. さらに, この先行する n 試行での反応に対して, ①正の自己強化がなされている場合を SR_+, ②負の自己強化がなされている場合を SR_-, ③自己強化がなされていない場合を N 反応とし, この3分類と先の反応の同一性に関する分類とを組合せ, 全反応 (75反応) を最大6つの反応型 (図中の A：SR_+M_+, B：SR_+M_-, C：SR_-M_+, D：SR_-M_-, E：NM_+, F：NM_- 反応) に分類する.

図的な訓練・教示によって負の自己強化を形成することは, 正の強化の場合よりも難しい, またそれに強化機能を期待することも, より難しいことが推定される.

既にみたように, 運動反応は開始することよりも, 制止することの方が難しい. また, 言語が行動を統制する場合も, 「押すな」がかえって押す反応を惹起してしまい, やはり制止はより難しかった. 自己強化も正の強化の方が成立しやすく, また反応増加の強化機能も強いということは, こうした子どもにおける制止の難しさ一般につながることなのかもしれない.

負の自己強化は, 子どもにおいてばかりではなく, 大人でも, 正の自己強化ほど明快な形では成立しない. カンファーらの大学生の被験者も, 正の自己強化の方を, 負の自己強化よりも高頻度で, しかも安定して示しつづけていた. また, 訓練期の強化スケジュール条件と自己強化の起こり方は, 正の場合には一致・対応しているが, 負の自己強化の場合は訓練条件によって規定されるところも小さいという[138]. また, 自分の

247　第3章　能動的・自律的行動とその発達

反応についての言語的自己評価は、実際の自己処罰的反応である負の自己強化に必ずしもつながらず、この点でも正の自己強化に比べてその成立は複雑とも困難ともみえる。

質問紙法によって内罰傾向を測定し、それと実験場面での自己処罰反応（負の自己強化）との関係を検討したマーストンらも、両測度は正相関せず、内罰傾向得点の高い者と反対に低い者とがともに負の自己強化を多発すると報告している[196]。また、同一被験者における正・負の自己強化の起こり方には一貫性が認め難いという。そうだとすると、正の自己強化と負の自己強化をすることは、相互に関係のない別個なことで、たとえば自己統制機能の強さ一般というように概括的に論ずることはできないことになる。負の自己強化についての分析的検討は十分ではなく、一般化した結論はまだ出せない。

負の自己強化についての実験的検討が少なく、その結果も必ずしも明快ではない一方で、負の自己強化、自己処罰の臨床的適用も試みられており、肥満や喫煙などの改善に成功したという報告もある。自己処罰には、望ましくない行為をした時になんらかの罰を加える場合（負の自己処罰）と、望ましくない行為をしたら正の強化子を自分から放棄する――たとえば喫煙一本につき一〇〇円出す――（正の自己処罰）とがある。正の自己処罰の方が効果があるとか、自己処罰に加えて、自己報酬も併用する、つまり正・負の自己強化両方を使わせるといっそう効果的だ、といった報告もある。しかし、正・負の自己強化いずれが効果的かは、結論し難いようだ。その点は、子どもの行動統制機能の発達・形成という観点からも興味深い。なすべき行為を積極的・自律的にしてゆくことと、すべきでない行為を自ら制止してゆくことのど

ちらが難しいことなのか。既にみた運動反応や言語の機能の場合や、学習一般での正負の強化の相対的効果などもあわせて考えねばならない。また、正・負の自己処罰は制止効果に差があるという成人の臨床結果は、発達的にもやはりそうなのかどうか疑問になる。そもそも罰を自ら科する負の自己処罰の方が、正の強化子を我慢したり放棄するよりも、子どもでは起こりにくいのではないかとも考えられる。いずれも、行動の自律性、制止の発達にかかわる問題であるが、今のところこれに正面から答えうる研究はみあたらない。ただ子どもの問題行動の減少、矯正に、正の自己処罰の方式を適用して成功したという報告は少なくない。

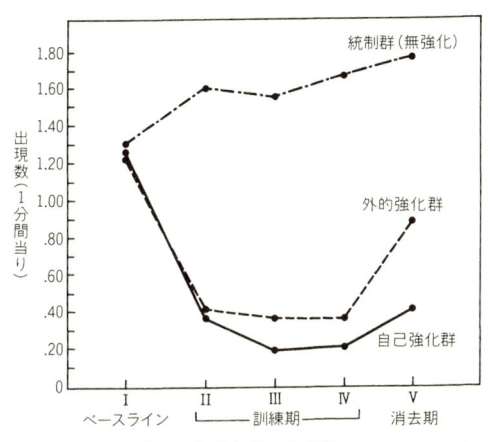

図 2·49　1分間当りの粗暴行動の出現数
(Bolstad & Johnson, 1972)

　ボルスタッドらが粗暴行動を外的強化と自己強化で矯正訓練した結果は、何の処置もしない統制群と比べて、両実験群は問題行動の減少が著しい（図2・49）[32]。どちらかといえば自己強化群の方が訓練期間の成績がよく、さらに消去期に入ると、外的強化群は自己強化群に比べて再び問題行動が増加する傾向が目立つ。教示によって外発的に促されたとはいえ、いったん自己強化が成立すると、自律性を獲得して、行動統制機能を発揮するようになったことを示唆している。
　子どもは直接学習や観察学習によって自己強化を身につけてゆく、という前述の諸研究を考えると、親が子どもの違反行為や逸脱にどんな仕方で対処しているかが関係していると予想される。

249　第3章　能動的・自律的行動とその発達

叱責、体罰といった、言語的であれ物的であれなんらかの負の強化子を与える仕方と、おやつを抜かす、テレビをみせない、かわいがってあげないという、正の強化子を取り除く方式、そのどちらをより多く親がとっているかと、子どもの自己処罰の起こり方とが対応している可能性である。

親のしつけ法が子どもに及ぼす影響を扱った膨大な研究の中で、この問いに関連するものとしては、いわゆる愛情剥奪式の罰が、子の道徳性の発達の先行条件とみなしうるとする研究例である。道徳性の発達を非行つまり反社会的行為の制止可能という形で捉え、非行児群の親と一般児群の親のしつけ法を比較したグリュック夫妻は、体罰ではなく愛情剥奪的しつけが非行児群の親には少ないことを報告している[81]。また、アメリカの中流家庭のしつけと子どもの発達の諸側面との関係を、網羅的に調べたシアーズらの古典的研究でも、愛情を操作するしつけ法の有効性と、暖かい親子関係の中での体罰の意味とが示唆されている[215]。

自己制御、負の自己強化の形成・発達については、実験室的あるいは臨床的研究もまだ十分でなく、分析的検討が必要であるが、他方、このような日常のしつけや親子関係について、学習という文脈からの考察・検討がもっと必要だと思う。

9　向社会的行動 ── 快楽原理によらぬ積極的・能動的行動 ──

外的報酬を期待することなしに、しかも時に身の危険や利害にかかわる犠牲を払うことを伴いながらも、他人や他の集団のために行動する人々がいる。利他心、思いやり、愛他的行動、寄付行動、援助行動などは、第2部第1章4に分類した快楽原理（表2・2参照）によらぬ行動の最たるものであ

表 2·40　愛他的次元における各文化の子どもたちの中央値（サンプル全体を通じて標準化された各子どもの比率スコアに基づく）
（ホワイティングとホワイティング，1978）

カラプール	オーチャドタウン	タイラ	タロン	フストラウアカ	ニヤンソンゴ
−1.04	−0.75	−0.24	+0.48	+0.54	+1.14
依存的-支配的					養育的-責任的

　り、この第3章が扱っている能動的・自律的行動の典型でもある。この種の行動は一括して向社会的行動（prosocial behavior）と呼ばれる。

　この行動傾向をもつ度合いには幅広い個人差があり、また発達的な問題でもあることが認められている。それはどのようにして形成されるのだろうか。向社会的行動が、人格・社会心理学などの領域で取り上げられるようになってからまだ日が浅く、その発達・形成のメカニズムは必ずしも十分明らかではない。

　ところで、向社会的行動の発達には、たとえば困っている人や危険に陥っている人は助けなければいけない、そうするのがよいという社会規範があることが前提である。さまざまな民族の行動についての観察・研究は、援助、思いやり、協力などの利他的行動に文化ごとの差があることを示唆している。自分自身を守ることが最大そして唯一の行動規範で、そのためには他者との抗争や残忍ともみえる行為さえむしろ適応的手段として当り前になっているイク族、幼少時から、他人のため、集団のために行動することが至上とされ、競争の目標や競争する方法はおよそ強調されないイスラエルのキブツ、同様に集団中心的志向が重視されるソヴィエトなどがある。六つの異なる文化の子どもたちについてのホワイティングらの比較観察は、利他心対利己心の次元に著しい文化差を報告している（表2·40）[321]。

　もっとも、人間を含む生物は、利他的である生物学的可能性をもつ。自分たちの巣に侵入する外敵と死を賭けて戦う兵隊アリ、敵を制して仲間を守り自分は即死してしまうハチ、

251　第3章　能動的・自律的行動とその発達

表 2·41 6つの文化で何歳頃からどんな労働をしているか
(ホワイティングとホワイティング, 1978)

雑用あるいは仕事	単純文化			複雑文化		
	ニヤンソンゴ	フストラウアカ	タロン	タイラ	カラブール	オーチャドタウン
薪と水運び	3〜4	3〜4	3〜4	7〜10	5〜6	—
食事の用意	3〜4	7〜10	3〜4	—	3〜4	—
菜園	3〜4	7〜10	7〜10	—	—	—
掃除	3〜4	5〜6	3〜4	3〜4	5〜6	3〜4
家禽の世話	3〜4	3〜4	5〜6	7〜10	7〜10	—
3〜4歳児が行なう仕事の数	5	2	3	1	1	1
雑用・仕事数の平均	4.0	1.9	2.9	1.6	1.3	1.0

獲物を独占せず仲間に分けてやるイヌやチンパンジー——こうした動物の利他的行為の存在は、生物には種族保存のために利他的・犠牲的行為が遺伝的にプログラムされていると見なしうる。人間もまた、このような利他的であることへの潜在的可能性をもっていることは確かである。

しかし、他の行動や性格の形成の場合と同様に、人間では遺伝的あるいは生来的な要因が、下等動物の場合のように直接的な形であらわれることは少ない。生来的な可能性が実現する範囲は、生後の経験、学習、環境のありように大きく依存する。生をうけた社会、時代、文化の要請する行動、そこに存在する規範に合致した形の行動として現われる。前述したような利他—利己の次元に著しい文化差があるのは、その社会規範の差を反映している。

ホワイティングらの分析によると、利他的—利己的次元と最も密接に関連しているのは、子どもに早い時期から課題や仕事が与えられ、社会的の責任をもたせること——家事を手伝ったり、幼い弟妹の世話をしたり、生計に関係する仕事をする——であるという(表2・41)[321]。

愛他性次元での順位(表2・40)は、子どものする仕事の数、また、どのくらい幼少時から仕事を課せられるかについての順位(表2・41)と、ほぼ一致している。ちなみに仕事の数、年齢においてもっとも低い順位

のカラブールやオーチャドタウンでは、掃除、それもせいぜい自分の部屋の掃除、片付けしか課されていない。家族の食事の支度から、畑や家畜の世話などの生産活動にまで参加するニャンソンゴをはじめとする社会とは大差がある。これらの社会では幼い弟妹の世話は、母親が畑や市場で働いている間中完全に任されて、食事、入浴をはじめ赤ん坊が二ヵ月ぐらいから歩けるようになるまでの世話をし、十分役に立っている有様をホワイティングは記述している。こうした家庭での育児、子どもの扱い方と同様に、勉強のおくれている子どもや下級生を教えたり助けることを奨励するソヴィエトの学校教育も、利他性、社会的責任感を養成する一つの社会化過程であろう。

弱い者、苦しむ者を助ける、社会的責任 (social responsibility) という規範は、今日、イスラエル、ソヴィエトに限らず多くの社会で、人間として当然なすべきこと、自明の道徳と考えられている。しかし、これが人間にとって守るべき倫理、道徳律として確立したのは、一八世紀になってからにすぎない。契約社会の成立に伴って、新たに加わったごく新しい道徳律なのである〈今道[118]〉。社会の仕組みの変化に応じて、それ以前には必要ではなかった人間関係の約束事、対人関係特性が、その社会の営みを円滑にするために求められ、道徳として生まれ育ったものなのである。利他的、向社会的というものが、時代、文化を越えた普遍的なものではないことは、こうした事情から明らかであろう。

道徳性の発達については、ピアジェ説を展開し、精密化したコールバーグの道徳判断段階がことに有名である。その枠組みから、ただ外罰を恐れたり慣習に従って行動するレベルから、高次の道徳性の段階に到る発達の順序が、実証的データで裏づけられながら明らかにされている。しかしそこで示されてきた道徳性発達の方向とか、"より高次の" というものも社会、文化を異にした人々の場合に

253　第3章　能動的・自律的行動とその発達

表 2·42 ケニヤの大学生と部落リーダーの道徳判断段階の分布（Edwards, 1982）

コールバークの段階	1	1と2の中間	2	2と3の中間	3	3と4の中間	4	4と5の中間	計
大学生	0	0	2 (4%)	21 (40%)	13 (25%)	11 (21%)	3 (6%)	2 (4%)	52 (100%)
部落のリーダー	0	0	6 (17%)	14 (39%)	12 (33%)	4 (11%)	0	0	36 (100%)

まで広く一般性をもつものではない。アフリカ、ケニヤの大学生と部落のリーダーとは、コールバーグの道徳発達段階に関して表2・42のように異なった分布を見せている（数が多いほど発達段階が高い）[59]。大学生についてみると、教育をうけ、近代社会の組織・制度と接触するためにはこの段階上でより高次の道徳を必要とするため、道徳を発達させた。他方、大学生よりも、正直さ、信望の厚さにおいてすぐれた部落の人々には、その社会生活ではこの種の道徳判断は必要がない。コールバーグのものさしでは低い段階とされるもので十分なのである。

また、人が援助や愛他的行動をするとか、困っている人を助けるという社会的責任とは、一方的な援助を奨励する無償の規範ではなく、やはり相手からの見返りを想定し、相互に利益を分ち交換し合う形で起こると考える人々もいる（社会的交換理論）。ここでは、一方的な自己犠牲の精神である社会的責任よりも、相互扶助や互恵性の規範の方が多くの普通の人々の援助や愛他的行動の由来だとする。相手からのお返しを暗に期待したり、恩を蒙むればいつかお返ししたいと思う互恵の精神は、たしかに多くの人々の自然な心の動きであろう。しかし何の報酬や見返りも期待しない自己犠牲、愛他的行為をする人々が存在することも確かであり、この二つの規範は択一的なものではなく、どちらも認めうるものであろう。ただ特定の社会や個人を個別的にみれば、どちらの規範がより強く働いているかにちがいがある。父親の学歴の高さと職業によって階層をわけて、その子どもを比較したところ、自営業の家庭の子どもは勤め人やブルーカラーの家庭の子ども以上に、相手から

表 2・43 相手にどれぐらいつくすべきか（相手への援助の量）
(Berkowitz & Friedman, 1967)

自分がうけた援助	勤め人中流	自営業	労働者階層
大	3.03	2.40	3.48
小	3.68	4.39	3.61

得点が大きいほど相手への援助が小さい.

自分がどれだけ援助をうけたかによって相手のためにどれほど自分がつくすべきかを敏感に考えているという（表2・43）[24]。つまり互恵性規範がこの階層では顕著なのである。

このほかにも、社会的責任は概して中高階層に、それより優勢だという報告もあり、どのような規範に、互恵性規範は労働者階層に、それぞれが援助行動の背景をなしているかは、社会の下位グループごとにも大まかなちがいがあり、さらには各家庭の価値観や宗教などによっても微妙に異なるであろう。そうした環境の中でそれぞれの子どもの援助行動は、質・量両面で異なったものとなってゆく。

10 向社会的行動を支えるもの——共感性とそのルーツ——

向社会的行動の社会的規範の存在とその知識は、向社会的行動の前提ではあるが、それはただちに、この規範に従って行動することには結びつかない。どのような行為が善かまたなすべきことかを知識として理解し、またそれに賛成することは、かなり早くから子どもに可能である。しかしこのことと、実際にその行動を実行することとの間に有意な相関が認められない場合も少なくない。これは、子どもに限らず大人でもそうだし、認識と行動（実践）のギャップとしてよく問題にされるところである。

このギャップを埋めるものが何かは、理論的にも実際的観点からも重要な問題である。また同一文化の中でも、たとえば、援助という利他的行動を示す度合いには、幅広い個人差もあるが、この個人差を生む条件も、認識と行動のギャップの問題と重なり合う。

幼児では、たとえ援助が重要だということがわかっていても、まず他者が援助を必要としているか

255　第3章　能動的・自律的行動とその発達

表 2·44 役割取得能力と道徳判断段階との関係(各テストの被験者 60 人中の分布)　　(Selman, 1971)

		道 徳 判 断 段 階			
		前慣習的		慣 習 的	
		段階1	段階2	段階3	段階4
役割取得テスト1	相手の観点にたてない	16	13	5	3
	相手の観点にたてる	2	2	11	3
役割取得テスト2	相手の観点にたてない	13	11	3	3
	相手の観点にたてる	5	4	13	8

否か、とくにどんな援助を必要としているかに鈍感であることもあろう。自分のことにしか関心がなく自己中心的である子どもの場合はそうなりやすいし、大人の場合でもありうる。他者認知や共感性、他者の立場に立って判断できる役割取得能力をもつことは、重要な条件であろう。

相手がうまく理解できるよう図形の特徴を説明しなければならないコミュニケーション場面で、自己中心的でなく相手の立場に立つことのできる程度(役割取得能力)を測定したり、道徳的ジレンマのある物語を聞かせてどう解決したらよいか話を作らせ、主人公の立場をどのくらい理解しているかを評定する、といった仕方で、子どもの役割取得能力や共感性を捉える。そしてその子どもの援助や親切といった利他的行動との相関を捉えた研究は、ほぼ一様に有意な正相関を見出している。表2・44はその一例で、セルマンが、二種のテストによる役割取得能力——相手の観点に立てるか、別な立場から判断できるか——と、コールバーグの道徳的判断との関係を、八〜一〇歳児について調べ、役割取得能力の高さと道徳判断の発達との対応関係を見出している[訳]。

この関係は大人についても確かめられており、共感的であることは、利他的行動を媒介する重要な基礎であることは確かである。

共感性は、幼少時からの対人関係の中で育まれる。いろいろな人と接触し、自分とはちがった他人の立場を見聞きする経験の豊かさが重要である。しかし、ただ多くの人と接触すればよいというもの

ではない。いろいろな人が大勢いても他人には一向無関心であったり、他人の気持ちには鈍感なこともありうる。他者への関心、共感性の発達の源は発達初期の愛着行動にまで遡らねばならない。発達初期に母親（保育者）に強く安定した愛着行動を示すことができた者は、その後、ほかの子どもや大人にも近づいたり一緒に遊ぼうとするなど積極的に反応することができる。逆に、母親への愛着が強くなかった子どもは、後の対人関係で積極的関心が乏しく社会的相互作用も消極的であるという。母親との間で育った信頼感、安全感が基底にあると、他人の存在や異なった感情を恐れずうけ入れることができるのであろう。〝安全な基地〟をもつことが探索を促すとしばしばいわれることは、共感性や対人関係の発達にもつながることなのである。

11　向社会的行動の発達とその先行条件

親切、援助といった向社会的行動が、就学後は年齢上昇とともに顕著になる傾向は、多くの研究が示している。この年齢との相関関係は、向社会的行動を構成している諸能力——共感性、規範の認識、道徳的判断、役割取得能力、さらに向社会的行動の技能など——の発達を反映している。また、向社会的行動の発達の先行条件である親のしつけやモデルなど家庭での社会化、社会的交渉などが、年齢とともに蓄積されることにもよる。

向社会的行動の先行条件として、育児法や親の特性を実験室的、相関分析的に検討したものは膨大な数に上る。それらを総覧すると、三つほどの要因が、向社会的行動の発達とプラスに関係していることが浮かび上ってくる。第一は暖かく養護的な親であること、二番目は子どもの違反行為に対して、

257　第3章　能動的・自律的行動とその発達

表 2·45　子どもの向社会的行動と親のしつけとの関係
(Dlugokinski & Firestone, 1974)

	性別と学年	自己中心的考え方	親切さの理解	愛他的行動	友人評価
誘導的しつけ	女子(78)	−.68**	.62**	.44**	.46**
	男子(86)	−.46**	.49**	.30**	.51**
	5年(76)	−.60**	.60**	.41**	.58**
	8年(88)	−.59**	.47**	.38**	.43**
権威に訴えるしつけ	女子(78)	.33**	−.29*	−.22*	−.16
	男子(86)	.18	−.29**	−.25*	−.19
	5年(76)	.33**	−.26*	−.31**	−.21
	8年(88)	.19*	−.25*	−.22	−.15

* $p<.05$　** $p<.01$

表 2·46　役割取得能力（フラベルとセルマンのテストによる）と親のしつけ方略との関係
(山岸, 1977)

	5歳児 フラベルのテスト成績	5歳児 セルマンのテスト成績	2年生 フラベルのテスト成績	2年生 セルマンのテスト成績	4年生 フラベルのテスト成績	4年生 セルマンのテスト成績
友だちとの接触						
遊びの量	.484**	.549**	.125	.421	.208	−.164
遊びの経験	.329	.177	.162	.214	−.211	−.314
友だちの数	.435*	−.023	.273	.519**	−.448*	−.507**
友だちのタイプ	.454*	.267	−.240	−.488	.178	.122
兄弟のタイプ	.386*	.405*	.189	−.009	−.053	−.022
しつけ方略						
役割言及	−.086	.356*	.285	−.141	.026	−.052
合理的理由	.007	−.082	.495**	.484*	.205	−.217
説明なしの統制	.000	.214	.513**	.145	.092	−.114
理由なしの統制	−.238	−.241	−.341	−.066	−.336	−.321

* $p<.05$　** $p<.01$.

（体罰や物や力で子どもを統制するのではなく）その行為がどんな結果を他の人に及ぼすかを説明して誘導するしつけ方略、そして、第三は、子どもへの発達期待が高く、幼少時から成熟にみあった責任を課すこと、である。

ドルゴキンスキーらは、子どもの道徳性、向社会的行動と、親のしつけ——誘導的しつけと権威に訴えるしつけ——との相関を検討し、誘導的しつけは向社会的行動とプラスに、

権威に訴えるしつけはマイナスにそれぞれ相関するという結果を得ている（表2・45）[53]。

向社会的行動の前提でもあり、構成要素でもある役割取得能力と、親のしつけ方略との関係をみた山岸のデータも、ほぼこの線に沿ったものである（表2・46）[326]。理由をいわず権威に訴える方略は、すべてマイナスに相関しているのに対して、役割に言及したり、論理的根拠を述べるしつけ方略——誘導的しつけ——は、役割取得のいくつかの測度と有意な正相関を示している。

モデリングによる向社会的行動の習得を、実験的に検討したエリオットらは、援助行動に賞の強化をうけるモデルよりも、賞に加えて、援助行動をする理由、根拠をモデルがいう、強化＋象徴化の条件が、最大の効果をあげることを見出している（表2・47）[61]。その効果は、モデルを観察した場面はもちろん、それとは別な状況下にも及ぶ点で著しい。この〝象徴化〟の条件は、さきのしつけ法のタイプ中の誘導的しつけに対応するものであろう。主としてアメリカの子どもについての研究からひき出された向社会的行動の発達の先行条件は、前述した比較文化的研究からの結論とも一部一致している。

向社会的行動の発達については、焦点をあてる面が、認知判断の面か、動機づけの面か、あるいは行動の成立についてか、のちがいによって、異なった立場からの理論化が行なわれている。ピアジェやコールバーグらの認知的発達理論、フロイトの精神分析、バンデュラ、アロンフリード[7]、ミッシェルらの社会的学習理論は、それぞれの枠組みから、発達を促進する先行条件の仮説を提出している。親のしつけ法との相関研究や実験的研究、さらに比較文化的研究から浮かび上ってきた前述の向社会的行動の規定因は、これら立場、観点を異にする理論が、相互に背反的で択一的なものではない

表 2・47 観察学習条件と援助行動の比較（かわいそうな子に分けてあげた個数）

(Elliott & Vasta, 1970)

条件	5歳 予備テスト(キャンディ)	5歳 テスト後 キャンディ	5歳 テスト後 コイン	6歳 予備テスト(キャンディ)	6歳 テスト後 キャンディ	6歳 テスト後 コイン	7歳 予備テスト(キャンディ)	7歳 テスト後 キャンディ	7歳 テスト後 コイン	計 予備テスト(キャンディ)	計 テスト後 キャンディ	計 テスト後 コイン
フィルムなし	0	1	1	2	3	4	5	4	7	7	8	12
モデル	0	10	9	2	20	6	5	14	7	7	44	22
モデル+強化	0	0	4	2	10	14	5	21	17	7	31	35
モデル+強化+象徴化	0	7	13	2	25	25	5	34	35	7	66	73
計	0	18	27	8	58	49	20	73	66			

ことを示しているようだ。社会規範である向社会的行動を、親が幼少時から誘導的なしつけや時に賞罰を用いて子に求めること、親は同時にその行動のモデルとしても作用すること、これらの学習は、子への暖かさや養護性でいっそう促進されること、他人の感情や状況に注意を向けさせるしつけは、暖かい親への信頼感、安心感と相俟って、環境や他者への探索を促す。そして共感性を育て、さらに対人関係にかかわる向社会的行動規範への目を開かせ、道徳規範の認知発達をすすめることになる。

三つの理論は、それぞれ異なった側面に焦点をあてているため、接点が見つけにくいが、そのいずれもが向社会的行動の発達の方向として、自分（自己）中心の状況から他人志向的になること、親や権威者からの外的な賞や罰によるコントロールから、内面化された賞罰の原理による自律的行動に移行すること、の二つを想定している点では共通している。そのうえで、どの側面を重視するかによって規定因としてちがってくる。しかし、前述のように、その規定因には理論の差を超えて重なり合う面も少なくなく、三理論はむしろ相補的なものとみるべきであることがわかる。このことは、既にみた共感性と向社会的行動とが相関関係にあることからも示唆される。

12 向社会的行動——その一貫性と一般性——

　向社会的行動が、動機・感情から認識判断そして遂行までを含む多面的なものであるが故に、諸理論があるのだが、それら諸側面は同一個体においてどのような構造、関係をもっているのだろうか。多くの研究は、向社会的行動として特定の単一の行動（たとえば寄付行動、援助というような）だけを取り上げ、またそれを限定された実験的場面での行動として捉えている。こうした断片的ともいえる研究では、そこでとりあげた特定の向社会的行動がどれほど一貫性・一般性をもつのか、また別な側面とどのような関係をもっているかはわからない。最近ようやく、向社会的行動間の関係や、場面や時期を通じての一貫性を検討する研究が増えてきて、この点がかなり明らかになりつつある。実験室的に測定された特定の向社会的行動（たとえば分配とか援助など）と、日常の教育場面での行動評定結果との対応（相関）を検討して向社会的行動の一般性を問題にしたもの、同一の子ども群についていくつかの向社会的行動特性を繰り返し縦断的に追跡して、一貫性、安定性を検討したものなどである。このうち、同一時点で、異なる場面や測度で捉えられた向社会的行動の間の一貫性は、概して年齢が高くなるほどはっきりしてくるようだ。測定場面が人工的で限定的なものであるより、場面の特殊要因が大きく介入するため、他との相関は概して低くなる。しかし、いくつかの測度を合成して、より統合的な向社会的行動の指標を用いたものでは、日常の自然場面で示す思いやり、協力、正直さ、援助などの特性との有意味な対応を、いくつかの研究が見出している。たとえば表2・48は、ドルゴキンスキーらが、五、八年生について、⑴質問紙による他者中心—自分中心の度合い、⑵親切の概念、

表 2·48 小学生における向社会的行動間の相関（右上：5年生，左下：8年生）
(Dlugokinski & Firestone, 1974)

	自己および他者中心の度合い	親切の概念	寄付	友人の評定	性別
自己および他者中心の度合い		−.55**	−.30*	−.39**	.26*
親切の概念	−.23		.19	.40**	.13
寄付	−.29**	.30**		.40**	.05
友人の評定	−.24*	.40**	.38**		.06
性別	.34**	.16	.19	.16	

* $p<.05$　** $p<.01$

(3)実験的な測定による愛他的行動（寄付）(4)友人からの評定による親切、思いやり等の向社会的行動（寄付）を測定した結果の相関である[53]。日常場面、実験室、子ども本人の報告、友人からの評価といった場面や観点のちがいを超えて、測度間に有意に高い相関を見出し、向社会的行動・態度がかなりの一貫性、一般性をもっとしている。

ヤーローらも、同一の子どもについて、実験場面と日常場面での、援助、同情等の行動を測定し、測度間の相関を検討している[38]。ここでは実験的測定の相関は一部にしか認められていないが、実験場面からの測度の合成得点と日常場面からの合成得点間にはかなりの相関がある。

これらをみると、向社会的行動の一般性、一貫性は、それをどう捉え、測定するかにかなり依存していることがわかる。同一時点で測定した複数の測度間の相関分析のほかに、より多角的で長期的な観察測定による検討が必要のようだ。

同一の子どもについて、向社会的行動を含む広範な行動や社会的情緒的適応などを縦断的に追跡したブロックらの研究は、向社会的行動の構造とその一貫性について多くのことを明らかにしている。そこでは、三、四、五、七（一部一一）歳の時点で、保育園、学校の担任教師による日常場面での行動のQ分類評定と、自我統制力および自我の弾力性（困難な課題、新しい課題状況で積極的・生産的・適応的に対処すること）の実験的測定とが行なわれた。Q分類評定では、他

第2部　自己の行動統制機能の諸相とその発達　262

表 2·49 4歳時の自我統制力および自我の弾力性と有意に相関している3歳・4歳時の行動特徴 (Block & Block, 1979)

4歳時の自我の弾力性と有意相関している3歳，4歳時の行動特徴	4歳時の自我統制力と有意相関している3歳・4歳時の行動特徴
他の子への思いやりがある	他の子への思いやりがある
困難な状況でも混乱しない	協力的，他の子に親切
道徳的なことに関心がある	他の人のせいにしない
ものごとの論理を理解する	性急で不安定でない
他の人の感情を認める，共感的	力一杯努力する
好奇心に富む	注意力がある
高い達成目標をもつ	考え深い，慎重
集中力がある	たのもしい，頼りになる
言語表現が流暢	自己主張的でない
かしこい	攻撃的でない
頼りになる，たのもしい	ごほうびが待てる
自信がある	従　　順
器用で有能	一人遊びを楽しむ
考え深い，慎重	ちょっとしたフラストレーションには動じないでいられる
考えること，遊びなどが創造的	恥かしがり
落ちつきがある	慎　　重
着実である	

の子への思いやり、協力的、従順さ、集中力、自己主張的、攻撃的、依存的、率直さ、おしゃべり、疑い深さ、自尊、好奇心、恥かしがり、競争好き、等一一〇項目にわたる情緒的・社会的特性が取り上げられ、自我統制力は、誘惑抵抗の強さ、飽和時間の長さ、遅延報酬耐性、運動反応の制御、認知的抑制などの諸実験で、また自我の弾力性は、葛藤状況下での課題解決様式、フラストレーション耐性、要求水準などの諸実験で測定されている。これらさまざまな方法と時点で測定された測度間の相関分析から、一人の子どもの中で社会的・情緒的行動が相互に密接に関係をもちながら連続性・一貫性を保って形成されてゆく様相がうかがえる。三歳および四歳の二時点で、それぞれ三人の教師が独立にQ分類した行動評定項目のうち、四歳時に実験的に測定された自我の統制力と弾力性の測度と一貫して有意な相関を示した行動特徴を拾い出してみると、表2・49のようなものであった[31]。

また全年齢段階を通じて自我の統制力と弾力性の内

263　第3章　能動的・自律的行動とその発達

部相関も、行動評定と実験的測定間の相関も十分高いものであった。一方、自己統制力と自我の弾力性の二測度は、むしろ低い負相関を示し、この二つは、それぞれ異なった自己の働きである可能性が示唆されている。そして、自己統制力のある子どもは、幼少時に思いやり、親切さ、落つき・慎重さ、注意力などをもったたのもしい子どもであり、また幼少時から困難な状況でも混乱せず、ききわけのある、好奇心・高い達成目標・自信をもった子どもが、自我の弾力性に富む子どもとして成長していることが、表2・49から読みとれる。また、自我の統制力と自我の弾力性とは、その相関から四歳時以降ではそれ自身の構造はほぼ独立のもの、別な面ではありながら、しかし、各特性と結びついている幼少時の行動特徴には共通なものもあり、全般的には等しいパタンがあることから、この二つの面は共通の基盤を背景に分化発達してゆくものであることが示唆される。

これまでみてきたように、向社会的行動や自我・自己の機能は、最近、研究がさかんで、詳細な実証的検討がすすめられてきている。しかし、その測定・把握が詳細で分析的であるほど、その結果がどれだけ一般性をもつものか、また向社会的行動とはどのようなものかは、むしろ曖昧になってしまうきらいもある。この点について、同じ子どもについて、実験的事態で測定した向社会的行動（たとえば援助、寄付など）と、自我の強さや自己統制とが有意に相関しているデータを出し、実験的測定による向社会的行動の一般性を実証しようとしたものも最近少なくない。たとえばロングは四年生の寄付行動と自我の強さ、自己統制（遅延報酬耐性テストによる）との関係を、またマッセンらは、前青年期の子どもの利他性と自我強度や自我感情の高さとの関係を検討している[185, 240]。それによると、遅延テスト得点が高く、自己統制に優れている者（四年生）は、誰もみていない状況でむしろ高い寄

表 2·50 遅延報酬耐性の高さと愛他性との関係
（寄付行動数）　（Long & Lerner, 1974）

満足の遅延得点	みている人がいない時	みている人がいる時
高	30.0	22.1
低	10.0	26.1

付をするのに対して、遅延テストで低い者は、人がみていないと寄付はずっと少なく、人がみている時に多くする（表2・50）[185]。人がいなくても、つまり外的強化や社会的な圧力のまったくない状況で、自発的・愛他的行動をとれることは、自己統制の一環であることが、ここからもうかがえる。

さきのブロックらの研究は、自己・自我の機能にかかわる行動、向社会的行動を含む広範な行動を、日常場面での観察、さまざまな実験的測定を駆使し、しかも一二三人の子どもについて三歳時から四年間にわたって追跡的にデータを集めた稀にみる大がかりなものである。それだけに、この問題領域を統合的に理解させる説得的なデータを提供してくれている[31]。とくに、従来は、個々の研究ごとに断片的に取り上げられてきた向社会的行動、自己統制にかかわる行動の一つ一つが、相互に有意味に結びついて一人の子どもの中に成り立っていることを明らかにした点、さらに、後年の向社会的行動が、幼少時からある一貫性をもって連続している様相を明らかにした点で、貴重である。

またデイビッドが、正常児と情緒的問題行動をもつ子どもについて、運動反応の活動性と抑制、遅延耐性、要求水準、時間評価など自我の強さとかかわる諸測定を行なっている[48]。正常児は、すべての測定で問題児群より優れ、年齢上昇に伴って（七・九・一一歳）成績が向上してゆく。また、測定間に有意な相関があり、これらは一貫性のあるものとして機能していることを見出している。これに対して問題児では、このような一貫性に乏しく、年齢による変化もみられない。このデータは、自己の機能の内容や関係、その発達と障害の様相を示唆している。

表 2·51 正直さ，愛他性と有意相関している自己概念項目
(Mussen & Harris, 1970)

人から頼られる．
ものごとに混乱させられることはない．
家でもあわてたりダメになってしまうことがない．
決断力があり，決めたことはやりぬく．
くよくよしない．
人から何をすべきかいわれる必要がない（自分できめてちゃんとやれる）．
友だちに人望がある．
生きていることが楽しい．
学校で落ちついている，自信がある．
失敗しそうだと思うことはない．
ぼんやりすごすことはない．

$p<.05$

13 原因帰属と向社会的行動

道徳的行動について、親のしつけやモデルから習得される学習過程に焦点をあてた研究が、社会的学習理論の人々によって数多くなされ、直接強化＝賞罰の効果、強化者との関係、モデルの影響などが明らかにされてきたが、一方、道徳的（向社会的）行動の発達にとって、違反することへの不安あるいは向社会的行為を何に帰するかという帰属の認識が重要なキイであることが指摘されてきた。

レッパーは、弱い罰条件下で禁止を経験した子どもよりも、強い罰条件で禁止を経験した子どもよりも、違反反応（うそをつくこと）が少ないことを見出し、これは、前者が自分の行為を外的な罰の怖れに帰せず、自分の長所の故だとしたからではないかと推論した[17]。つまり、自分はよいことができる、いい子だと認識していることが、違反に走らせず、よい行為をすることの基本だというのである。強化やモデルにより向社会的行動が増進されるという実験結果は、ただ表面的な行動を習得したのではなく、この帰属認識が変化することによるともいえる。

このことは、マッセンらが一一～一二歳児について、正直さ（誘惑抵抗の強さ）、愛他性（二人組のゲームで自分だけがいい点をとろうとせず

に相手のことを考える愛他的反応の程度）を実験によって測定し、他方、その子どもの自己概念を自己評定で調べたところ、正直さや愛他性に有意に相関しているのは、肯定的で積極的な自己概念であったという報告ともつながる[240]（表2・51）。これは、実験的に測定された向社会的な行動や、利他性が、一過的・断片的なものではなく、自信、有能感、忍耐力、決断力、情緒的安定などを背景にしたものであることを示唆している。

被験者の因果帰属のタイプと愛他性との関連をみたところ、九〜一〇歳児、大学生いずれでも、内的統制型が愛他性と対応しているという報告もある（ミドラルスキー[207]、ウービンク[310]など）。肯定的な自己概念、また自己の有能さ、よさへの帰属認識が重要であるとすれば、これをなんらかの仕方で強めてやることによって、向社会的行動をより促進させることができると予想される。

ミラーら[211]、ジェンセン[127]は、この予想を裏付けている。向社会的行動を調べるテストに先立って、被験児に「あなたはきちんとやれる子だ」と実験者がいう。またそうした帰属操作を与えられなかった子どもよりも、協力、援助、愛他などの行動がずっと多くあらわれたという。ここで興味深いのは、「きちんとやれる子だ」といわれることが、「きちんとしなければいけない」といわれるよりもずっと効果があったことである。「しなければいけない」といわれるのは、今はそうではない、ダメなのだということを暗にいわれたことになり、むしろ自分の無能さ、ダメさが植えつけられてしまう。これに対して（自己評定はどうであれ）「ちゃんとできる子だ」と、肯定的な評価を他者から与えられることが、自己肯定を暗めることになるのであろう。そして、その肯定的な自己概念、自己の有能さ、

よさに即する形で行動することになるのであろう。

川島も就学前幼児について、向社会的行動をその子どもの特性に帰属させることが、愛他的行動を促進させることを明らかにしている[153, 154]。直接教示（寄付するようにという）、モデル提示（愛他的行動をするモデルの観察）、教示＋モデルの三種の学習条件ごとに、「あなたはかわいそうな子を助けてやるのが好きにちがいない」という自己帰属、「私がそうするようにいったから（やってみせたから）やったのでしょう。そうしてほしいと思っていた」という他者帰属、それに帰属については何もいわない統制群の三種を設けて、その寄付行動を比較した。学習形態によって多少のちがいはあるが、自己帰属条件は、他者帰属条件を凌ぐ高い愛他的行動を生じさせている（図2・50）[154]。なお、帰属の教示をうけない統制群が、常に他者帰属群よりも高い愛他的行動を示したのは、この子どもたちが自発的に内的帰属をしていた可能性も考えられる。この点はともかく、"人にいわれたから"とか、"人がするから"ではなく、そうする子だと認められること――内的帰属を促されたこと――が向社会的行動を促進したことは、ジェンセンらの結果とも一致していて興味深い。

このような向社会的行動の一つの基礎と考えられる行為の帰属、肯定的な自己概念につながった帰属認識をもつことは、向社会的行動を賞で強化されるよりも効果があり、その効果は、帰属教示をうけた行為についてだけでなく、それとは別な向社会的行為、また時間をおいた後にまで及ぶことをグ

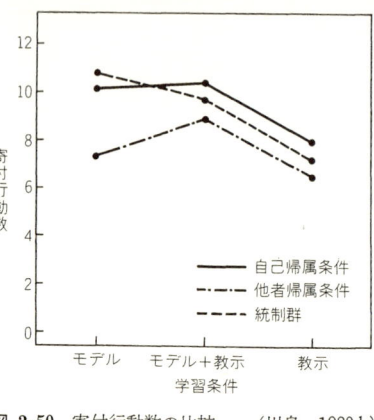

図 2·50　寄付行動数の比較　　（川島，1980 b）

第2部　自己の行動統制機能の諸相とその発達　268

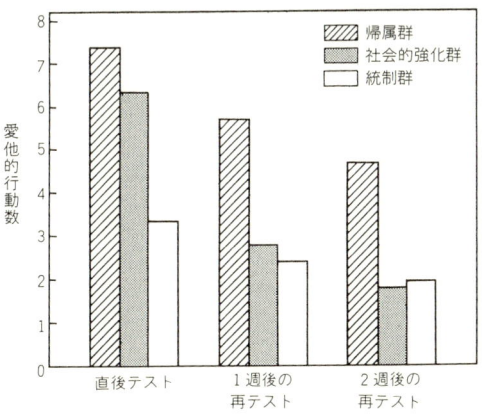

図 2・51 直後テスト，再テスト（般化テスト）での愛他的行動 (Grusec & Redler, 1980)

ルセックらは確かめている[90]。さらに、この帰属の効果には、発達的な差がある。五、八、一〇歳の三年齢に、それぞれ社会的強化（賞讃）と帰属教示の二条件を設けて愛他的行動を比較した。愛他的行動は、強化や帰属教示の直後にテストされ、一週後、二週後に再テストされた。年齢をこみにして条件差をみると、再テストでは社会的強化群は統制群と同程度に愛他的行動が減退してしまうのに対して、帰属教示群だけが他二群より有意に多くの愛他的行動を示した（図2・51）。このことは、帰属——「あなたは親切で、できるだけ人のためになるのが好きな子です」という教示を与えられることで、その子どもの自己概念は肯定的で自信にみちたものに変わり、そしてその子どもの行動は自己概念に合致する方向に動いてゆくことを示唆している。

援助、愛他性といった行動には、他者（相手）の感情への共感や他者の立場の理解が必要であることは前述した。そうした他者についての知識や共感と同時に、他方、自己認識、とりわけ、自分は他者のために行動できる、有能である、よい面をもっているという肯定的な自己概念をもっていることも、愛他的行動、向社会的行動のもう一つの重要な条件なのである。

ところで、帰属や社会的強化などが向社会的行動にどれほど効果をもつかには、年齢と交互作用があることを、愛他的行動（自分がほしいものを我慢してかわいそうな子に寄付する）をいくつ

269 第3章 能動的・自律的行動とその発達

表2·52 愛他的行動の年齢別比較(%)
(Midlarsky & Bryan, 1967)

年　齢	愛他的モデルをみて寄付したもの	自発的に寄付したもの
6〜7	16	32
7〜8	29	21
8〜9	43	47
9〜10	46	40

表2·53 愛他的行動の訓練条件は子どもにどう効果があるか
(Midlarsky & Bryan, 1967)

訓練時のフィードバック	学　年 1	2	3	4
抱きしめる+ことばで喜びあらわす	20.25	15.88	20.75	23.25
ことば+抱きしめる	18.38	21.13	18.25	19.38
ことばだけ	6.25	18.38	22.38	17.25
抱きしめるだけ	8.63	14.75	15.25	16.00
な　し	7.75	10.75	23.50	19.88

かの方法で訓練したミドラルスキーらも、愛他的行動に対して実験者が抱きしめて愛情を示したり、ことばでよろこびをあらわしたりする、またそのどちらか一方だけをする、という訓練の効果は、年少段階ほど大きい。年長段階では訓練なしの群でもかなりの愛他的行動を示し、各訓練条件間の差も小さいのに比べて、最年少の一年生では、訓練なしの群では愛他的行動はきわめて少ないうえ、愛情を示すだけ、声をかけてやるだけの効果はほとんどなく、その双方を行なった訓練ではじめて効果が上がっている。さきのグルセックらのデータを年齢別にみると、直後のテストでの愛他的行動は、どの年齢でも強化、帰属両条件が効果がある。しかし、再テストでは、年少児では社会的強化・帰属条件いずれの効果もみられなくなるのに、年長児になると、帰属条件では社会的強化を凌ぐ愛他的条件がみられ、帰属操作が一時的に愛他的行動を促進するばかりでなく、その後の行動にも一貫して効果をもちつづけることを明らかにしている。このように、外からの帰属操作が一時的な仮りのものでなくなるのは、当人の中に帰属操作を自分のものとして受け入れる基盤が既にできていたことによる。つまり愛他行動についての認識、価値観の変化が、愛他行動の基礎であることを物語っている。

14　自己の認識と行動の自己統制

　自己概念——自己をどう評価し、どう価値づけ、概念化しているか——は、現象学派の人々によって行動を決定する基準枠として重視されてきた。そして自己概念と行動との関係は、既にみたように主として社会的適応について検討されてきた。一方、自己の問題を行動の成り立ちと発達を、自己概念の行動のレベルで扱おうとする人々は、本章でみたように、行動の制止・抑制や能動的・向社会的行動の成り立ちと発達を、自己概念の研究とはおおむね無縁な形で扱ってきた。しかし、ごく最近の研究は、行動の自己統制、向社会的行動などが、自己概念と深く結びついていることを明らかにしつつある。グルセックらの研究で、帰属操作をうけた群の子どもたちが、愛他行動をその後の般化事態にいたるまで多く示した事実は、その子どもについて親切だ、いい子なのだと価値づけられることが、特定の行為を促進させたことを示唆する。つまりこの子どもの自己概念を肯定的なものに変え、それが好ましい行動を促進させたことを示唆する。もっとも、グルセックらの研究では、自己概念の変革がキイなのである。しかし、ともかく行為に対する社会的強化よりも、自己概念の変化は直接捉えられていないから、この点は推論である。しかし、ともかく行為に対する社会的強化よりも、「あなたは親切だ」「ちゃんとやれる人だ」といわれることが、長期的効果をもつ。また「きちんとやらなければならない」となすべき行為を述べたのは効果的でないという知見もあわせて考えると、当人の自己概念が積極的なものに変ることが行動を促す効果的な妥当なものに思われる。愛他的行動が肯定的自己概念、自己効力感と相関しているというマッセンらのデータも、自己認識と行動との密接な関係を示していた。このほか原因帰属の内的統制が、誘惑抵

271　第3章　能動的・自律的行動とその発達

抗の強さ、うそをつかないこと、援助、遅延報酬などの道徳的・向社会的行動と結びついているという報告（ミドラルスキー[207]、ジョンソンら[130]など）も肯定的自己認識、自己効力感が具体的な行動の基礎であることを示している。

行為について賞めるのではなく、当の子ども自身を認めそのよさを評価することが効果があるということは、日常の子どものしつけについても貴重な示唆を含む。まして、「……しなければいけない」式のお説教を与えるのや、よいところを見つけてそれを積極的に評価してやらず、ただダメな点をとがめ、できないことに叱責や罰を与えがちな親にとっては、考えさせられるであろう。子どもが自分を肯定し、有能さ、よさを自分に認めうるような自己概念をもつことが、行動をより積極的で望ましいものに向かわせる基だという、当り前といえば当り前のことを、改めて示したものともいえる。しかし、強化、モデルなどとの関係で行動面だけに焦点をあてていたところに、自己認識の強いつながりを指摘し、行動と認識との両面からのアプローチを開いたことは意義深い。

15　認識と行動 ── 行動統制の発達とメタ認知 ──

遅延強化の成立条件を長らく検討してきたミッシェルは、最近興味深いデータを提示しながら、遅延耐性という自己統制行動の発達にとって、認識の基礎が重要であることを強調している[220]。

既にみたように、遅延報酬耐性は一般に年齢上昇とともに増す。それは、魅力ある報酬を制止するというフラストレーションを克服する効果的な方策を、子どもが編み出せるか否かにかかっている。また、ただ待つのでなく楽しい別な活動を作り出す、といった方式報酬を象徴的なものに転換する、

の発見と使用が、長い遅延を可能にするのであった。このような発達的変化は、「この課題状況にどう対処するのが効果的なのか」を子どもが知ることを基礎にしている、とミッシェルはいう。彼は、子どもというものは心理学で提出されてきた諸法則や人間の行動の原理などをいつしか知るようになる、いわば潜在的な〝心理学者〟だと述べ、その証拠として古今のさまざまな心理学の原理・法則をわかりやすいことばで示して、子どもにそれが正しいかどうか尋ねるという、いとも簡単な仕方によって表2・54のようなデータを提示している[23]。

手間のかかる実験や、いくつもの検証を経て提出されたこれら心理学の法則の大半に、一〇歳の被験者たちは、「それは正しい」「その通りだ」と答え、人間の行動のルールを直観的知識としてもっていることを、このデータは示している。

表2・54の第二問は、当のミッシェルが長年問題としてきた遅延報酬がいかにして可能か、にかかわるものであるが、これも小学四年生は確実にそうだと認めている。この知見を、ミッシェルは遅延報酬耐性の発達と関連づける。子どもの遅延報酬耐性を測定し、その際、どのような仕方で遅延場面に対処するかを従来の方法で調べる。この遅延行動の測定と同時に、遅延場面に対処する対照的なストラテジー二つ——報酬そのものを示し、どちらがいいと思うか、どちらでやりたいかを選ばせる。つまり遅延を克服する行動ルールの知識を調べた。そしてルールについての知識と遅延時の実際の行動との関係をみた。結果は、三歳から七歳までの子どもでは年齢にかかわりなく、報酬そのものをみているのがいいとする選択はまったくランダムに現われ、どちらのストラテジーが効果的だと思うかについてまだ確固とした認識には

表 2·54 心理学的研究で明らかにされた法則や原理を子どもはどれほど知っているか
(Mischel, 1981)

心理学の法則や原理	学年	χ^2	自由度	正解	誤り	有意差なし
集団の圧力は視覚的判断をゆがめる (Asch, 1956)	4 6	25.28 082	1 1		$<.001$	×
報酬に留意しなければ，遅延は促進される (Mischel, Ebbesen & Zeiss, 1972)	4 6	38.42 30.59	3 3	$<.001$ $<.001$		
同じ水が暖かい日にはより冷たく感じられる（環境の効果の原理より，Helson, 1964)	4 6	12.80 54.03	2 2	$<.002$ $<.001$		
古典的条件づけ：光とえさを同時に与え続けると，犬は光だけでも液をだすようになる (Pavlov, 1927)	4 6	2.14 4.00	1 1		$<.05$	×
攻撃的にふるまうおとなを見た後の子どもは統制群より攻撃的にふるまう (Bandura, Ross & Ross, 1961)	4 6	21.16 78.26	3 3	$<.001$ $<.001$		
対象物の永続性の欠如は3ヵ月まで (Piaget, 1954)	4 6	16.96 4.20	2 2		$<.001$	×
物の永続性は生後1年半までに獲得 (Piaget, 1954)	4 6	2.53 12.87	2 2	$<.002$		×
物語は言語（リスト）の記憶を助ける (Bower & Clark, 1969)	4 6	10.04 48.38	2 2	$<.007$ $<.001$		
驚いた子ザルは，ミルクの出る針金の母親より柔かい代理の母親を好む (Harlow & Zimmerman, 1959)	4 6	21.54 23.35	2 2	$<.001$ $<.001$		
記憶は再生より再認の方がよい (Achilles, 1920)	4 6	44.15 70.71	2 2	$<.001$ $<.001$		
傍観者介在の抑制 (a)2人連れは，ひとりのときより，けがをした婦人を助けようとしない (Latané & Rodin, 1969) (b)2人連れはひとりのときより火事を通報しない (Latané & Darley, 1968)	4 6	4.23 15.87	2 2	$<.001$		×
間歇強化より，連続強化の方が消去が早い (Ferster & Skinner, 1957)	4	12.72	2	$<.002$		
液体量の保存は4歳から (Piaget, 1965)	4	44.89	4	$<.001$		
液体量の保存は10歳到達 (Piaget, 1965)	4	114.89	4	$<.001$		
将来のデイトを左右するのは，意見・知性・学業成績より，身体的容姿が重要である (Walster, Aronson, Abrahams & Rothman, 1966)	6	51.17	3		$<.001$	
20ドルの報酬より自己満足を強いられた1ドルの報酬の方が態度がかわりやすい (Festinger & Carlsmith, 1959)	6	34.02	2		$<.001$	

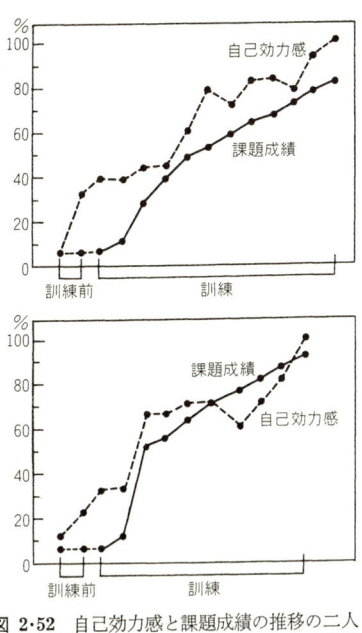

図 2・52 自己効力感と課題成績の推移の二人の例　(Bandura, 1981)

達していない。そして、実際の場面でも、何の教示や条件設定もしないまったく自由な条件では、報酬をみているのがよいというストラテジーを選択した者は、報酬現物を眺めている（その結果、長く遅延できない）のであった。別な方をみている方がよいとした者（効果的ストラテジーを選択した者）も、この年齢段階では、実際の遅延行動は必ずしも自分が"いい"と考えたようにはなっていない。ところが、七歳以降になると、報酬そのものを見ないで別な方を見ているのがいいという（効果的）ストラテジーの選択が増す。そしてこれに対応するように、実際の遅延時行動でも、現物を見ないで、別な活動をしてフラストレーションをやりすごし、長い遅延が可能だったという。

このような検討からミッシェルは、自己統制能力の発達は、遅延行動やフラストレーション克服のルールについての知識を子どもが獲得することを基礎にした行動の変化だという。さきの表2・54でみたように、子どもは一〇歳にもなると、多くの行動の原理——どう行動すべきか、どの行動が効果的かのルール——を驚くほどよく承知している。このデータを手にして、ミッシェルは、長年の心理学史にひき比べて、子どもは"直観的心理学者"だと記している。しかし、これはけっして生来的なものでも直観的なものでもなく、数、空間、言語など多くの面にわたる知的発達の一環であろう。ただこれまでの知的発達、

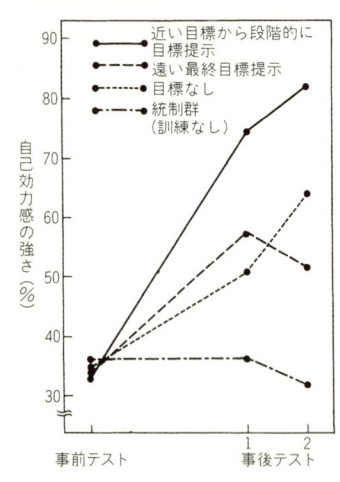

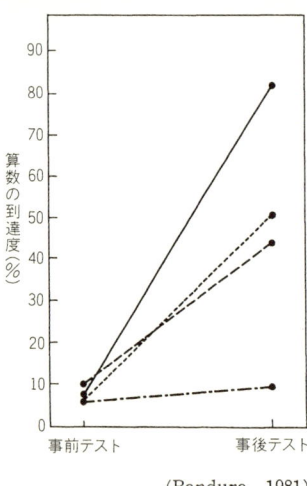

図 2·53 目標の立て方による行動の変化　　　　　　　　　　　　　　　(Bandura, 1981)

認識の形成の研究では、こうした社会的事象の知識の習得、社会的認知発達がともすれば手薄であった。

一方、遅延耐性をはじめとする行動の自己統制の研究は、どのような仕方で遅延するかの行動の分析、またそれを可能にする場面条件にもっぱら重点をおいてきた。しかし、そこで明らかにされた効果的な自己統制方略——象徴的な形で報酬を転換する方式、また、そうするような自己教示過程——とは、たんに外顕的行動の問題にとどまらない。むしろそれを可能にする内的変化——どう行動するのがよいかを、子どもがはっきりと認知すること——が重要なのである。自己統制の発達は、行動レベルだけの分析では不十分で、それを支える認識の発達と切り離せない形の自己統制能力である。

自己効力感を、行動を方向づけ、活性化するものとみなす自己理論を提唱するバンデュラは、自己効力感を強める治療的訓練によって、達成行動が平行して改善・増進するデータを、最近、次々と提出している（図2・52）[14]。ここで自己効力感と達成とが平行的に高まっているのは、単に一方が他方を強めるのではなく、行動の進歩が効力感を増し、さらにそれがより高い達成を促すという相互規定性を示すものであろう。また効力感と達成の改善・増

進の訓練の際に、段階的な目標を想定させ、近い（易しい）目標から順々により難しい目標へとすすませる手続きが、遠い最終目標だけを提示したり、漠然と試行するよりも効果的だという（図2・53）。これは、適度のズレをもつ理想自己が現実自己を改善する目標として機能するという、自己概念のところで述べたことに通ずる訓練プログラムといえよう。

16　認識と行動との関係——行動を左右する認識の要因——

自己統制行動、自律的行動、向社会的行動は自己概念、原因帰属、有能感など自己についての認識と密接にかかわり、それらの認識を基礎にしたものであることは先にみた。ミッシェルの指摘も、自己の認識以外の社会的認知、認識と行動との密接な関係についてである。

認識（知識）と行動の関係は、こと道徳的発達の領域では古くから問題にされ、たとえば、道徳判断と実際の道徳的行為との対応は、知識として高い道徳判断をもつ者が必ずしも実際の行動では逸脱、違反が少なくない、というズレの問題として、実際的にも理論的にも随所で論じられてきた。その意味では、まさに古くて新しい問題である。

何故、知識と行為とは一致しないのか。その一因は、認識そのものがまだ十分に確固としたものになっていないからであろう。前述のグラインダーの研究などをみると、知識と行動との不一致は、年齢上昇とともに減少の傾向を示す。ミッシェルのデータで、行動ルールの認識がまだ不確定な中間年齢では、遅延行動の効果的ストラテジーをよしとしながら、実際にはそれをとらず、効率のわるい行動に走ってしまうものが少なくなかった。そしてさらに年長になって効果的ストラテジーの認識が確

277　第3章　能動的・自律的行動とその発達

立したとき、実際の遅延行動も、ようやく認識判断に対応したものになっていった。この報告に照らして考えると、年少段階での道徳的知識と行為とのズレは、認識の発達の未熟さによるとみなせよう。

しかし、認識が行動を規定するという形ですべて説明できるものではない。発達途上の子どもに限らず、大人でも、言行不一致などといわれるように認識と行動のギャップはしばしばみうけられる。認識の形成、知識の獲得は、ミッシェルの指摘するように、たしかに行動を可能にする基盤ではある。しかし、知識が行動に結びつくか否かには、いくつかの要因が介在している。バーントは、認識と社会的行動との関係について次のようなモデルを提出している。社会的行動の生起は次の三要因によって規定される。第一に、その行動をすること、その行動の結果を当人がどう評価しているか、第二は、社会規範およびそれに従おうとする動機づけの強さ、これは他人からの期待にその人がどれほど支配されているか、それに従おうとしているかと関係している。第三は、当人のもつ規範およびそれに従おうとする動機づけの強さだ。これは、当人がなすべきだ、あるいはなすべきではないと信ずることをするかどうかにかかわる。これら三要因のどれが大きなウエイトを占めているかにより、どう行動が起こるかが決まる、という。この枠組みに沿ってみると、どの要因がより支配的かに発達的なちがいがあり、それが社会的行動の発達的差異をもたらすと見なせよう。たとえば、向社会的行動＝愛他的行動は年齢に伴って一般に増加する。これは、愛他的であるべきだという社会規範の存在を知ったこと、またそれに従おうとする動機づけが強くなったことを反映している。さらに、愛他的であることを自分自身の規範、自分がなすべきこととし、自身の規範に則して行動しようという動機づけのあらわれともみなせる。このように認識と行動の関係に介在している三要因間の関係という観点

第2部 自己の行動統制機能の諸相とその発達 278

から発達を切ると、コールバーグの提出している道徳的発達段階とかなり対応してくる[16]。バーントのモデルは、まだ、かなり粗いもので、今のところ既存の向社会的行動の発達的データにあてはめて解釈している段階にある[25]。行動と認識の両面にわたった発達的検討によって、行動と認識との関係についてさらに精しい要因分析が期待される一つの枠組みだと思われる。

第3部 自己と文化についての断章

人は自己の有能さを高め、それを発揮しようとする傾向をもった存在であり、それは第2部までで、自己をめぐる認識において、また自己の行動を自律的に統制してゆく営みの中にみることができた。

しかし、この傾向には幅広い個人差がある。とくに困難な状況に陥った時に、どれだけこれが発揮されるか、しようとするかにはそれが著しい。そのような個人ごとのちがいを生む個別的要因については既にある程度ふれたが、自己にかかわる認識および行動の形成は、さらに巨視的に眺めると個人的条件を超えた文化と深く結びついている。

この自己の問題と文化とのかかわりに関して私が考えはじめたのは、次のような、幾分偶発的なことがきっかけになっている。

一つは、英語における self の語の多様さである。ちなみに『岩波英和大辞典』の self の項をみると、self を冠した語、また self を語尾にもつ語の多様さである。ちなみに『岩波英和大辞典』の self の項をみると、①自分、自己、自身、……、②我利、私欲、……、③私自身、本人、……、④(複数)単色の花、と四種に分類した語義が述べられたあと、self を接頭語として冠した語が二六〇語余、一ページ半余にわたって挙げられ説明が延々とつづいている。また collocation を採集して編まれた勝俣銓吉郎氏の労作『新英語活用大辞典』(New Dictionary of English Collocation) で、self—— がおよそ一八ページにわたって連綿とつづき、実に五〇〇語が収録されている。そしてこの連語の多さはざっとみた限りでは、この self——が第一位のようだ。日本語では、岩波の『広辞苑』で自己〇〇の語がわずかに二一語、自〇、私〇を含めても、到底この self——の比ではない。

もっとも日本語では英語の self- にあたる語は必ずしも自己〇〇や自〇、私〇の形をとるとは限らないし(たとえば"直筆"の類)、他方、英語の self の連語には itself の連語も含むいわゆる再帰用法

第3部 自己と文化についての断章 282

すべてが網羅されていて、厳密に"自己"だけにかかわるものばかりではない。このような事情を考えると、単純な語数の比較から日英間の"自己"のもつ重みを即断してはならないであろう。しかし、にもかかわらず self の連語のおびただしさは、その時、探していた語を見つけ難かったこともあって、印象深く、日常の日本語での生活とひきくらべて、英語圏では"自己"というものの重み・意味にちがいがあるのではないかを改めて考えさせられた。たまたま、ちょうど手にしていた自己主張、自己抑制、また自己の認識の仕方などについての日本の子どもの特徴を示唆するいくつかのデータとも考えあわせて、自己の発達にかかわる文化の問題を考えさせるきっかけとなった。

もう一つのきっかけは、別な関心と必要から精神病や不適応の特質やそれが生ずる背景について知るべく、その方面の文献を読んだり専門家の話を伺ったりしたことにある。とりわけ分裂病についても改めて知ったいくつかのことがらは、自己の機能の形成・発達と、その環境要因として文化の問題を考えさせるうえで印象的なものであった。誰かにさせられている、あやつられているという作為体験が中心的症状であることから、分裂病患者は、自律性、能動性の意識を欠いたもの、また自己の個別性が失われ、他者との境界が薄れてしまったものと見なされている。自律的になること、能動的であることは人間の発達のゆきつくゴールであり、また本来、人間は能動性・自発性をもつことに特徴のある存在だというこれまでに繰り返し述べた認識からすると、この分裂病患者は、それからもっとも遠い、その意味で深刻な人格障害にちがいない。

このような分裂病が、それまで考えていたほど、圧倒的に遺伝で決まるものではなく、多くのケースで生育歴の中にその発生を促す要因があるという指摘は衝撃的といってもよいものであった。とり

283　第3部　自己と文化についての断章

わけ、自己と他者との間に客観的距離がないこと、そしてこれは自己と他者とのまのとり方を学べなかったこと、そして、それは親子関係のあり方と深くかかわっているという宮本の指摘は、最近多発している思春期の問題行動——登校拒否、家庭内暴力など——の背景ともつながるものとしても印象的であった[229]。この子どもたちと同様に、分裂病患者の多くが、発病以前の子ども時代は、手のかからない〝よい子〟であったということもおどろきだった。そこには、自己、個の認識や確立を阻む共通の要因がある。そしてしばしば日本の特色とされている長い緊密な親（母）と子の関係を、子ども個、自己の形成の問題との関連で考えてみる必要を痛感させられた。

第3部　自己と文化についての断章　284

このように考えてくると自己の問題と文化とのかかわりを示唆することがらが少なからずあることに気づかせられる。その一つは、自己をどう認識するかにおいてである。

第1章　自己と文化の交叉する諸相

1　否定的自己認識

一般に、日本人の自己認識は、自分のよいところへの注目・自信よりも、わるいところについての意識が強いといわれる。これは個人的レベルでも、また日本人全般の特質を他国人と比較して論ずる際にもあらわれている（たとえば日本人の書いた日本人論）。

こうした日本人に強い自己否定的感情、あるいは自尊感情の欠如は、これが嵩じた病的なケースに端的にあらわれているという。うつ病には罪責体験（負い目を負う者としての自己の自覚、申し訳ないという感情）が一般に特徴的だが、これが日本人のうつ病患者にはとくに多いという。また、対人恐怖症、赤面症などの臨床と比較研究にあたってきた人々は、他の神経症に比べてこれが日本ではきわめて多いことを指摘している。対人恐怖に悩む人々の自己についての不満や悩みを収集・分析した小川は、そこに共通する八つの因子を明らかにしているが、その中でも「自分自身に対する不満足感

285

き合えない」といった対人関係上の悩みと緊張が特徴的だという。
また別な研究者は、対人恐怖症の特徴的症状として "赤面しやすい" "他人の視線が気になる" の二点を挙げている（内沼[31]）。そして、この二つの特徴についてつぎのようなことを述べている。二つの特徴はいずれも恥の意識と関連しているが、やや異なった心的機制をもっている。初期には "赤面しやすい" 症状が支配的で、しだいに "視線恐怖" へ移行する段階的変化が一般的である。また最近の対人恐怖症では "赤面恐怖" よりも "視線恐怖" が増え、また、分裂病と境界を接するような症例が増加してきている。

このような対人恐怖的傾向は、日本では、患者ばかりでなく一般の人々にも強いことを、小川は明らかにしている。対人恐怖症のもつ徴候、八因子の得点を、対人恐怖症患者と一般日本人、在日

図 3·1 対人恐怖因子ごとの得点の比較（小川ほか，1979）

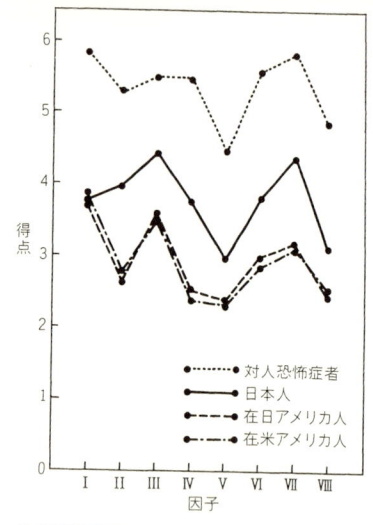

因子Ⅰ：大勢の人に圧倒される悩み
Ⅱ：自分に満足できない悩み
Ⅲ：気分が動揺する悩み
Ⅳ：うまく人とつきあえない悩み
Ⅴ：気分のすぐれない悩み
Ⅵ：自分や他人が気になる悩み（身体的不調感）
Ⅶ：内気である悩み
Ⅷ：目が気になる悩み

ないしは不適合感」「根気がなくて何もできない」「計画をたてても実行が伴わない」「何をするにも自信がない」といった自己否定、とくに自分の統制感・能動性への自信欠如が顕著だという[249]。加えて「集団にとけこめない」「他人が気になる」「くつろいで人とつき合えない」「まのとり方がわからない、だから気づまりだ」という分裂病患者の告白とも通ずる。この悩みは「他人との間にまがも

第3部　自己と文化についての断章　286

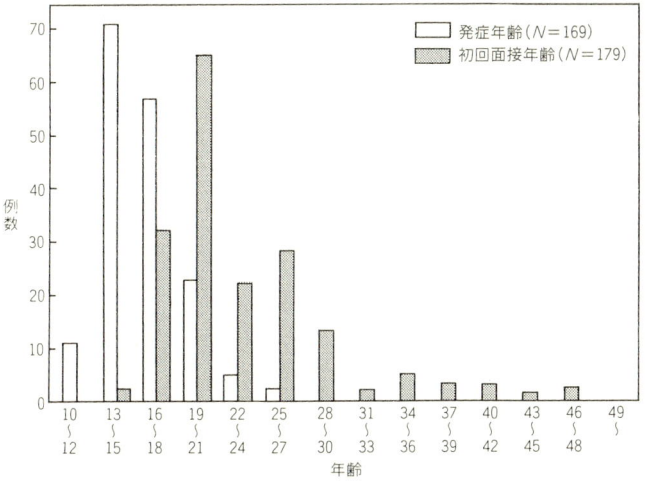

図 3・2 対人恐怖の発症年齢と初回面接年齢　　(小川ほか, 1979)

およびアメリカ在米のアメリカ人について比較すると、第I因子（大勢の人に圧倒される悩み）だけは、対人恐怖症群が他の三群より圧倒的に高く、日本人は在日・在米のアメリカ人と差がない。しかしその他の七因子はすべて日本人群が対人恐怖症群につぐ高い得点をもち、在日・在米のアメリカ人と差がある（図3・1）[29]。

このように、日本における病的な対人恐怖の患者の多さ、また一般に対人恐怖の傾向が日本人に強いことの背景として、"目立つこと""人目につくこと"はよくないとする文化的規定、また人と人とのつながりから疎外されることへの恐れが基本的不安として存在していることがある。一方、日本人の自我、自己の捉え方は、他人の評価や状況に大きく左右される流動的で他律的なニュアンスをもつ。親しい共生的な関係にある家族集団にいるうちは安全なのでここではけっして恐怖を感じない。それが未経験な新しい他者の集りへと生活が広がるに及んで、自己の位置づけが定まらず混乱に陥ってしまう。家族の中で享受していた承認、くつろぎ、愛情がここでは必ずしも得られず、不安を覚える。そしてその原因を自分の欠陥に求める。これが対人恐怖なのだという。ここには、自分を否定的にみる傾向が顕著にあらわれている。

対人恐怖の初発年齢は一三〜一五歳にピークがあり、圧倒的に思春期、青年前期に多い（図3・2）[249]。この時期は、心理的離乳といわれるように親や家族集団への依存から脱して、自我の確立、個別化が果たされる時期である。この頃対人恐怖が集中して発生する事実は、それが自我の確立、個別分裂病、また登校拒否、家庭内暴力などの問題行動と通ずる。

2　自己認識の強さ・弱さ——自・他の分化・対立の度合い——

既にみたように、子どもにおける自己認識の成立は、他の存在を知ること、自他の区別ができることを前提にしているが、成人でも、自己の認識は他の存在、他との識別なしにはありえないことは同様である。この際、自己と他者とをどれほど識別的に捉えるか、自己と他者（集団）との関係をどう捉えるかに関して日本人は西欧人と異なると考えられる。自己と他者を対立するものとして捉える、換言すれば他と対立するものとして自己を認識し、またその独自性、差異性を主張する西欧の人々。これに比べて、日本人は他と自己との間にむしろ共通性、同一性を見出そうとする（そのことで自己は他との関係に安定を保ちうる）。そこでは、それぞれ独自性、他とは異なる個別性を具えた自・他——汝と〝われ〟——のあり方ではなく、むしろ、他・全体（集団）の中の自己であり、自己は他と対立的というより融合的な形にある。

憂うつ（depression）という語に対して連想する語は、アメリカ人では、まず「悲しみ」（sadness）というあくまで自己にひきつけた状況であるのに対して、日本人での第一位の連想は〝雨〟であるとい

う（タナカ・マツミ[297]）。ここでは自己は外界、自然と強く関係づけて捉えられている。

未知の人に出会った時、その人が共通の知人や経験をもつことを知ると、その新しい他者との関係に落つきと安堵を覚える。ここには、他者の独自性や自己との差異よりも、同一性を見出すことに自己認識、他者認識の基本があるという特色が認められる。

自己意識の実験的研究で、アメリカの被験者は、鏡を前におかれたり、観察者がいると自己意識が高まるという。鏡で自己の姿を鮮やかにみせられ、それを正視する、あるいは他者（観察者）の存在は、自己の存在感を強く意識させる契機となる。このような変化は、日本の被験者でも起こるのだろうか。だいたい日本人は、まともに自分と向き合うことや他者を正視することが苦手であり、相手の目を見据えて話をすることは、むしろ例外的なことで、余程のさし迫った状況か敵対的な関係の時のことで、西欧の人々が話す時に相手の目をちゃんとみながら話すのと大変にちがう。

しかし、日本人は他者の存在にけっして無関心なのではない。むしろ他人の存在は大いに気にしている。さきの視線恐怖はその極端で病的な場合だが、普通の人でも他人の目に敏感である。"人の笑いものにならぬよう……""人からうしろ指さされぬように……""みっともない"といったことが、自己評価やあるべき姿の基準になるほど、他人からの評価や他者の目は大きな力をもっている。しかし、この場合の他者の目は、梶田が"まなざし"ということばで巧みに表現したように、相手と正視し合うもの、自己と他とが対峙し合うものではない[135]。もっと感覚的・感情的なもの、まさに"みられている感じ"という漠然とした他者のあり方なのである。

このような自・他の関係のもち方のちがいは、個としての自己意識の強さ・弱さ、自己の独自性、

他との差異性の主張の強さのちがいとなってあらわれると考えられる。

3 課題志向的・抑制的傾向

既にみたように、日本の子どもの認知スタイルは早く熟慮的になる。ことに学齢を境に反応時間は長くなる代りに、誤反応は急激に減ずる。この変化は換言すれば、課題目標に沿わない余計な試行や反応は抑制し、課題目標を志向した行動に集中するようになることである。自由な探索や多様な試行錯誤が可能な課題状況で、課題目標に直結した努力に集中し、高い課題成果をあげる点は、日本人の特徴といえるのではないか。課題目標には沿わないが、その場で触発された興味にもとづいて脱線した試み・遊びをあれこれやってみる、そのような一見無駄で逸脱した反応や自由な探索は、アメリカの子どもに同齢の日本の子どもよりずっと多く見出された(後出の表3・8)[146]。また、日本の子どもの高い知的達成は、衝動的ではなく抑制的であることと高く正相関しており(後出の表3・9)、日本の子どもでは、(逸脱した探索はせずに)抑制的であることと高い知的課題成績の背景となっていることを物語る。これは、同齢のアメリカの子どもたちでは、抑制的であることや積極的であることは知的達成とはほとんど関係がなく、いろいろな活動をすると(活動性)や、人とはちがった試みをする独創性が、高く正相関しているのときわめて対照的である。

このように、日本の子どもたちは知的課題状況で抑制的であることを特徴とし、それが知的発達にとって大きな意味をもっているのだが、これがもっと広く行動の制止一般にもつながることかどうかには疑問がある。たとえば我慢強さ、フラストレーション耐性、さらに非社会的・反社会的行動への

表 3·1 達成動機づけと親和動機づけの相関係数
（宮本・加藤，1975）

	親和動機
達成動機 男	.3858**
達成動機 女	.3201*

*$p<.05$ **$p<.01$

逸脱の少なさなどについてはどうであろうか。最近の家庭の内外での問題行動、少年犯罪の増加傾向——しかも成人の犯罪一般は他国よりずっと少ないのに反して、少年犯罪だけは増加し、低年齢化し、また一般化してきている昨今の動向——をみると、むしろ、この種の行動抑制力は概して弱いとみなければならない。形の上で反応を制止・抑制するという点では同じでも、異なった能力が必要とされているのではないだろうか。知的課題状況での抑制は、熟慮であると同時に失敗・誤りの回避であるが、反社会的行動の抑制やフラストレーション耐性には、不適切な行動や回避以上のもの、もっと積極的・能動的なものが必要であろう。それゆえにより難しいことなのではないだろうか。

4 集団志向——他者との親和への志向——

一人一人が独自に行動し、それぞれがユニークな成果をあげることよりも、集団でことにあたり、高い生産性、すぐれた成果をあげることに日本人の特質、長所があるといわれる（ライシャワー[261]）。ものごとをよりよく成し遂げようという達成動機づけの強さと、他人と相和したいという親和動機づけとは、アメリカ人の間では負の相関関係にあるのに対して、日本人では正の相関関係にあるという事実は（表3・1）[231]、このことを反映するものであろう。このような集団としてのまとまりと生産性は、前述した他と自己に異質性や差異を認めるよりも同一性を見出すことを基礎にしている。個を抑え、差異は黙認、黙殺して、むしろ連帯の絆になる同一性、等質な点を求める、共通の目標を掲げ、その目標に沿った課題志向的行動がきわめて効率的に展開し、高い生産性をあげることになる。

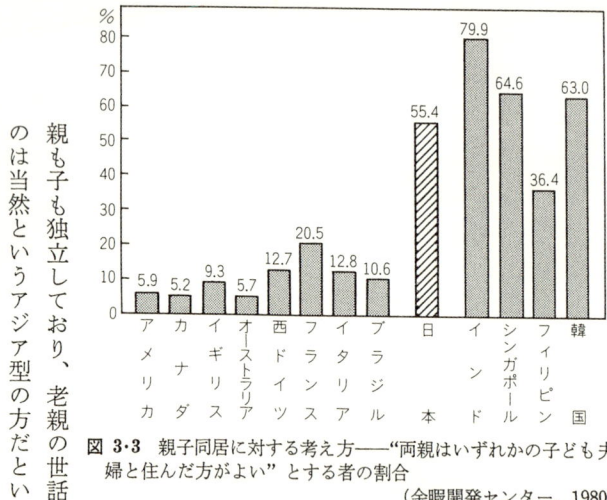

図 3・3 親子同居に対する考え方——"両親はいずれかの子ども夫婦と住んだ方がよい"とする者の割合
（余暇開発センター，1980）

こうした高い集団志向、親和的傾向は、異国に生活する日本人が、その国の人々との交流よりも、日本人同士だけで"固まる"という現象にも端的にあらわれる。稲村は、日本人の移民、企業の駐在員、外国旅行者、留学生・研究生など、どの層にも顕著なこの"固まる"現象を、心理的に他の存在を必要としないで一人で生きてゆける自己完結性の乏しさと、他人との柔軟な疎通性の欠如による不適応という観点から分析している[121]。これは何も異国という特殊な状況の中でだけあらわれるものではないであろう。自主と独立が人としてもっとも不可欠な条件とされる西欧では、依存はむしろ未熟なこと、望ましくない特性とされる。年老いても子に頼らず一人暮らしを当然とも誇りともし、子もそれを当然とする。このような老親と子どもとの関係は日本ではまだ少ない。最近の国際比較データによると、親も子も独立しており、老親の世話はしないという西欧型に対して、日本は、老親は子が面倒をみるのは当然というアジア型の方だという（図3・3）[330]。将来、どう変わってゆくかは予測し難いが、個の独立よりも連帯を志向する傾向の強い日本の背後に稲村の指摘する自己完結性の欠如があるとすれば、それほど急激に変化するとは考え難い。

依存性の発達について、従来の一般にうけ入れられてきた"依存から自立へ"という捉え方に対し

て、高橋は依存の型の変化という視点を提起している。この観点は、個の独立、自立を人間の究極の人格要素とするアメリカでは考え難く、いかなる形でか他との共存、協調を志向する日本の中ではじめて生まれたものであろう[292]。またそうした社会の中で成り立つ図式なのではなかろうか。

このような集団志向、他者との親和を重視する態度は、"自己"というものの捉え方の特徴にも反映されている。自己紹介する際、西欧の人々はまず当の個人名（ファースト・ネーム）、そして家族名、そのあとに社会的地位や職業、そして最後に帰属するグループ（学校や職場）を挙げるのが普通である。ところが日本では通常、これと反対の順序で自己が紹介される。所属する団体、そこでの地位、ついで家族の姓、そして自分自身の個人名は最後で、時にこれは省略されることもある。この自己紹介の仕方の対照は、自己の捉え方、自分について何をもっとも大事にしているかのちがいを反映していると今道はいう[118]。日本（東洋）では、自己を、社会や他者とは別個な独立した存在として認識するよりも、社会や他者との関係の中に埋没させて捉えている。そこでは、社会や外界の状況の変化によっても変わることのない人格的個体を尊重するという個人意識は稀薄で、帰属集団の成員として自己、個は捉えられている。西欧での自己と他者は、まず各々独立した個体として捉えられ、そして自己と他とは相和したものではなく、むしろ敵対するあるいは競争の関係にあるところから出発するのとは、きわめて対照的である。この相違が、次に述べるような文化や価値の根源にある。

293　第1章　自己と文化の交叉する諸相

第2章 "自己"の発達をとりまく文化・価値

どの文化、社会にもそれぞれ独自の価値があり、それが、そこに生まれ育つ人々の行動を規定する大きな枠になっていることは変わりはない。ここで二つの点が問題となる。一つは、その社会でどのような価値が重んじられているか、であり、第二はその価値や規範の拘束のきびしさである。

1 同　調——自己決定——

価値、規範の中でも "個" の形成にもっともかかわりの深いものとして、対人関係にかかわる価値がある。人の和や長幼の序が重んじられる日本の伝統は、しばしば西欧の個人主義や独立を重んずる風潮と対比して指摘されてきた。この差は、個の明確さ、自己主張の強さなどを生む一つの背景とみなされる。

対人関係価値についてのゴードンと菊池の比較文化的データは、日本人の対人価値の特色をよく伝えている[84]。自己決定・独立的価値（自分のことは自分で決定する、他から独立して仕事する、自分自身を統制しうる）が高いことと、皆からうけ入れられるよう行動する、穏当なことをする、社会的に正しいことをする傾向が低いことを特色とする第一因子（自己決定因子）において、日本は低く、逆

第3部　自己と文化についての断章　294

表 3·2 社会的価値の比較（因子負荷量）
(Gordon & 菊池, 1981)

サンプル		N	因子		
			自己決定	同調的価値	互恵性
日　本	男子・大学生	238	−.09	.84	.45
	女子・大学生	505	.05	.80	.57
	男子・高校生	181	.22	.89	.34
	女子・高校生	227	.33	.83	.43
フィリピン	男子・大学生	216	.38	.86	−.32
	男子・高校生	208	.55	.82	−.06
	女子・高校生	203	.59	.77	.16
インド	男子・大学生	36	.45	.85	.04
	女子・大学生	27	.54	.79	.27
	男子・高校生	42	.72	.60	.29
	女子・高校生	61	.70	.64	.16
アメリカ	男子・大学生	1075	−.90	−.01	−.19
	女子・大学生	746	.18	.13	.90
	男子・高校生	782	−.68	.33	.62
	女子・高校生	666	.49	.10	.87

に第二因子（同調的価値）が日本は高い点は、他国と比べてきわめて特徴的である（表3・2）。このデータは、一般にいわれている日本の集団志向、西欧（アメリカ）の個人・独立志向をよく示している。

ここでの自己決定因子の低さは、因果帰属に関する比較データは、日本はアメリカに比して"運"要因をより高く、自分がものごとや人を動かしうると考える（内的統制）度合いは、アメリカ人よりも低いことを明らかにしている。このことは子どもの発達を規定する要因についての母親の意見にも認められ、アメリカの母親は自分たち自身の教育の力をより重視している点、日本の母親は運・素質を重視している点で、他方の国と差があり特徴的であった。

同調的価値についての日本の特質、アメリカとの対照は、子どもに対する母親の発達期待にもあらわれている。就学前幼児をもつ母親が子どもに早期に達成すべき発達課題として期待するものは、日本では"従順"（ことに親への）に、それに対して、アメリカでは、"言語による自己主張"に重きをおいている（言語による自己主張は、個の尊重を背景としたものであり、"和"を重視する

295　第2章 "自己"の発達をとりまく文化・価値

表 3·3 個人的価値の比較文化的差異（平均）

(Gordon & 菊池, 1981)

	サンプル		実際	達成	多様	決定	秩序	目標志向
男子	大学生	日本	9.0	14.7	9.9	15.1	17.9	23.4
		アメリカ	12.8	17.5	13.8	15.1	13.3	17.4
		差	−3.8*	−2.8*	−3.9*	0	4.6*	6.0*
	高校生	日本	12.1	13.8	10.2	12.8	20.1	21.0
		アメリカ	14.5	16.6	14.6	14.9	12.7	16.9
		差	−2.4*	−2.8*	−4.4*	−2.1*	7.4*	4.3*
女子	大学生	日本	7.6	14.7	9.7	16.7	17.3	24.0
		アメリカ	11.7	16.3	14.8	15.1	13.7	18.3
		差	−4.1*	−1.6*	−5.1*	1.6*	3.6*	5.7*
	高校生	日本	9.5	13.9	9.8	13.4	20.2	23.2
		アメリカ	13.9	14.8	16.4	15.1	12.6	16.9
		差	−4.4*	−0.9*	−6.6*	−1.7*	7.6*	6.3*

* $p<.01$

ところでは、自己主張はむしろ否定的評価が与えられる）。この対照は、ゴードンらのデータで日米それぞれで重視されている価値と対応している。母親の子どもへの発達期待は、母親だけのものではなく、その社会の価値をほとんどそのまま反映している。

2 秩序と目標志向性

ゴードンらが報告している個人的な行動や生活に関する価値の特徴も、対人価値の特徴につながるものがある（表3・3）[84]。

日本の大学生は男女ともに、秩序的価値（規則的に仕事をする、計画的な仕事の習慣をもつ、規則正しい人間である、など）と目標志向的価値（明確な目的をもつ、一度はじめたことはやり遂げる、など）が高く、逆に、実際的価値（自分のものを大切にする）、達成的価値（独力で最高の水準の業績をしめす、取り組むにあたいする仕事をもつ、など）、多様的価値（新しくめずらしい経験をする、いくぶん危険を伴う経験をする、スリルのあることをする、など）において低い、という。このように個人的価値レベルでも、秩序を重んじ、目標志向性が高いことは、その秩序・目標に則した行動を促すことにつながるものであろう。

第3部 自己と文化についての断章 296

3 自律をめぐる文化・宗教的背景

欲望を抑制すること、また己を律することへの高い価値は、宗教と深く関係している。西欧でのキリスト教、とりわけプロテスタントでは、この二つに高い価値が与えられ、いわゆるプロテスタントの倫理といわれるものの中核をなしており、禁欲や自律はこの思想と強く結びついている。キリスト教とは縁の薄い日本でも、我慢強さ、質素、倹約、節制などは、少なくとも一昔前までの日本では美徳であった。これには儒教や仏教など宗教的背景が無縁ではない。ここでは、成功・達成は自分（一人）が創り出すものではなく、むしろ人間を超えたある力によって大きく動かされているものだという考えが強く支配している。努力の価値を認めて精一杯の努力をする一方、人間の力や努力の限界を知り、それを超えたものがもたらす状況をうけ入れることが人の到達すべき高い境地——悟り——とされる。

したがって、日本人の原因帰属が他国に比べて"運"の比重が大きく、外的統制傾向が著しいというデータ（たとえば、マックギニスら[201]、マーラー[191]）から、直ちに外的要因による規定性が大きいとし、内的要因（とくに努力）の低さを結論してはならない。努力と運命の甘受とは決して相反することではなく、ともに重視されうるものなのである（因みに、日本の中・高校生では努力要因と運要因への帰属は負に相関していない——柏木）。このような事情を考えると、内的統制——外的統制を一次元的に捉え、しかも比率配分法で要因の比率を決めることは、少なくとも日本人については不自然であり、妥当性を欠く。

さきに原因帰属の発達が、アメリカの子どもでは内的統制型へ向かうものであるのに対して、日本

の子どもでは必ずしもそうはならない。また内的統制が高い達成（IQ）と結びついていないということをみた。これも内的―外的統制という方向を一次元的に想定することの無理を示唆している。さらに〝他律から自律へ〟とか自己実現に高い価値をおいた仕方で行動発達を捉えることの単純さ、内的統制＝自己効力感、外的統制＝無力感とみなすことの早計さも考えさせられる。

一方、貧困という状況が、我慢や質素、倹約を余儀なくさせ、それらを範とすることによってよく共存しえた事情も無視できないであろう。しかしこの状況は豊かな国となった今日の日本では大きく変化し、〝消費は美徳〟とさえいわれたりする。最近の子どものフラストレーション耐性の欠如、反社会的非適応的行動などの増加は、そうした社会状況と価値の変化と無関係ではないのではないか。この限りでは、豊かさが発達を促進する望ましい環境とはならず、むしろ豊かさが発達に歪みをもたらすことになっているともみなせよう。

4　規範のきびしさ

その社会の価値と規範に対して同調がどのくらいきびしく求められるか、換言すれば個人の自律、独自性を認めるか、このバランスには文化差がある。この点について日本を含んだ厳密な比較データは乏しい。しかし、たとえば年齢規範の場合を考えてみると、規範のきびしさはかなりのものといえるのではないか。〝年相応に……〟〝年甲斐もなく……〟〝いい年をして……〟というように、年齢にふさわしい行動や特徴を具えるべきことがしばしば言及される。しかもこうした年齢規範はどちらかといえば否定的評価、非難のニュアンスをもつものが多く、積極的に行動することをすすめるよりむしろ抑

制として働く方向にある。日本人の結婚年齢は女子では二四歳、男子では二七歳あたりに集中し、しかもこの十数年間ほとんど不変であるが、このようなことは他国に類がない。これも年齢規範のきびしさの一つのあらわれと見なせよう。

"出る釘は打たれる"ということだけは（経済、風俗その他の著しい変化、進展にもかかわらず）依然として変わっていない」という、十数年日本を離れていたある日本人心理学者の感想は、独自性、集団からの逸脱への非寛容を示すこととして印象的である。しかも、こうしたきびしい規範が、必ずしも明示的な形をとってはおらず、隠然とした形でしかし強い拘束力をもってメンバーに迫っている点に特徴がある。

親が子どもに服従を求める時、アメリカの母親は、ほとんど例外なく「……すべきだ」「……しなさい」と、求める行動規範を明示的に直截に述べる。このような表現は、日本の母親では少ない。それよりも、「野菜を食べないと元気になれない」とか「食べないとお母さん悲しいわ」「お百姓さんが一生懸命作ったものよ」というふうに、そうしない場合の結果を述べる、また理屈よりもむしろ感情に訴えて共感を誘う、といった方略が目立つ。この方式がアメリカの母親ではきわめて少なく、その論理的説明や明示的な規則の提示とは対照的である。日本の母親の言語表現は間接的で、一見ものやわらかでゆるやかな統制にみえるが、実はそうではない。感情に訴え、周辺情況を述べるだけで、どうすべきかは子どもが当然わかるはずだとの信念があり、親の規制は、実質的にはむしろ強いともいえる。

このように曖昧でありながら、強い規範の存在を敏感に察して、それに沿って行動しなければなら

ないことが求められている、という点にも、日本の規範の特質ときびしさがあると思う。

第3章 社会の規範・価値を媒介する教育風土・育児文化

自己や個の形成・発達にかかわる社会の規範や価値が媒介される具体的な場として、家庭と学校は大きな役割を果たしている。たとえば前述の〝出る釘は打たれる〟ということは、そこでは具体的にどのような形をとっているのだろうか。

1 親子（とくに母子）間の強い絆と小さい心理的距離

日本の中産階層の家庭および親子関係の観察にもとづいて、ヴォーゲルは家族が母子対父という構造をなしていると指摘し、これを西欧における父母（夫妻）対子どもという構造との特徴的な差異として注目している[316]。この特徴は、具体的には次のような点にもみられる。

一つは母と子どもの共寝パタンの多さである。広い階層にわたる約七〇人の子どもが三・八歳の時点で、誰と寝ているかについて調べた結果にもその特徴がみられる（表3・4）[10]。アメリカの子どもの大部分が一人あるいは同胞と寝ている、つまり親とは別室であるのに対して、日本の子どもでは逆に、大半が両親あるいは母親と同室で寝ていて、一人あるいは子ども同士が同室で親とは別室のものはむしろ少ないのである。

表 3·4 誰かと一緒に寝るか，それは誰か　（東ほか，1981a）

	日本(76)	アメリカ(67)
な し（1人1室）	3	47
同　　胞	9	17
母	14	3
親	17	0
両　親	18	0
同胞と同母	3	0
同胞と父	3	0
他	6	0
不　明	3	0

　この就寝形態と関係があると予想される部屋数は、アメリカの方が概して多いが、日本でも四・五室以上の家が過半数を占めている。そして部屋数の多さと共寝・別寝についての明確な対応はみられていない。このことは、物理的制約からの共寝ではなく、幼い子どもを親により身近におくことをよしと考えるしつけの一環と見なしうることを示唆している（なお、最近の小学生についての国際比較によると、小学校五年までの個室保有率は日本では七〇％あまりで、西欧、アジアの国々を抜いて一位であるという。これは、小学生になると、親は子の個を認め独立を促すためとは単純には考え難い。

　むしろ、勉強に専念させるために囲ってしまうことなのであろう）。

　幼児を物理的に身近におくことは同時に心理的にも親子間距離を縮めることになる。またそうすべく身近におくともいえる。日本の親子が独特の身近な関係にちがった特別な親愛の感情にもとづくものであるが、また逆に、親子は他人ではないという密接なつながりを強め、さらに親と子、それぞれが独立の個であるという認識を稀薄にさせることにもなる。親と子といえどもそれぞれは独立の他者であるという認識が弱いゆえに、そのような呼称が自然に長く代って使われ、これが青年期にまでつづく場合も稀ではない。これは親子という他の人間関係とはちがった特別な親愛の感情にもとづくものであるが、また逆に、親子は他人ではないという密接なつながりを強め、さらに親と子、それぞれが独立の個であるという認識を稀薄にさせることにもなる。親と子といえどもそれぞれは独立の他者であるという認識が弱いゆえに、そのような呼称が自然に長く

第3部　自己と文化についての断章　302

表 3・5　しつけ方略の心理的空間および認知的空間に見られる日米差

(東ほか, 1981 a)

(a) 心理的空間（心理的圧力）

心理的空間の次元 \ 対象	母 日本	親 アメリカ
1. 直接命令	43.1	54.6
2. ゆるやかな命令	9.2	11.9
3. 変形命令	7.2	0.5
4. 代償	1.4	14.9
5. 譲歩・妥協	1.4	7.0
6. 説得・暗示	22.4	2.0
7. 全面的容認	2.6	3.7
8. 説得後容認	2.9	3.2
9. 評定不能	9.8	2.2
計	100.0	100.0

(b) 認知的空間

認知的空間の次元 \ 対象	母 日本	親 アメリカ
1. （地位）理由なし	17.5	45.6
2. ルール	13.6	16.9
3. 個人的・主観的理由	21.9	7.9
4. 論理的・合理的理由	30.6	22.3
5. モデル	5.0	0.6
6. 理由の質問	2.4	3.4
7. 評定不能	9.0	3.3
計	100.0	100.0

くつづくともいえる。

日本の母親のしつけ方略で、直接的命令や具体的な指示なしに、個人的な感情や経験に訴えて子どもの共感を促す仕方が一般的であるのは（表3・5）、母子がこのような親密で近い心理的距離にあることを前提にしている。具体的に指示しないでも、わずかのヒントや示唆でお互いに十分了解し合える心理的空間を共有しているからといえよう「10」。"くみとる""察する"あるいは"見てとる"といった理解・伝達の方式がよく使われ、しかも有効なのは、そうした親子関係に負っている。

家庭内暴力は、親からの自立、家庭からの離脱のつまずきとみなせるが、それはこのような親子間の距離を適切な時期に漸次適切に調節してゆけたかどうかにかかわる。自我機能に障害のある分裂病では、自分が自分自身だという自覚がない。他人との間に適切な時間的・空間的距離をとりながら、相互の存在を交換しあうという関係がもてないという。「まがもてない」「ま、のとり方がわからない」だから気づまりだ」と告白する。このような、対人関係の中での適切な心理的空間の学習や自己の個別化の障害は、患者の生活史、と

りわけ親との関係の中に求められる、と多くの症例から木村は指摘している[158]。

人は物心ついたときから、親と生活を共にし、最初はほとんどの時間を親と共有している。しかししだいに子どもが"自分を出してゆくこと"を学ぶ。この過程で、親が子どもとの時間を心理的にも物理的にも完全に占領・支配してしまって、子どもが自分を出したいと思ってもそれを抑えつけてしまうような仕方で接していると、子どもは自分の出し方、他人の中で自分を適切に位置づけるすべを学べない。こうした学習不全が、他人との間で、どう自分を出し、また適切な距離関係を保って対応するかができないことにつながる。

分裂病患者の親には、共感性の乏しい人が多く、家族間に信頼関係が薄い場合が多いという。このような親や家庭では、子どもが自分を出す時間・機会が与えられない、したがって、まのとり方の学習が起こりにくい、ということなのであろう。この分裂病の発病が、自我、自己主張が強まり、異性関係のような緊張した対人関係に迫られる思春期に多いのは、個別化、自己の確立の完成期に、それまでの生活の中で十分育ってこなかった、自己と他との関係に、破綻を来したとみることができよう。

青年期の因果帰属の内的統制型つまり自己効力感の強い青年の親は、ただ暖かく保護的なしつけをする親ではなく、子どもに対して批判的態度やクールな関係をもつ親だという（クランドールら[47]）。これは、いつまでも子どもを自分の手元に保護し囲っておらず、むしろ親の"巣から押し出"して子どもに一人で外界を探索させ、客観的な原因-結果を体験させることの青年の自己の発達における重要性を示唆しており、木村の指摘するまの学習に通ずるものと思われる。

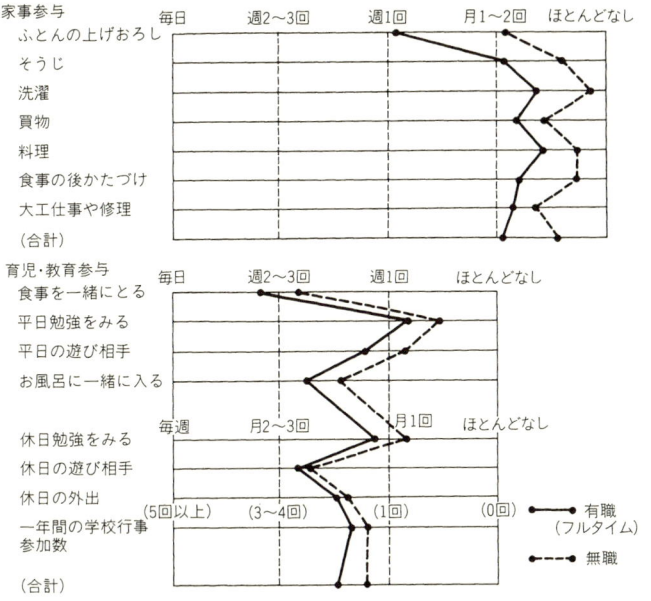

家事参与
ふとんの上げおろし
そうじ
洗濯
買物
料理
食事の後かたづけ
大工仕事や修理
（合計）

育児・教育参与
食事を一緒にとる
平日勉強をみる
平日の遊び相手
お風呂に一緒に入る

休日勉強をみる
休日の遊び相手
休日の外出
一年間の学校行事
参加数
（合計）

──● 有職（フルタイム）
---● 無職

図 3・4 父親の家事・育児への参与度──有職および無職の母親の比較
(柏木，1983a)

2 しつけの担い手

家庭における社会化の担い手は父親と母親であり、それぞれ異なった役割を果たすものである。

しかし、実際は主として母親に大きな比重がかかり、時に"父親不在"ともいえる状況が日本では稀ではない。「しつけは、家内に任せています」は一種の常套句であり、時に望ましい夫と妻の役割分担の形とさえみなされている。こうした父親不在の状況は、最近増加している母親就業家庭ではやや少なく、父親の育児参加は少し増えるが、しかし一般に父親と子どもとの接触は乏しく、自分の子どもについての父親の認識はかなり貧弱なものである（図3・4）[註]。

このようにしつけの担い手がほとんど母親に偏し、"父親不在"的状況が、子どもの発達に歪みをもたらすことがしばしば指摘されている。たとえば、男子の性役割という個の確立の面で、また、最

305　第3章　社会の規範・価値を媒介する教育風土・育児文化

表 3·6 父親と母親のしつけ方略の比較（27 ケース中どちらにより大か）

(東, 1977)

しつけ方略 カテゴリー	直接命令		説得・暗示		理由なし の命令		個人的主観的 理由での命令		合理的説明 を伴う命令	
	父	母	父	母	父	母	父	母	父	母
父母間の 分布	23	4	3	23	25	2	2	23	1	17

近の家庭内暴力や登校拒否などの背景として父親の役割不在ないしは不全があり、父親が治療に参加することが、子どもの問題行動に重大な転機をもたらすという臨床家の報告もある。

家庭のしつけ方略を、父親と母親について比較検討したデータは、父親のとる方略が母親のそれとはかなりちがいがあることを明らかにしている。日本の母親には比較的少ない直接命令や、理由をあれこれいうよりも、きっぱりと直接命令する統制法が父親では多くとられている（表3・6）[9]。しかも、この方略は子どもに対してプラスの効果をもつものなのである。

このことは、父親と母親とが、子どもに対してそれぞれ異なったアプローチでしつけにあたり、父親が、母親には欠けがちなきびしい断固とした姿勢で子どもに接することが、子どもの発達にとって必要なことを示唆している。父親との抗争、父の権威や家への反逆を通して青年の自我が成長し、個の確立が果たされる事情は、日本の近代文学がしばしば扱ってきたテーマでもある（たとえば、志賀直哉の『暗夜行路』）。青年の前に立ちはだかり、その自我の確立に大きな影響をもつ父親の存在が、現在稀薄になってきていることは明らかである。

家庭の機能の変化・弱体化がいわれて久しい。しかし子どもを社会化させる役割は今後もなお家庭の機能として残ることは確かであり、一方、前述した最近の思春期の問題行動がすべて自我の発達上の問題をはらむものであることを考えあわせると、父親の問題はきわめて重要だと思われる。ここ十年来、従来の母親中心の研究に対して父親に焦点をあてた研究が多くあらわれてきているのは、こうした問題意識を反映している（古市[76]、柏木[145]、ラム[170]、リン[189]）。

3 課題志向を推進する学校文化

家庭についで子どもが出会う社会化の場である学校は、子どもに課題志向的行動を強く促す。幼稚園・保育園など就学前教育が社会性や情緒に主眼をおくのに対して、小学校は知育の場として位置づけられてきた。そこでの"よい子"は、学校の勉強が"よくできる子"であり、"よくできる"とは、まちがいをしないこと、求められた正解を出すことである。そして子どもに対してそうなるべく有形無形の働きかけが与えられる。入学前から「もう小学校に上がるんだから、しっかりしなくては……」「そんなことをしていると学校では笑われますよ」という親や園での激励、学校に入ると、正答は○、誤りは×とはっきり白黒をつけられ、できるか否かの次元での評価の方式、そのような風土の中で、子どもは思いついたこと、したいと思ったことを鷹揚に外にあらわすことはしだいにしなくなる。外に出す前に、いや待てよ、これでいいかな、まちがってはいないか、笑われることにならないかと、まず考える。そしてこれなら大丈夫と思ってはじめて外に向って行動するという姿勢が育つ。日本の子どもが、他の国の子どもより早く熟慮型になり、しかも小学校入学を境に、この熟慮傾向が画期的にすすむというデータ（図3・5）は、これを促す学校風土の影響を物語っている[100]。

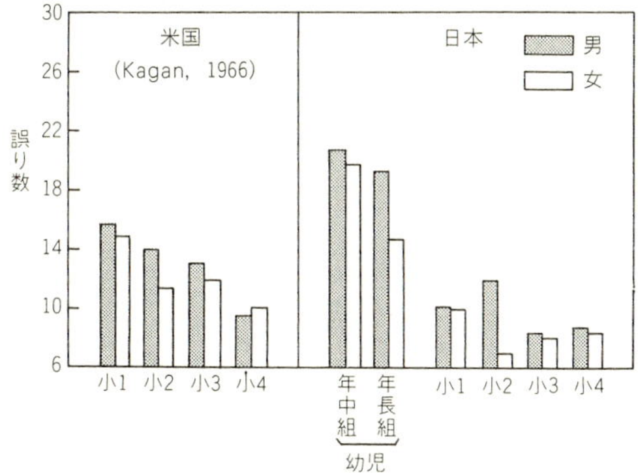

図 3・5 MFF における誤り数の年齢的推移 （波多野, 1974）

（グラフ：米国 (Kagan, 1966) と日本、男女別、小1〜小4および幼児（年中組・年長組））

307　第3章 社会の規範・価値を媒介する教育風土・育児文化

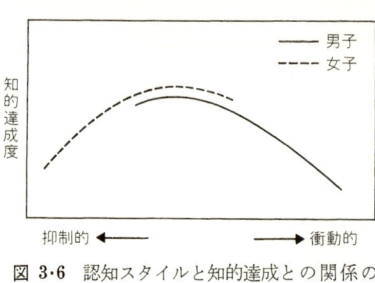

図 3·6 認知スタイルと知的達成との関係の男女別分布 (Maccoby, 1966)

認知スタイルの分布が男女児で異なり、さらに知的達成との関係も男女で異なるというマッコビーの説（図3・6）も、同じ文脈で理解できる[190]。失敗への恐れ、失敗を回避しようとする注意深さ、慎重さが男児より女児で強いのは、女子に対しては、男子に対してよりも誤りや逸脱を冒すことに周囲がきびしいからであろう。さきに述べた成功回避要因が、日米いずれでも女子において強い事実もこれにつながる。

ザイルカインドらの研究をはじめとして認知スタイルの比較文化的データは、今のところ概括的には衝動型から熟慮型へという発達方向を見出している[268]。しかしもっと広くさまざまな文化についてみれば、認知スタイルの発達的変化に質的な差があるのではないか。なかには、衝動型から熟慮型という方向の発達変化はなく、ただ個人差だけであるという場合も考えられないではない。誤りや失敗はよくない、それをしでかすのは避けるべきだという風土の中で〝衝動型から熟慮型へ〟という発達的変化は意味があり、より顕著にもなる。

達成動機づけに関する比較文化的データも、失敗への不安をめぐる社会的背景について示唆している。

六年生と大学生の日米の男子を比較した宮本によると、達成的イメージの出現比率に文化差があるという[229]。同齢群同士比較すると、成功への期待や成功のよろこびなど肯定的イメージについては、年齢によって異なり、日米差は一貫しないが、失敗の予想や自分の過失を認める否定的イメージは、いずれの年齢段階でも米国の方が高い（表3・7）。これは、日本の子どもの方が否定的感情が少ないことを示しているのではなく、むしろ自分の過失を率直に認めたり、失敗を予想してまであえて

表 3・7　達成的イメージの下位カテゴリーの出現比率
(宮本, 1979)

	6年生 日本	6年生 アメリカ	大学生 日本	大学生 アメリカ
肯定的カテゴリー	24.16	29.11	26.95	24.59
否定的カテゴリー	11.93	14.08	16.60	20.32

いどむことにはためらいがある、ということとも解釈できる。つまり失敗を否認する風土、そこでの失敗回避の傾向を反映しているのではなかろうか。

このような文化的背景、社会的圧力の中で育った日本の子どもの特徴は、時に課題場面での慎重さ、熟慮、生真面目さといった長所として発揮され、与えられた課題に直結した正しい回答を出すという点では高い生産性をあげることになる。

しかし他方、これは別な面では弱点ともなる。子ども一人一人の素朴な思いつきや衝動的反応の中に含まれているユニークで生々としたものは封じられてしまう。その結果、自身の興味、関心に根ざした自発的な活動の中で子どもが味わう活動自身のよろこび、楽しみ、またその活動を通して自信、効力感などを得る機会は少なくなり勝ちである。

知的発達を母親および家庭の環境要因との関係で、三・八歳から一一歳まで追跡的に検討した日米比較研究の中でも、日米の子どもの発達の差異、特質とその文化的背景の差がクローズアップされている（東ら[10]）。

母子が組になって行なった積木分類課題場面で、日米の子どもの正答には差がなかったのに、その他の面で見出された差は、日米の教育風土の差を示唆している（表3・8）[146]。日本の子どもは、求められた課題に直結した活動が多く、そして着実に正反応を出している点で、まさに〝よくできる子〟である。これに比べてアメリカの子どもは、日本の子どもに劣らぬ正反応を出す一方で、課題解決からそれた遊びをさかんにする、課題拒否や、逸脱さらに誤りさえ少なからずやってのける。ただ課題に向ってまっしぐらに脇目もふら

309　第3章　社会の規範・価値を媒介する教育風土・育児文化

表 3·8 日米の子どもの積木分類課題成績（4:0歳時測定，平均）
(柏木，1979)

		日 本	アメリカ
正反応	総正反応量（動作，言語すべて）	46.80	45.50
	正言語反応（分類属性の説明）	17.93	19.59
	正分類反応（積木の2属性に基づく正しい分類）	48.30	45.45
誤反応		13.65	17.70**
課題遂行（課題に関連した試行行動）		80.75	74.65**
課題逸脱（課題から逸脱した無関係な行動）		9.84	12.25
要求拒否（課題遂行の指示，命令に対して"できない"といった拒否的反応）		0.02	1.84**

** $p<.01$

表 3·9 知能（6:0歳時），学力（5,6歳時）と行動特徴（4:0歳時）との相関
(東ほか，1981 a)

	衝動性	独創性	活動性	依存性	持続性
文字（よみ・かき）能力	−.28* −.04	.02 .31**	.12 .35**	−.14 .07	.28* .11
数の能力	−.23* −.12	−.13 .20*	.09 .29**	.03 .14	.20 .18
IQ	−.32* −.08	.09 .28**	.17 .16	−.13 .12	.25* .05

* $p<.05$ ** $p<.01$
欄の左上は日本，右下はアメリカ．

ずに励み、まちがわないことに細心の注意を払う日本の子どもとは対照的である。これは、唯一の正答を出すことだけが目標ではなく、それに達する過程で、子どものむら気や思いつきから脱線したり遊んだりすることにも寛容である風土で育つものであろう。ここには、そうした一人一人の自由で個性的な発想への許容性、それを肯定的に奨励する価値観がある。

日本の子どもが、アメリカの子どもに比して抑制的（非衝動的）であることと、またそれを促す文化の影響は別なところにもあらわれている。知能、学力など知的測度と、衝動性、活動性など行動特徴との相関をみると、日本の子どもたちでは、非衝動的（抑制的）であることと、一つの活動に持続的であ

表 3・10　帰国児童による日本の学校生活の印象　　　　　　　　（東ほか，1981b）

トピック	内　容　例	頻数
授業の画一性	科目，時間割，教科書，レポート，宿題，飛び級，落第	112
学校生活の画一性	掃除，休日，クラブ活動，放課後，給食・休み時間，学級活動	99
校則の厳しさ	登下校(学校外のこと)，服装など	47
入試・受験・テスト	進学，塾，よい学校	40
学校の設備・規模	運動場，職員室，クラスの人数，プールなど	32
友だちの閉鎖性	意地悪，先輩，後輩	29
先生の態度		26
学校の行事	遠足，運動会，バザー，学芸会など	12

　ることが、高い知的発達と結びついており、抑制、辛抱強さが子どもの知的発達上重要な意味をもっている。このような関係は、アメリカの子どもでは認められない。そして、日本の子どもではほとんど意味のなかった独創性や活動性がアメリカの子どもでは知的発達と強く結びついている（表3・9）[10]。このような日米の子どもの知的発達のいわば質的差は、それぞれの社会・文化が、どのような発達を子どもに期待するか、どのような特徴をもつことをよしとするか、といった発達期待や人間観が、色濃く子どもの発達に影を落としていることを物語っている。

　　4　協調、画一性を促す学校風土

　古来、和が尊重される日本社会にあって、学校もまた集団との協調を強く求める点で、まぎれもなく日本の学校である。そこでは、前述の課題志向性、正解中心と相まって、個人的特性や自律的で独自な行動への許容性は小さい。

　表3・10は、何年か外国の学校生活を経験した帰国児童が「日本の生活、学校と外国の生活、学校のちがい」として自由記述したもののうちの高頻度のものである[11]。帰国児童たちが異口同音に訴える日本の学校のルールづくめ、自由のなさ、画一性は、西欧の個、独自性の尊重、それ故の多様性を許容し、尊重する学校風土や社会との対照を如実に伝えている。何にでも規

則がある、しかもやかましい、また、外国ではほめられた"人とちがっていること・ちがったことをすること"が日本では逆に皆とはずれていてダメとされる経験へのとまどいや憤慨なども伝わってくる。

こうした対照的な教育風土は個の育ち方にちがいをもたらすことは疑いない。ライシャワーの指摘する、集団でことに当り優れた成果をあげる日本人の特性は、協調と課題志向の二つを重視する教育風土の所産にほかならない[26]。日本の集団・組織における報酬分配が、欧米の貢献度重視に比して均等分配傾向を特徴とするという（狩野[140]、古川[77]）。これも、学校風土と同様、"平等"が人間関係を良好にし、生産性をあげるキイとされているからである。しかし、その反面、この集団での協調に十分適応できない者への制裁はきびしく、逸脱者、変わり者とされ、そうした人がもっている他とはちがった個性、独自性には低い評価、時に否定的な評価しか与えられない。自己主張もここでは否定的評価となる。

日本の学校においては、教師からの教授が中心で、子どもはその受け手として学ぶ（というより教えられる）形が主流を占めてきたのは、画一性、集団的協調を尊重し、またそれを育てることを目指した一つの必然であろう。アメリカにオープンスクールが拡がったのは、個、主体性を尊重する風土と密接に関係している。

最近たまたま見たアメリカの中・高校生の家庭科の教科書は、日本のそれと比べてすこぶる印象的であった。なかでも、日本の家庭科が木工、金工、被服、食物、住居と技術中心であるのに対して、アメリカのそれはまず人間、しかも人一般ではなく個人、あなた自身に出発し、自己とは何か、自己概念や自己イメージ、個性の検討からこの科の学習が展開していることであった。しかもその章だて

第3部　自己と文化についての断章　312

表 3·11 アメリカのある家庭科教科書の目次

Teen Guide to Homemaking

Contents

Unit 1	Your Relationships	12
Chapter 1	Teenagers in today's world	15
	The world you live in	
	Your teenage environmemt	
	Teenage roies	
Chapter 2	Relationships in today's families	25
	How families differ	
	How families change	
	The seven C's of family living	
Chapter 3	Your self-concept	41
	What is a teenager?	
	Basic human needs	
	Individual differences	
	Steps toward achieving maturity	
Chapter 4	Your image	59
	The importance of communication	
	Aids to personal attractiveness	
	The impact of image	
Chapter 5	Your future	77
	Your opportunities	
	Setting future goals	
	Your widening circle of friends	
	Your social growth	
	Your vocational growth	

の中に Individual differences, How families differ, Aids to personal attractiveness といった、一人一人のちがいや特徴を強調することばが散見されることに（表3・11）、目を開かれる思いであった。このようなアメリカの教科書の特徴は、西欧の人間観──すべての人間は、自己以外のどのような人間とも異なった独自の本性、それなくしては個人が個人たり得ない個性をもった人間だ、という信念──に明らかに根ざしている。この人間観が、その社会の、またその縮図である家庭・学校の教育の基調をなしていることを、改めて知らされたことであった。

313　第3章　社会の規範・価値を媒介する教育風土・育児文化

あとがき

　この本を書こうとした動機は二つある。どちらも、私に長くつづいていたものだ。
　〝自分自身を知る〟ことの難しさ、〝自分を出す〟ことの難しさ、また、自分を外に出したい気持と出すことへの恐れ――〝自己〟にかかわるこうした個人的な経験や感情は、けっして私だけの個人的なものではないことを知るようになった。そうした問題をかかえ、その解答を求めて心理学を学ぼうとしてくる若い学生と多く出会い、そこに同じ思いを見出した。そのような時、その問いに、今の心理学がどれだけ答えられるかについて、私はいつも逃げ腰でいたように思う。それはまず私の不勉強・非力による。しかし一つには、不勉強ながら、〝自己〟にかかわる心理学が偏った形でしか発展しておらず、素朴に〝自己〟というものの意味を考えようとする時に問題になることは心理学の研究ではむしろなおざりにされているのではないか、という漠然とした思いもあった。本当にそうなのだろうか。どれだけのことがわかっているのか、何が欠けているのか、その辺をきちんと勉強してみたいと思ったのが動機の一つであった。これは、〝自己〟についての研究に自身手をつけはじめたばかりの、ほとんど門外漢に等しい身に、おこがましいことかもしれない。しかしそれ故に、客観的にできるかもしれないとも考えてのことである。
　もう一つの動機はこうである。発達心理学は、人間の年齢変化に応じて生ずる行動の変化、という

現象の記述・分析に終らない、そこに働く基本的な発達の原理を求めることにその課題がある、とされている。そして、そうした発達理論の問題としてしばしば取り上げられてきた〝発達の方向〟に私は関心をもってきた。ところで、これまでどんなことが挙げられてきたかをみると、頭部―尾部勾配、中心―周辺勾配といった、動物や乳児初期の身体的な成熟にみられる順序、あるいは、団塊的状態から分化を経て統合へ、といった発達という変化の仕方に関する順序についての言及が目につくばかりである。

もっと人間の行動と心理的特質に即した事象についての発達の方向性が考えられるべきではないか。子どもが大人になるということに一貫して認めうる変化の方向はないのだろうか。自己の認識や自己の機能について人がたどるはずの発達の方向があるのではなかろうか。自己を強くもつこと、外に向って自己を出すこと、他方、自己を抑えること、また自己を統制することとの二つが相反するものではなく、バランスをもって発達してゆくところが自己の発達の一つの究極の姿ではないのか。しかしそれはどのようにして達成されるのか……、そうした疑問が頭から離れなかった。

一方、発達の方向とか発達理論などというからには、個々の子どもごとの個体差や社会、文化のちがいを超えた普遍的なものでなければならないのではないか、といったことも考えつづけてきた。しかし、その後、比較文化的研究に携わる機会をもち、子どもの発達が（たとえば知的に発達することが）、その子どもの生をうけた社会・文化に深く結びついているという、概念的には当然のこととして受け入れていたことが、本当にそうだとはじめて実感した体験をもった。これは、発達の普遍的な原理を求める、という試みよりも、個々の子どもがそのおかれた場にいかに規定されながら大人になっ

あとがき　316

てゆくか、という具体的・個別的な研究の積み重ねこそ、まず必要だという思いを深くさせ、"発達における文化""文化と子ども"という問題は、それ以来、私にとって避けて通れないテーマとなった。

とりわけ、"自己"にかかわる発達を考えるとき、文化とのかかわりの大きさはことさらで、自律性の発達の意味や価値は文化によって異なり、普遍的なものではないかという疑問も去らない。そして、発達研究は、外国の研究からの一般化や外国での実証のたんなる追試ではいけない、日本の文化に根ざした子どもの発達に関する仮説を立て、それを一つ一つ確かめてゆくことこそ課題だ、その一つでもきちんとしたい、と痛切に思うようになった。長年、問題と思いつづけてきた"自己"の形成・発達について、確かめてゆきたいと、今、小さな試みをいくつか始めつつある。

この"自己"をめぐる研究の整理と展望は、そうした試みがどのような意味をもつか、いったいどう切り込むことが可能であり、また有意味かを考えるために、私にとっては必要なことであった。

このような私的な関心、必要、動機からまとめたものが本書である。まだ日本では数少ないこの辺の領域の問題を考えようとする方に少しでも役立つことができたら望外のよろこびである。そして、むしろ私の考えの浅さ、不勉強を多くの方から補い、教えていただきたいと希っている。

このような試みをまとめるよう勧め、励まし、力を貸して下さった東京大学出版会の伊藤一枝氏、図表をレイアウトして下さった同会の奈良節夫氏に心から感謝している。また、図表の作成や文献検索などでは、東京女子大学の大野裕美氏、また私のゼミの学生諸氏にもお礼を申しあげたい。

一九八三年七月一六日

柏木惠子

新装版あとがき

はじめに

「自己」は今も、心理学の世界で多くの関心が寄せられているテーマの一つで、たくさんの実証研究が、多様な視点と方法によって行われている。中でも、ヒトの自己認識の特質に迫る比較認知科学の一連の研究は、一九七八年から続く京都大学霊長類研究所のアイプロジェクトを中心に、多大な成果を挙げている。これと並行・関連して、脳科学的アプローチも活発で、心理学の枠を超えた学際的問題として「自己」の研究が展開されている（遠藤、二〇一四、苧阪、二〇一五、開・長谷川、二〇〇九、乾、二〇〇九など）。これは初版を書いた頃にはなかった現象で、「自己」研究はまさに「発達」していると言える。

他方、長らく自己研究の中核を占めてきたアイデンティティについても、エリクソン理論の精緻な紹介と検討、その視点に準拠した青年臨床研究・実践が盛んである（鈴木・西平、二〇一四、鑪、二〇〇二、岡本、二〇〇二）。

本書執筆の動機と自己研究の状況

一九七〇年代初めに始まり、一〇年以上続いた日米比較研究――子どもと家庭についての追跡縦断

研究——を終えた私は、ようやく自分の研究課題に取り組むことになった。関心は「自己」、それも認識の対象としてではなく自分の行動を方向づけ特徴づける機能——抑制的か自己主張的か——に確認された年齢差とそれは、日米研究での子どもの課題解決スタイル——自己制御機能——にあった。そ文化差、その背後にある社会や親のよい子像、さらに日本での母親の変化と多様性などに端を発していた。

そこで、今日ほど多くなかった「自己」に関する内外の研究を整理してみようと思ったのである。組織化された研究グループもネット上の交流・検索もなく、研究が各自の関心で単発的に行われ、相互交流もなかった時代に、研究を整理し相互の関連を見出す、そして実証研究に有用な方法論を探る、その試みが本書であった。

自己認識と文化——第3部の意味とその展開

内外の自己研究の総覧とも言える本書の末尾に、あえて第3部を設け、「自己と文化についての断章」として、自己と文化にかかわる研究を整理し、今後の課題を提起した。「断章」としたのは、当時、自己と文化を結びつける発想も、それを正面から扱った研究もほとんどなかった中での試みで、研究も多くはなく断片的で、今後の研究に託すべきものが多かったからである。

ところで、今日「自己と文化」といえば、マーカス・北山（一九九一）論文がつとに有名だが、これが契機となって、文化は自己のみならず人間の発達に深くかかわることが常識化し、国際比較研究も増加した感がある（柏木・北山・東、一九九七）。本書の「断章」は、それに先駆けての、文化と

319　新装版あとがき

自己・発達についての論考だったと自負している。この論考を書いたのは、日米研究で確認された日本の母親の変化と多様性とに触発されてのことだった。

とかく文化比較とか国際比較というと、異なる国の間で見出された差に焦点づけられ、それが文化差とされがちである。たしかに、母親の発達観やしつけには対照的とも言える日米差があった。しかし他方で、日本の母親の間にも顕著な個人差があり、それは母親の学歴と連動していた。しかもその変化は、欧米（アメリカ）化という方向への変化だったのである（東・柏木・ヘス、一九八一）。このことは当時、急速に進んでいた女性の高学歴化の意味──高等教育が単に知識や技術の伝達に留まらず、価値観や行動を欧米的なものに変化させていること──を示唆するものであった。

その後の研究で、有職化も女性を変化させている事実が確認された。それらを考え合わせると、国の差（日米差）＝文化差ではなく、日本の中に（アメリカとは違う）「日本の文化」と一括りにはできない多様性と変化とがあることがわかる。このことは、個々人が文化を持つこと（「個人文化」──東、二〇〇一）、それは生育環境の中で育まれ、さらに個人ごとに変化し、創造していくものとみるべきことを示唆している。今、このような「個人文化」の構築が求められている。

今、書くなら──おとなの日常生活にみられるアイデンティティの揺らぎ

今、改めて本書を読み返してみると、なんと丹念に調べて書いていることか！　その丹念な総覧が、自己研究のとりわけ初学者には有用・便利で、本書は長いこと読み継がれてきたのだろうと推測している。本書で取り上げた研究の多くは、冒頭に紹介した近年の書籍ではもうあまり扱われていないが、

今も「自己」の発達研究の出発点としては重要だと考えている。

しかし、今の私にはこれは書けない・こうは書かない。別な問題を、と思うからだ。

あたり、「自己」研究にかかわる現在の関心の一端を述べたい。新装版発刊に

今、書くなら、まずは、おとなの「自己」の発達、そしてその機能の発達不全についてである。そ

れは一般の人々が日常的に体験している、まさにアイデンティティの問題だからである。そもそもア

イデンティティや自己認識が重要なのは、それが単に「絵に描いた餅」ではなく、その人の行動や生

き方を方向づけ特徴づける機能、つまり行動制御機能をもっているからだろう。私は、認識の対象と

しての自己やアイデンティティの内容分析、分類などに留まる研究には不満で、行動を制御する機能

がうまくいっているか否かに関心がある。

その視点からみると、今の日本では「自己」の発達不全現象が散見される。母親の育児不安はその

典型である。育児は母の手でとの規範が強い中、それを実践している無職の母親に育児不安が強い事

実（小坂・柏木、二〇〇七）からは、彼女たちが自己認識を実現する方向に行動を制御できていない

様相が窺える。日本の既婚有子女性が長らく自己認識として重視してきたのは、〈母としての自己〉

だった。それが近年後退し、代わって〈個人としての自己〉が最重要視されるようになってきた。こ

うした自己認識の変化にもかかわらず、行動・生活レベルでは家事・育児に縛られ続ける専業主婦の

女性は、個人として生きる時間・空間を剝奪されている。この自己認識・アイデンティティと行動・

生活との齟齬・葛藤が、育児不安を惹起しているのである。これはまさに、〈おとなの「自己」の発

達〉の問題である（柏木、二〇一三）。

これまで、アイデンティティはとかく青年期の課題とされてきたが、近年おとなにとっても重要性を帯びてきている。たしかにエリクソンはアイデンティティの生涯発達モデルを提出しているが、成人・老年期については抽象的である。少子高齢化という人類初の人口動態的事態が、従来の発達課題を揺るがしている今、アイデンティティの再考が迫られている。近年、しきりに強調されるキャリアプランとは、職業の問題でも抽象的な「自己」省察でもない。かつて人類が体験したことのない長い一生を、自分はどう生きるかについて、人間ならではの時間的展望能力を駆使して考え、自分の幸福を問い、その実現への有効な戦略を立てることに他ならない。

それがどうもうまくいっていない。先ほど述べた女性の育児不安のほか、男性の過労死や「粗大ゴミ化」もその表れである。「過労死」は日本特有の現象であり、'Karoshi: (In Japan) death caused by overwork' として、二〇〇二年からは『オックスフォード英語辞典』にも採用されている。退職後まもなく死がやってきた時代には、男性は仕事人間でよかった。仕事にのめり込み、業績を上げ昇進すれば自他ともに幸福だった。が、そうはいかなくなった――終身雇用や年功序列が崩れたことにより、仕事が生きがいという労働観も変わりつつあり、長時間労働が過労死やうつを引き起こしたり、長命になったことにより、定年後、もはや居場所のなくなった家庭に戻った男性が「粗大ゴミ化」したり「（妻の）夫在宅ストレス症候群」を惹起したりしているのだ。こうした現象は狭義の臨床では注目されないが、日本に広く静かに蔓延しているおとなの発達の不全、病理である（伊藤、二〇〇六、榎本、二〇〇七）。

「人口心理学」の提案——少子高齢化という史上初の環境の中の発達

今、日本は人類がこれまで経験したことのない人口動態的状況にある。子どもは、親の意思決定によってつくるものとなり、それと連動して少子化が進行している。他方、平均寿命は、女性は世界一位、男性も六位で、日本は最長寿国である（「世界保健統計」二〇一五）。

発達心理学は生育する環境の重要性をとくに強調してきており、環境——親のしつけ、地域、貧困など——が発達に及ぼす影響についての研究は枚挙にいとまがない。しかし、「少子高齢化」という事態を、日本人の発達環境として取り上げてはこなかった。長命は医学をはじめとする人類の知恵と努力の結実である。その結果もたらされた「少子高齢化」は人類初の環境で、その中で生育する人々の生活と心理、その発達に影響しないはずはない。価値観・文化の再考を迫り、生活と行動の変化・発達を促しているのだ。私が「人口心理学」を提唱するゆえんである。

すなわち、少子高齢化という事態が、人生を、男性は職業人、女性は家庭人（妻・母）という役割だけでは終わらなくさせた。男性は、退職後、地域での交流や家庭での役割をこなさなければならなくなった。女性は、子どもを持つ場合にも少ない人数ゆえに育て上げた後には長い時間が残され、何らかの仕事や社会的活動をする必要が生じた。男女いずれもが「個」として生きること、同時に、仕事と家庭双方の役割を担えることが必要となったのである。加えて、労働の機械化・情報化（労働力の女性化）は、女性に稼得労働への道を開き、「男は仕事、女は家庭」という性別役割分業の有用性・最適性を喪失させた。かくの如く、現在の日本の環境は、日本人の価値観・文化と生き方の変容を迫っている。にもかかわらず、旧来の規範が今なお支配し、それに沿った社会化（しつけ・教育）

323　新装版あとがき

が今も続いているために、前述のような男女の生き難さ、不満や不安、予想されている長命が、長寿、とは限らない状況などが生まれている。

前述した日米比較で、日本の特徴として発見された相互協調性は、和の美徳としてとかく賞賛されてきた。しかし、その弊害と限界、さらに負の影響が現れてきている。協調的自己観を強く持っていることは、自己肯定不全をもたらし、育児不安を強めているという事実（石・桂田、二〇一〇）は、人口動態的変化という環境が価値観の変容を迫っていることの一証左である。

おとなの発達不全からの恢復には、性別にかかわらず自己創造する「ジェンダー」と、主体による〈選択〉——換言すれば自ら「個人文化」をつむぎ、その実現として発達していくこと——が必須である。それは、すでに最適性を失った規範による社会化に抗して、自ら育つ自己制御のプロセスである。これを実現しようとする人はいまのところ少数で、協調性にこだわる周囲からは、変人と言われるかもしれない。しかしそれに抗するつよさを備えた変人こそが、アイデンティティを「絵に描いた餅」以上のものにできるだろう。そのような変化についての研究こそ、すなわち自己制御機能の研究であり、今後の展開に強い関心と期待をもっている。

二〇一五年七月八日

柏木惠子

引用文献

東洋（二〇一二）文化と発達　高橋惠子・湯川良三・安藤寿康・秋山弘子（編）発達科学入門1　理論と方法　東京大学出版会　一八〇—二〇七頁

東洋・柏木惠子・R. D. ヘス（一九八一）母親の態度・行動と子どもの知的発達——日米比較研究　東京大学出版会

遠藤由美（編）（二〇一四）改めて自己を問う——心理学と近接領域の饗宴　心理学評論、第五七巻

榎本博明（編）（二〇〇七）セルフ・アイデンティティ——拡散する男性像　現代のエスプリ別冊

開一夫・長谷川寿一（編）（二〇〇九）ソーシャルブレインズ——自己と他者を認知する脳　東京大学出版会

乾敏郎（二〇〇九）イメージ脳　岩波書店

伊藤裕子（編）（二〇〇六）ジェンダー・アイデンティティ——揺らぐ女性像　現代のエスプリ別冊

柏木惠子・北山忍・東洋（編）（一九九七）文化心理学——理論と実証　東京大学出版会

柏木惠子（二〇一三）おとなが育つ条件——発達心理学から考える　岩波新書

Markus, H. & Kitayama, S. (1991). Culture and self: Implications of cognition, emotion, and motivation. *Psychological Review*, 98, 224–253.

西平直・鈴木忠（二〇一四）生涯発達とライフサイクル　東京大学出版会

岡本祐子（二〇〇二）アイデンティティ生涯発達論の射程　ミネルヴァ書房

苧阪直行（編）（二〇一五）社会脳シリーズ6　自己を知る脳・他者を理解する脳　新曜社

石暁玲・桂田恵美子（二〇一〇）保育園児をもつ母親のディストレス——相互協調性・相互独立性およびソーシャル・サポートとの関係　発達心理学研究、第二一巻、一三八—一四六頁

鑪幹八郎（二〇〇二）アイデンティティとライフサイクル論　ナカニシヤ出版

Waterman, A. S. 1981 Individualism and interdependence. *American Psychologist*, **36**, 762-773.

Wylie, R. C. 1979 *The Self-Concept*, Vol. 2, *Theory and Research on Selected Topics*. University of Nebraska Press.

Yando, R., Seitz, V. & Zigler, E. 1978 *Imitation: A Developmental Perspective*. Lawrence Erlbaum Associates.

Zivin, G. 1979 *The Development of Self-Regulation Through Private Speech*. John Wiley.

Lefcourt, H. M. 1976 *Locus of Control*. Hillsdale.

Lickoma, T.(Ed.) 1976 *Moral Development and Behavior: Theory, Research, and Social Issues*. Holt, Rinehart & Winston.

Maccoby, E. E., Dowley, E. M., Hagen, J. W. & Degerman, R. 1965 *Child Development*, **36**. 761-770.

Meichenbaum, D. H. 1977 *Cognitive Behavior Modification*, Plenum Press.

Messick, S. & Associates 1976 *Individuality in Learning*. Jossey-Bass Publishers.

Mischel, T.(Ed.) 1977 *The Self: Psychological and Philosophical Issues*. Basil Blackwell.

村瀬孝雄　1972　青年期の人格形成の理論的問題：アメリカ青年心理学の一動向. 教育心理学研究, **20**, 250-256.

マッセン, P. & アイゼンバーグ=バーグ (著) 菊池章夫 (訳)　1980　思いやりの発達心理. 金子書房.

中西信男・古市祐一　1981　自我機能に関する心理学的研究. 大阪大学人間科学部紀要, **7**, 189-220.

中西信男・鑪幹八郎(編)　1981　自我・自己 (心理学10). 有斐閣.

Neugarten, B. L., Moore, J. W. & Lowe, J. C. 1965 Age norms, age constraints, and adult socialization. *American Journal of Sociology*, **770**, 710-717.

二木宏明　1981　強化機能の比較心理学的研究. 心理学評論, **24**, 206-217.

小川捷之(編)　1978　対人恐怖(現代のエスプリ, 127). 至文堂.

荻野恒一(編)　1981　比較文化と精神医学(現代のエスプリ, 170). 至文堂.

Parke, R. D. 1972 *Recent Trends in Social Learning Theory*. Academic Press.

Phare, E. T. 1976 *Locus of Control in Personality*. General Learing Press.

Rothbaum, F., Weisz, J. R. & Snyder, S. S. 1982 Changing the world and changing the self: A two-processes model of perceived control. *Journal of Personality and Social Psychology*, **42**, 5-37.

Segall, M. H. 1979 *Cross Cultural Psychology: Human Behavior, Global Perspective*. Brooks/Cole.

Stein, K. B., Sarbin, T. R. & Kubik, J. A. 1968 Future time perspective: It's relation to the socialization process and the delinquent role. *Journal of Counselling and Clinical Psychology*, **32**, 257-264.

橘　英弥　1978　常同行動の考察：障害児を中心に. 心理学評論, **21**, 38-54.

鑪幹八郎・名島潤慈・山本力　1978　自我同一性に関する研究の現状. 広島大学教育学部紀要, 第1部, **27**, 137-147.

Thoresen, C. & Mahoney, M. 1974 *Behavioral Self-Control*. Holt, Rinehart & Winston.

都筑　学　1982　時間的展望に関する文献的研究. 教育心理学研究, **30**, 73-86.

我妻　洋　1964　自我の社会心理. 誠信書房.

Wagner, D. A. & Stevenson, H. W. 1982 *Cultural Perspectives on Child Development*. Freeman & Company.

Walcher, D. N. & Peters, D. L.(Eds.) 1971 *The Development of Self-Regulatory Mechanisms*. Academic Press.

参考文献

Ainslie, G. 1975 Specious reward: A behavioral theoy of impulsiveness and impulse control. *Psychological Bulletin*, **82**, 463-496.

Aronfreed, J. 1968 *Conduct and conscience*. Academic Press.

Brim, O.G., Jr. 1976 Life-span development of the theory of oneself: Implications for child development. *Advances in Child Behavior and Development*, **11**, 241-251.

Brookshire, K. H. 1970 Comparative psychology of learning. In M. H. Marx(Ed.), *Learning: Interactions*. Macmillan. pp. 291-364.

Buss, A. H. 1980 *Self-consciousness and Social Anxiety*. W. H. Freeman.

Davids, A. 1969 Ego function in disturbed and normal children: Aputioninhibitation time extinction. *Journal of Counselling and Clinical Psychology*, **33**, 61-70.

遠藤辰雄(編) 1981 アイデンティティの心理学. ナカニシヤ出版.

Epstein, S. 1963 The self-conceps revisited or a theory of a theory. *American Psychologist*, **28**, 404-416.

Escalona, S. K. 1968 *The roots of individuality*. Aldine Publishing.

Flavell, J. H. & Ross, L. 1981 *Social Cognitive Development*. Cambridge University Press.

Gadlin, H. 1978 Child discipline and the pursuit of self: An historical interpretation. In H. W. Reese & L. P. Lipsitt (Eds.), *Advances in Child Development and Behavior*, Vol. 12. Academic Press. pp. 231-265.

春木豊 1975 人間の行動変容における3つの次元. 心理学評論, **18**, 111-124.

春木豊(編) 1978 心理学評論, **21**, No. 3――特集論文 社会的学習.

波多野誼余夫(編) 1980 自己学習能力を育てる：学校の新しい役割. 東京大学出版会.

Hoffman, M. L. 1970 Moral development. In P. H. Mussen(Ed.), *Carmichael's Handbook of Child Psychology*, Vol. 2. John Wiley.

Hoffman, M. L. 1977 Moral internalization: Current theory and research. In L. Berkowitz (Ed.), *Advances in Experimental Social Psychology*, Vol. 10. Academic Press.

Hogan, R. 1975 Theoretical egocentrism and the problem of compliance. *Americam Psychologist*, **30**, 533-540.

Hoppe, M. S. 1966 *Early Experiences and the Processes of Socialization*. Academic Press.

Kanfer, F. H. 1979 Personal control, social control, and altruism: Can society survive the age of individualism? *American Psychologist*, **34**, 231-239.

加藤隆勝 1978 自己意識の発達に関する研究の現状と課題. 東京教育大学教育学部紀要, 第24巻, 117-124.

北村晴郎 1977 自我の心理, 新版. 誠信書房.

Krebs, D. L. 1970 Altruism: An examination of the concept and a review, of the literature. *Psychological Bulletin*, **73**, 258-302.

[309] 都筑学 1981 教育心理学研究, **29**, 70-74.
[310] Ubbink, E. M. & Sadava, S. W. 1974 *Psychological Report*, **35**, 865-866.
[311] 内沼幸雄 1978 現代のエスプリ, **127**, 113-130.
[312] 植村美民 1979 心理学評論, **22**, 28-44.
[313] 氏家達夫 1980 教育心理学研究, **28**, 284-292.
[314] Videbeck, R. 1960 *Sociometry*, **23**, 351-359.
[315] ヴィゴツキー, L. S.(著)柴田義松(訳) 1971 思考と言語, 上・下. 明治図書.
[316] ヴォーゲル, E. F.(著)佐々木徹郎(訳編) 1968 日本の新中間階級: サラリーマンとその家族. 誠信書房.
[317] Waxler, C. Z. & Yarrow, M. R. 1977 *Developmental Psychology*, **13**, 87-88.
[318] Weiner, B. (Ed.) 1974 *Achievement Motivation and Attribution Theory*, General Learning Corporation.
[319] Weiner, B., Heckhausen, H., Meyer, W. & Cook, R. E. 1972 *Journal of Personality and Social Psychology*, **21**, 239-248.
[320] Weiner, P. S. 1964 *Genetic Psychology Monographs*, **70**, 329-365.
[321] ホワイティング, B. B. & ホワイティング, J. W. M.(著)名和敏子(訳) 1978 六つの文化の子供たち: 心理-文化的分析. 誠信書房.
[322] Wicklund, R. A. 1975 Objective self-awareness. In L. Berkowitz (Ed.), *Advances in Experimental Social Psychology*, vol. 8. Academic Press. pp. 233-275.
[323] Winterbottom, M. R. 1958 *Motives in Fantasy, Action, and Society*. Van Nostrand. pp. 453-478.
[324] Wolf, T. M. & Cheyne, J. A. 1972 *Child Development*, **43**, 1429-1436.
[325] 山田洋子 1982 教育心理学研究, **30**, 128-138.
[326] 山岸明子 1977 心理学研究, **52**, 289-295.
[327] 山本真理子ほか 1982 教育心理学研究, **30**, 64-68.
[328] Yarrow, M. R. & Waxler, C. Z. 1976 *Child Development*, **47**, 118-125.
[329] Yates, G. C. R., Lippett, R. M. K. & Yates, S. M. 1981 *Journal of Experimental Child Psychology*, **32**, 169-180.
[330] 余暇開発センター 1980 '80国際価値調査――13カ国価値観調査.
[331] 百合本仁子 1981 教育心理学研究, **29**, 261-265.
[332] Zigler, E., Bella, D. & Watson, N. 1972 *Journal of Personality and Social Psychology*, **23**, 81-87.

[282] Stephens, M. W. & Delys, P. 1973 *Developmental Psychology*, **9**, 55-65.
[283] Stipek, D. J. 1981a *Journal of Educational Psychology*, **73**, 404-410.
[284] Stipek, D. J. 1981b Children's use of past performance information in ability and expectancy judgements. Presented at the International Society for Study of Behavioral Development.
[285] Stowrie, R. T. 1971 *Child Development*, **42**, 1517-1531.
[286] Strickland, B. R. 1972 *Journal of Personality and Social Psychology*, **22**, 108-112.
[287] Strommen, E. A. 1973 *Child Development*, **44**, 849-853.
[288] 菅佐和子 1975 教育心理学研究, **23**, 224-229.
[289] Sullivan, H. S. 1953 *The Interpersonal Theory of Psychiatry*. Norton.
[290] 住田勝美・林勝造・一谷彊 1964 ローゼンツァイク改訂版PFスタディ. 三京房.
[291] 砂田良一 1979 教育心理学研究, **27**, 215-220.
[292] 高橋恵子 1969 子どもの社会化過程と依存性 桂広介・波多野完治・依田新(監) 児童心理学講座, 9. 金子書房. pp. 90-136.
[293] 高橋恵子・波多野誼余夫 1981 乳幼児期の環境と知的・社会的発達の追跡的研究, 科学研究補助研究成果報告.
[294] 高橋たまき 1980 心理学評論, **23**, 355-381.
[295] 玉瀬耕治 1980 奈良教育大学紀要 人文・社会科学, 第29巻第1号, 231-243.
[296] 玉瀬耕治・門田恵子 1977 言語条件づけ課題における強化の組合わせ. 奈良教育大学紀要, **26**(1), 103-110.
[297] Tanaka Matsumi, J. & Marsella, A. 1976 *Journal of Cross-Cultural Psychology*, **7**, 379-393.
[298] Tennis, G. H. & Dabbs, J. M. 1975 *Sociometry*, **38**, 385-394.
[299] Thoresen, C. & Mahoney, M. 1974 *Behavioral Self-control*. Holt, Rinehart & Winston.
[300] Toner, I. J. 1981 *Journal of Genetic Psychology*, **138**, 245-251.
[301] Toner, I. J. & Smith, R. A. 1977 *Journal of Experimental Child Psychology*, **24**, 123-128.
[302] Toner, I. J., Holstein, R. B. & Hetherington, E. M. 1977 *Child Development*, **48**, 239-245.
[303] Toner, I. J., Moore, L. P. & Ashley, P. K. 1978 *Journal of Experimental Child Psychology*, **24**, 85-91.
[304] Toner, I. J., Parke, R. D. & Yussen, S. R. 1978 *Journal of Genetic Psychology*, **132**, 283-290.
[305] Toner, I. J. & Lewis, B. 1979 *Journal of Experimental Child Psychology*, **28**, 205-210.
[306] Toner, I. J., Moore, L. P. & Emmons, B. A. 1980 *Child Development*, **51**, 618-621.
[307] 塚本伸一・中島力 1982 日本心理学会第46回大会論文集, 213.
[308] 塚野州一 1978 富山大学教育学部紀要 (A文系), No. 26, 135-142.

[252] 岡島京子 1980 日本教育心理学会第22回総会発表論文集, 78-79.
[253] 大久保愛 1967 幼児の言語発達. 東京堂出版.
[254] Parke, R. D. 1969 *Child Development*, 40, 213-235.
[255] Parke, R. D. 1970 The role of punishment in the socialization process. R. A. Hoppe *et al.* (Eds.), *Early Experiences and the Processes of Socialization*. Academic Press. pp. 81-108.
[256] Patterson, C. J. & Mischel, W. *Journal of Personality and Social Psychology*, 33, 209-217.
[257] Phares, E. J. 1957 *Journal of Abnormal and Social Psychology*, 31, 339-342.
[258] Phillips, B. N. 1963 *Child Development*, 34, 1041-1046.
[259] ピアジェ, J. (著) 波多野完治ほか(訳) 1969 新しい児童心理学. 白水社.
[260] Piers, E. V. & Harris, D. B. 1964 *Journal of Educational Psychology*, 55, 91-95.
[261] ライシャワー, E.O.(著)國弘正雄(訳) 1979 ザ・ジャパニーズ. 文藝春秋.
[262] Rholes, W. S., Blackwell, J., Jordan, C. & Walters, C. 1980 *Developmental Psychology*, 16, 616-624.
[263] Rogers, D. 1972 *Issues in Adolescent Psychology*. Appleton-Century-Crofts.
[264] Rosenzweirg, S. 1938 *Character and Personality*, 7, 126-170.
[265] Rotter, J. B. 1966 Generalized Expectancies for Internal versus External Control of Reinforcement. *Psychological Monographs*, 80, (No. 609).
[266] Rubin, K. H. 1979 The impact of the natural setting of private speech. In G. Ziven(Ed.), *The Development of Self-regulation through Private Speech*. John Wiley.
[267] 斎藤浩子ほか 1981 立川短大紀要, 14, 23-29.
[268] Salkind, N. J., Kojima, H. & Zelniker, T. 1978 *Child Development* 49, 1024-1027.
[269] 佐々木正宏 1980 心理学評論, 23, 392-414.
[270] 佐々木正宏 1981 東京大学教育学部教育相談室紀要, 4, 131-137.
[271] 佐々木正人・福島脩美 1979 心理学研究, 50, 136-144.
[272] 笹野完二 1983 岡山大学教養部紀要, 19, 1-5.
[273] Sawin, D. B. & Parke, R. D. 1979 *Developmental Psychology*, 15, 120-127.
[274] Sears, R. R. 1970 *Child Development*, 14, 267-287.
[275] Sears, R. R., Maccoby, E. E. & Levine, H. 1957 *Patterns of Childrearing*. Row, Peterson.
[276] Seligman, M. E. P. 1967 *Journal of Experimental Psychology*, 74, 1-9.
[277] Selman, R. L. 1971 *Child Development*, 42, 79-91.
[278] Shannon, L. 1975 *Developmental Psychology*, 11, 114-115.
[279] 下仲順子・村瀬孝雄 1976 教育心理学研究, 24, 155-166.
[280] 塩田勢津子 1978 教育心理学研究, 26, 162-170.
[281] Snygg, D. & Combs, A. W. 1949 *Individual Behavior: A New Frame*

Psychology, **16**, 329-337.
- [223] Mischel, W., Ebbesen, E. B. & Zeiss, A. 1972 *Journal of Personality and Social Psychology*, **21**, 204-218.
- [224] Mischel, W. & Moore, B. 1973 *Journal of Personality and Social Psychology*, **28**, 172-179.
- [225] Mischel, W. & Baker, N. 1975 *Journal of Personality and Social Psychology*, **31**, 254-261.
- [226] Mischel, W. & Patterson, C. J. 1976 *Journal of Personality and Social Psychology*, **34**, 942-950.
- [227] Mischel, W. & Patterson, C. J. 1977 Effective plans for self-control in children. In W. A. Collins (Ed.), *Minnesota Symposium on Child Psychology*, 11. University of Minnesota Press.
- [228] 三宅和夫 1981 児童心理, **35**, 1668-1687; 1860-1878.
- [229] 宮本美沙子 1979 心理学評論, **22**, 295-305.
- [230] 宮本美沙子(編) 1979 達成動機の心理学. 金子書房.
- [231] 宮本美沙子・加藤千佐子 1975 日本女子大学紀要 家政学部, **22**, 23-28.
- [232] 宮本美沙子・早川孝子 1981 子どものLocus of Controlの測定. 母子福祉に関する基本的研究 昭和54年度調査研究報告書Ⅱ. pp.23-34.
- [233] 宮本美沙子・落合孝子・加藤千佐子 1981 日本女子大学紀要 家政学部, **27**, 23-29.
- [234] Montemayor, R. & Eisen, M. 1977 *Developmental Psychology*, **13**, 314-319.
- [235] Montgomery, G. T. & Parten, D. A. 1970 *Journal of Experimental Psychology*, **84**, 273-276.
- [236] 守屋慶子・森万岐子・平崎慶明・坂上典子 1972 教育心理学研究, **20**, 205-215.
- [237] Morse, S. & Gergen, K. J. 1970 *Journal of Personality and Social Psychology*, **16**, 148-156.
- [238] 村瀬孝雄 1973 日本心理学会第37回大会発表論文集, 574-575.
- [239] 村瀬孝雄・下仲順子・新井弘子 1974 教育心理学会第16回総会発表論文集, 236-237.
- [240] Mussen, P. & Harris, S. 1970 *Developmental Psychology*, **3**, 169-194.
- [241] 永江誠司 1979 心理学研究, **50**, 25-33.
- [242] 中島力・塚本伸一 1982 日本心理学会第46回大会発表論文集, 213.
- [243] 根建金男 1978 心理学評論, **21**, 264-280.
- [244] 根建金男ほか 1979 日本心理学会第43回大会発表論文集, 298.
- [245] Nicholls, J. G. 1978 *Child Development*, **49**, 800-814.
- [246] Nicholls, J. G. 1979 *Journal of Educational Psychology*, **71**, 94-99.
- [247] 二宮克美 1983 心理学研究, **54**, 123-126.
- [248] 野本恵子ほか 未発表 空間把握における自己中心性の発達的変容. 東京女子大学卒業論文 (1979).
- [249] 小川捷之ほか 1979 横浜国立大学教育紀要, **19**, 205-220.
- [250] 大日向雅美 1978 日本教育心理学会第20回総会発表論文集, 140-141.
- [251] 大泉遊子・鎌田りえ子 未発表 パーソナル・スペース. 東京女子大学卒業論文 (1977).

[199] McCabe, A. E. 1979 *The Development of Self-Regulation Through Private Speech*, 6, 219-235.
[200] McDonald, R. L. 1965 *Journal of Personality and Social Psychology*, 2, 273-277.
[201] McGinnies, E., Nordholm, L. A., Ward, C. D. & Bhanthumnavin, D. L. 1974 *Journal of Counselling and Clinical Psychology*, 42, 451-455.
[202] McLaughlin, L. J. & Brinley, J. F. 1973 *Developmental Psychology*, 9, 9-15.
[203] McMains, M. J. & Liebert, R. M. 1968 *Journal of Personality and Social Psychology*, 8, 166-171.
[204] Meichenbaum, D. & Goodman, J. 1969 *Journal of Experimental Child Psychology*, 7, 553-565.
[205] Meichenbaum, D. & Goodman, J. 1969 *Child Development*, 40, 785-797.
[206] Meichenbaum, D. H. & Goodman, J. 1971 *Journal of Abnormal Psychology*, 77, 115-126.
[207] Midlarsky, E. 1971 *Journal of Personality*, 39, 132-149.
[208] Midlarsky, E. & Bryan, J. H. 1967 *Journal of Personality and Social Psychology*, 5, 408-415.
[209] Midlarsky, E., Bryan, J. H. & Brikman, P. 1973 *Child Development*, 44, 321-328.
[210] Miller, D. T. & Weinstein, S. M. 1978 *Developmental Psychology*, 14, 569-570.
[211] Miller, R. L., Brickman, P. & Bolon, O. 1975 *Journal of Personality and Social Psychology*, 31, 430-441.
[212] Miller, S. A., Shelton, J. & Flavell, J. 1970 *Child Development*, 41, 651-665.
[213] Mischel, W. 1958 *Journal of Abnormal and Social Psychology*, 56, 57-61.
[214] Mischel, W. 1961 *Journal of Abnormal and Social Psychology*, 62, 116-124.
[215] Mischel, W. 1961 *Journal of Abnormal and Social Psychology*, 62, 1-7.
[216] Mischel, W. 1962 *Journal of Abnormal and Social Psychology*, 64, 425-431.
[217] Mischel, W. 1971 *Introduction to Personality*. Holt, Rinehart & Winston.
[218] Mischel, W. 1973 *Journal of Personality and Social Psychology*, 28, 172-179.
[219] Mischel, W. 1975 *Journal of Personality and Social Psychology*, 31, 254-261.
[220] Mischel, W. 1981 Metacognition and the vules of delay. In J. H. Flavell & L. Ross (Eds.), *Social Cognitive Development*. Cambridge University Press.
[221] Mischel, W. & Metzner, R. 1962 *Journal of Abnormal and Social Psychology*, 64, 425-431.
[222] Mischel, W. & Ebbesen, E. B. 1970 *Journal of Personality and Social*

Wiley.
- [171] Lepper, M. R., Greene, D. & Nisbett, R. E. 1973 *Journal of Personality and Social Psychology*, **28**, 129-137.
- [172] Lessing, E. E. 1968 *Journal of Personality*, **36**, 183-201.
- [173] Levenstein, P. 1970 *American Journal of Orthopsychiatry*, **40**, 426-432.
- [174] Lewin, K. 1935 *A Dynamic Theory of Personality: Selected Papers* (Trans. by D. K. Adams & K. E. Zener). McGraw-Hill.
- [175] Lewis, M. & Brooks, J. 1975 *Infant Perception: From Sensation to Cognition*. Academic Press. pp. 101-148.
- [176] 李孝淑 1982 女子大学生の自己成長性：韓国人と日本人との国際比較的研究. 日本女子大学修士論文(未発表).
- [177] Liebert, R. M. & Ora, J. P. 1968 *Child Development*, **39**, 537-544.
- [178] Liebert, R. M., Hanratty, M. & Hill, J. H. 1969 *Child Development*, **40**, 93-101.
- [179] Lifshitz, M. 1973 *Child Development*, **44**, 538-546.
- [180] Lipsitt, L. P. 1958 *Child Development*, **29**, 463-472.
- [181] Livesley, W. J. & Bromley, D. B. 1973 *Person Perception in Childhood and Adolescence*. John Wiley. ([37]の文献による)
- [182] Loevinger, J. 1966 *American Psychologist*, **21**, 195-206.
- [183] Loevinger, J. 1976 *Ego Development*. Jossey-Bass Publishers.
- [184] Lombardo, J. P., Fantasia, S. C. & Solheim, G. 1975 *Journal of Genetic Psychology*, **126**, 281-288.
- [185] Long, G. T. & Lerner, M. J. 1974 *Journal of Personality and Social Psychology*, **29**, 551-556.
- [186] Lovaas, O. I. 1964 *Child Development*, **35**, 245-256.
- [187] Lovitt, T. C. & Curliss, K. 1969 *Journal of Applied Behavior and Analysis*, **2**, 49-53.
- [188] Luria, A. R. 1961 *The Role of Speech in the Regulation of Normal and Abnormal Behavior*. Liveright Publishing Corporation.
- [189] Lynn, D. B. 1974 *The Father: His Role in Child Development*. Brooks/Cole.
- [190] Maccoby, E. E. 1966 *The Development of Sex Differences*. Stanford University Press. pp. 25-55.
- [191] Mahler, I. 1974 *Psychologia*, **17**, 135-138.
- [192] Mahoney, M. J. 1972 *Behavior Therapy*, **3**, 45-63.
- [193] Maier, N. R. E. 1961 *Frustration*, University of Michigan Press.
- [194] Marston, A. R. 1967 *Journal of Experimental Psychology*, **74**, 93-98.
- [195] Marston, A. R. & Kanfer, F. H. 1963 *Journal of Experimental Psychology*, **66**, 91-94.
- [196] Marston, A. R. & Cohen, N. J. 1966 *Journal of General Psychology*, **74**, 237-243.
- [197] Maslow, A. H. 1962 *Towards a Psychology of Being*. Van Nostrand. 上田吉一（訳） 1964 完全なる人間. 誠信書房.
- [198] Matějček, Z., Dytrych, Z. & Schiiller, V. 1980 *International Journal of Behavioral Development*, **3**, 243-251.

Therapy. John Wiley.
- [140] 狩野素朗 1980 日本心理学会第44回大会発表論文集, 7.
- [141] 柏木惠子 1972a 心理学研究, **42**, 321-327.
- [142] 柏木惠子 1972b 教育心理学研究, **20**, 40-59.
- [143] 柏木惠子 1974 教育心理学研究, **22**, 205-215.
- [144] 柏木惠子 1978 こどもの発達・学習・社会化. 有斐閣選書.
- [145] 柏木惠子 1978 母子研究 (社会福祉研究所), **1**, 93-110.
- [146] 柏木惠子 1979 心理学評論, **22**, 278-292.
- [147] 柏木惠子 1983a 母親の就業をめぐる諸問題——母親の就業と父親の役割に関する調査報告. 国立婦人教育会館昭和57年度家庭教育セミナー報告書.
- [148] 柏木惠子 1983b 日本心理学会第47回大会発表論文集, 452.
- [149] Katkovsky, W., Crandall, V. C. & Good, S. 1967 *Child Development*, **38**, 765-776.
- [150] 加藤隆勝 1977 青年期における自己意識の構造 (心理学モノグラフ, 14). 東京大学出版会.
- [151] 加藤隆勝・高木秀明 1980 心理学研究, **51**, 279-282.
- [152] Katz, P. & Zigler, E. 1967 *Journal of Personality and Social Psychology*, **5**, 186-195.
- [153] 川島一夫 1980a 心理学研究, **50**, 345-348.
- [154] 川島一夫 1980b 教育心理学研究, **28**, 256-260.
- [155] Keasey, C. B. 1977 *Child Development*, **48**, 261-264.
- [156] Keller, A., Ford, L. H. & Meacham, J. 1978 *Developmental Psychology*, **14**, 483-489.
- [157] 木村敏 1975 分裂病の現象学. 弘文堂.
- [158] 木村敏 1981 自覚の精神病理. 紀伊國屋書店.
- [159] Klineberg, S. L. 1968 *Journal of Personality and Social Psychology*, **8**, 253-257.
- [160] 小林祐子 1975 身ぶり言語の日英比較. エレック出版.
- [161] Kohlberg, L. 1969 Stage and sequence: The cognitive-development approach to socialization. In D. A. Goslin(Ed.), *Handbook of Socialization Theory and Research*. Rand McNally. pp. 347-480.
- [162] Kohlberg, L. 1976 Moral stages and moralization: The cognitive developmental approach. In T. Lichoma (Ed.) *Moral Development and Behavior* Holt.
- [163] 小嶋秀夫 1982 家庭と教育 (教育学大全集, 10), 第1法規出版.
- [164] Kokenes, B. 1979 *Developmental Psychology*, **10**, 954-958.
- [165] 小宮山要 1977 日本教育心理学会第19回総会発表論文集, 220-221.
- [166] 厚生省 1982 厚生行政基礎調査, 昭和57年版.
- [167] Krasner, L. 1962 The therapist as a social reinforcement machine. In H. H. Strupp & L. Luborsky(Ed.), *Rerearch in psychotherapy*, Vol. 2, Washington, D. C.: American Psychological Associates.
- [168] Kravitz, H. & Boehm, J. J. 1971 *Child Development*, **42**, 399-413.
- [169] Kun, A. 1977 *Child Development*, **48**, 862-873.
- [170] Lamb, M. E. 1976 *The Role of the Father in Child Development*. John

[110] 平井信義 1981 母性愛の研究. 同文書院.
[111] 平川忠敏 1977 心理学研究, **48**, 171-174.
[112] Hiroto, D. C. & Seligman, M. E. P. 1975 *Journal of Personality and Social Psychology*, **31**, 311-327.
[113] Hoffman, L. W. 1974 *Journal of Consulting and Clinical Psychology*, **42**, 353-458.
[114] Horner, M. S. 1974 The measurement and behavioral implication of fear of success in women. In J. W. Atkinson & J. O. Raynor (Eds.), *Motivation and Achievement*. Winston & Sons.
[115] Ickels, W. I., Wicklund, R. A. & Ferris, C. B. 1973 *Journal of Experimental Social Psychology*, **9**, 202-217.
[116] Ikegami, T. 1979 *Psychologia*, **22**, 207-221.
[117] 生澤雅夫 1980 大阪市立大学文学部紀要 人文研究, 第32巻第8分冊.
[118] 今道友信 1981 東西の哲学. TBSブリタニカ.
[119] 稲垣佳世子 1980 心理学評論, **23**, 121-132.
[120] 稲垣知子 1968 日本心理学会第32回大会発表論文集, 332.
[121] 稲村博 1979 心理学評論, **22**, 319-331.
[122] 石橋由美 1978 心理学研究, **49**, 265-272.
[123] 石川嘉津子 1981 日本心理学会第45回大会発表論文集, 573.
[124] 石田勢津子 1981 心理学研究, **52**, 274-280.
[125] 伊藤裕子 1978 教育心理学研究, **26**, 1-11.
[126] 伊藤裕子・秋津慶子 1983 教育心理学研究, **31**, 146-151.
[127] Jensen, A. M. & Moore, S. G. 1977 *Child Development*, **48**, 305-307.
[128] Jensen, A. R. 1966 *Psychology in the Schools*, **3**, 99-109.
[129] Jessor, S. L. & Jessor, R. 1975 *Developmental Psychology*, **11**, 473-484.
[130] Johnson, C. D. & Govinly, J. 1972 *Developmental Psychology*, **6**, 320-325.
[131] Johnson, S. M. 1970 *Developmental Psychology*, **3**, 147-148.
[132] Jourard, S. M. & Remy, R. M. 1971 *Journal of Clinical Psychology*, **13**, 62-63.
[133] Kagan, J. 1966 Developmental studies in reflection and analysis. A. H. Kidd & J. L. Rivoire (Eds.), *Perceptual Development in Children*. International Universities Press. pp. 487-522.
[134] Kagan, J. & Kogan, N. 1970 Individuality and cognitive performance. In P. H. Mussen *Carmichael's Manual of Child Psychology*. John Wiley.
[135] 梶田叡一 1980 自己意識の心理学. 東京大学出版会.
[136] 鎌原雅彦・樋口一辰・清水直治・大塚雄作 1982 東京工業大学人文論叢, No. 7, 141-146.
[137] Kanfer, F. H. 1970 Self-regulation: Research issues and speculations. In C. Neuringer & J. L. Michael (Eds.), *Behavior Modification in Clinical Psychology*. Appleton. pp. 178-220.
[138] Kanfer, F. H. & Duerfeldt, P. H. 1968 *Journal of Personality and Social Psychology*, **8**, 261-268.
[139] Kanfer, F. H. & Phillips, J. S. 1970 *Learning Foundations of Behavior*

[77] 古川久敬　1981　日本心理学会第45回大会発表論文集，S20-S21.
[78] Gallup, G.G. 1968 *Psychological Bulletin*, **70**, 782-793.
[79] Gallup, G.G. 1970 *Science*, **167**, 86-87.
[80] Gallup, G.G. 1977 *American Psychologist*, **32**, 329-337.
[81] Glueck, S. & Glueck, E. 1950 *Unravelling Juvenile Delinquency*. New York: Commonwealth Fund.
[82] Goldfried, M.R. & Merbaum, M. 1973 *Behavior Change Through Self-Control*. Holt, Rinehart & Winston.
[83] Goodstein, L.D. & Reinecker, V.M. 1974 *Progress in Experimental Personality Research*, **7**, 49-77.
[84] ゴードン，L.V.・菊池章夫　1981　価値の比較社会心理学：理論と測定法．川島書店.
[85] Grice, R. 1948 *Journal of Experimental Psychology*, **38**, 1-16.
[86] Grinder, R.E. 1961 *Child Development*, **32**, 679-688.
[87] Grinder, R.E. 1962 *Child Development*, **33**, 803-820.
[88] Grinder, R.E. 1964 *Child Development*, **35**, 881-891.
[89] Grusec, J.E. 1966 *Journal of Personality and Social Psychology*, **4**, 244-252.
[90] Grusec, J.E. & Redler, E. 1980 *Developmental Psychology*, **16**, 525-534.
[91] Guardo, C.J. & Bohan, J.B. 1971 *Child Development*, **42**, 1909-1921.
[92] Haan, N. 1977 *Coping and Defending: Process of Self-Environment Organization*. Academic Press.
[93] Harrison, A. & Nadelman, L. 1972 *Child Development*, **43**, 657-668.
[94] Hart, R. 1979 *Children's Experience of Place: Environmental Psychology Program, City University of New York*. Halsted Press.
[95] 春木豊　1979　早稲田大学大学院文学研究科紀要，**24**, 1.
[96] 春木豊　1981　観察学習の心理学：モデリングによる行動変容．川島書店.
[97] 春木豊・大上良隆　1976　日本教育心理学会第18回総会発表論文集，486-487.
[98] 春木豊・根建金男　1977　日本教育心理学会第19回総会発表論文集，696.
[99] Hartig, M. & Kanfer, F. 1973 *Journal of Personality and Social Psychology*, **25**, 250-267.
[100] 波多野誼余夫　1974　熟慮性の発達．幼児・児童の発達と教育，第2報（教育研究開発に関する調査研究，昭和48年度報告書）．pp. 1-4.
[101] 波多野誼余夫・稲垣佳世子　1971　発達と教育における内発的動機づけ．明治図書.
[102] 波多野誼余夫・稲垣佳世子　1981　無気力の心理学，中央公論社.
[103] 速水敏彦ほか　1979　教育心理学研究，**27**, 197-205.
[104] 林保・山内弘継　1978　達成動機の研究．誠信書房.
[105] Hess, A.L. & Bradshaw, H.L. 1970 *The Journal of Genetic Psychology*, **117**, 57-67.
[106] Higa, W.R. 1978 *Journal of Experimental Child Psychology*, **26**, 489-497.
[107] 東俊子ほか　1973　教育心理学研究，**21**, 48-53.
[108] 樋口一辰　1981　東京工業大学人文論叢，**7**, 141-149.
[109] 樋口一辰・清水直治・鎌原雅彦　1980　東京工業大学人文論叢，**6**, 41-54.

Psychology, **36**, 451-462.
[52] Dixon, J. C. 1957 *The Journal of Genetic Psychology*, **91**, 251-256.
[53] Dlugokinski, E. & Firestone, I. J. 1974 *Developmental Psychology*, **10**, 21-28.
[54] Dollard, J. et al. 1939 *Frustration and Aggression*. Yale University Press.
[55] Dollinger, S. J. & Thelen, M. H. 1978 *Journal of Personality and Social Psychology*, **36**, 1259-1269.
[56] Dual, S. & Wicklund, R. A. 1973 *Journal of Experimental Social Psychology*, **9**, 17-31.
[57] Dweck, C. S. & Reppucci, N. D. 1973 *Journal of Personality and Social Psychology*, **25**, 109-116.
[58] Eccles, J. C. 1973 *The Understanding of the Brain*. McGraw-Hill.
[59] Edwards, C. P. 1982 Moral development in comparative cultural perspective. D. A. Wagner & H. Stevenson (Eds.), *Cultural Perspectives on Child Development*. W. H. Freeman. pp. 248-279.
[60] Egeland, B. 1974 *Child Development*, **45**, 165-171.
[61] Elliott, R. & Vasta, R. 1970 *Journal of Experimental Child Psychology*, **10**, 8-15.
[62] 遠藤毅 1981 教育心理学会第23回総会発表論文集, 420-421.
[63] Epstein, R. & Komorita, S. S. 1971 *Developmental Psychology*, **4**, 2-8.
[64] Erikson, E. H. 1963 *Childhood and Society*, 2nd ed. W. W. Norton. 仁科弥生 (訳) 1977 幼児期と社会, みすず書房.
[65] Fantz, R. L. 1969 Studying visual perception and effects of visual exposure in early infancy. In D. Gelfand (Ed.), *Social Learning in Childhood*. Cole Publishing. pp. 46-56.
[66] Fantz, R., Fagan, J. & Miranda, S. 1975 Early visual selectivity. In L. Cohen & P. Salapatek (Eds.), *Infant Perception: From Sensation to Cognition*, Vol. 1, *Basic Visual Processes*. Academic Press.
[67] Farnham-Diggory, S. 1966 *Monographs of the Society Research in Child Development*, **31**(1), Serial No. 103, 1-63.
[68] Faterson, H. F. & Witkin, H. A. 1970 *Developmental Psychology*, **2**, 429-438.
[69] Fisher, J. L. 1970 Linguistic socialization: Japan and the United States. In R. Hill & R. König (Eds.), *Families in East and West*. Mouton.
[70] Freud, S. 小此木啓吾 (訳) 1969 精神分析療法 (改訂版 フロイド選集, 第15巻), 日本教文社.
[71] Fry, P. S. 1975 *Developmental Psychology*, **11**, 466-472.
[72] Fry, P. S. 1977 *Developmental Psychology*, **13**, 519-520.
[73] 藤崎真知代 1975 日本心理学会第39回大会発表論文集, 389.
[74] 藤田統 1969 学習における比較心理学的諸研究. 本吉良治 (編) 学習 (講座心理学 6). 東京大学出版会. pp. 213-237.
[75] 福島脩美 1974 日本心理学会第38回大会発表論文集, 1020.
[76] 古市裕一 1978 心理学評論, **21**, 73-88.

Flavell & L. Ross (Eds.), *Social Cognitive Development*. Cambridge University Press.
[26] Bertenthal, B. I. & Fischer, K. W. 1978 *Developmental Psychology*, **14**, 44-50.
[27] Birch, D. 1966 *Journal of Experimental Child Psychology*, **4**, 266-275.
[28] Block, J. & Block, J. H. 1951 *Journal of Personality*, **19**, 303-311.
[29] Block, J. & Petersen, P. 1955a *Journal of Abnormal and Social Psychology*, **51**, 34-41.
[30] Block, J. & Thomas, H. 1955b *Journal of Abnormal and Social Psychology*, **51**, 254-259.
[31] Block, J. H. & Block, J. 1979 *Minnesota Symposia on Child Psychology*, **13**, 39-101.
[32] Bolstad, O. D. & Johnson, S. M. 1972 *Journal of Applied and Behavior Analysis*, **5**, 443-454.
[33] Borke, H. 1971 *Developmental Psychology*, **5**, 263-269.
[34] Brackbill, Y. & Kappy, M. C. 1962 *Journal of Comparative and Physiological Psychology*, **55**, 14-18.
[35] Brackbill, Y., Wagner, J. & Wilson, D. 1964 Feedback delay and the teaching machine. In H. Stevensons *Children's Learning*. Appleton-Century-Crofts.
[36] Brim, O. G., Jr. 1976 *Advances in Child Behavior and Development*, **11**, 242-252.
[37] Bromley, D. B. 1977 *Nebraska Symposium on Motivation*, **25**, 117-168.
[38] Brown, R. A. 1971 *Journal of Experimental Child Psychology*, **12**, 289-303.
[39] Buckley, N., Siegel, L. S. & Ness, S. 1979 *Developmental Psychology*, **15**, 329-330.
[40] Buss, A. H. 1980 *Self-Consciousness and Social Anxiety*. W. H. Freeman.
[41] Camp, B. W. 1977 *Journal of Abnormal Psychology*, **86**, 145-153.
[42] Carlson, R. 1965 *Child Development*, **36**, 659-666.
[43] Chalmers, D. K. & Rosenbaum, M. E. 1974 *Journal of Educational Psychology*, **66**, 216-224.
[44] Cheyne, J. A. & Walters, R. H. 1969 *Journal of Experimental Child Psychology*, **7**, 231-244.
[45] Coopersmith, S. 1959 *Journal of Abnormal and Social Psychology*, **59**, 87-94.
[46] Costantini, A. F. & Honing, K. L. 1973 *Journal of Experimental Child Psychology*, **16**, 484-494.
[47] Crandall, V. C., Katkovsky, W. & Crandall, V. J. 1965 *Child Development*, **36**, 91-109.
[48] David, A. 1969 *Journal of Counselling and Clinical Psychology*, **33**, 61-70.
[49] Dembo, T. 1931 *Psychologishe Forschung*, **15**, 1-144.
[50] Deur, J. L. & Parke, R. D. 1970 *Developmental Psychology*, **2**, 403-411.
[51] Diener, C. I. & Dweck, C. S. 1978 *Journal of Personality and Social*

引 用 文 献

[1] 安部一子 1980 教育心理学研究, **28**, 293-302.
[2] Ainsworth, M. D. S. & Bell, S. M. 1970 *Child Development*, **41**, 49-67.
[3] Ames, L. B. 1952 *Journal of Genetic Psychology*, **81**, 193-232.
[4] Amsterdam, B. 1972 *Developmental Psychology*, **5**, 297-305.
[5] 青野篤子 1980 実験社会心理学研究, **19**, 97-105.
[6] 青野篤子 1981 心理学研究, **52**, 124-127.
[7] Aronfreed, J. & Reber, A. 1965 *Journal of Personality and Social Psychology*, **1**, 3-16.
[8] Ausbel, D. P. & Kirk, D. 1977 *Ego Psychology and Mental Disorder: A Developmental Approach to Psychopathology*. Grune & Stratton.
[9] 東 洋 1977 母親および父親の態度・行動と児童の心理的発達に関する研究（母子福祉に関する基本的研究昭和52年度調査研究報告書Ⅱ）. 社会福祉法人真生会社会福祉研究所. pp. 131-133.
[10] 東洋・柏木恵子・ヘス, R. D. 1981a 母親の態度・行動と子どもの知的発達. 東京大学出版会.
[11] 東洋・中沢保生・山脇直子 1981b 東京大学教育学部紀要, **20**, 159-172.
[12] Bachman, J. G. & O'Malley, P. M. 1977 *Journal of Personality and Social Psychology*, **35**, 365-380.
[13] Baker, R. G., Dembo, T. & Lewin, K. 1943 Frustration and regression. *Child Behavior and Development*. McGraw-Hill.
[14] Bandura, A. 1981 Self-referent thought: A developmental analysis of self-efficacy. In J. H. Flavell & L. Ross (Eds.), *Social Cognitive Development*. Cambridge University Press.
[15] Bandura, A. 1982a The self and mechanism of agency. In J. Suls (Ed.), *Psychological Perspective on the Self*. Lawrence Erlbaum Associates.
[16] Bandura, A. 1982b *American Psychologist*, **37**, 122-147.
[17] Bandura, A. 未発表 Model of causality in social learning theory. (1980).
[18] Bandura, A. & Perloff, B. 1967 *Journal of Personality and Social Psychology*, **7**, 111-116.
[19] Bannister, D. & Agnew, J. 1976 *Nebraska Symposium on Motivation*. Nebraska University Press. pp. 99-125.
[20] Beiswenger, H. 1971 *Journal of Experimental Child Psychology*, **11**, 63-75.
[21] Bell, S. M. 1970 *Child Development*, **41**, 291-311.
[22] Bem, S. L. 1967 *Journal of Experimental Psychology*, **74**, 485-491.
[23] Bender, N. N. 1976 *Journal of Educational Psychology*, **68**, 347-354.
[24] Berkowitz, L. & Friedman, P. 1967 *Journal of Personality and Social Psychology*, **5**, 217-225.
[25] Berndt, T. J. 1981 Relations between social cognition, nonsocial cognition, and social behavior: The case of friendship. In J. H.

著書略歴

1932 年　千葉県に生まれる
1955 年　東京女子大学文理学部心理学科卒業
1960 年　東京大学大学院人文科学研究科博士課程修了
　　　　　専攻　発達心理学
　　　　　東京女子大学，白百合女子大学教授，文京学
　　　　　院大学人間学部教授を経て，
現　在　東京女子大学名誉教授

主要著書

『母親の態度・行動と子どもの知的発達』（共著，東京大学出版会）
『幼児期における「自己」の発達』（東京大学出版会）
『文化心理学』（共著，東京大学出版会）
『子どもという価値』（中公新書）
『家族心理学』（東京大学出版会），ほか多数

新装版　子どもの「自己」の発達
　　　　　　　　　　　　　　UP コレクション

1983 年 12 月 16 日	初　版	第 1 刷
2015 年 7 月 31 日	新装版	第 1 刷

［検印廃止］

著　者　柏木惠子
　　　　かしわぎ けいこ

発行所　一般財団法人　東京大学出版会

　代表者　古田元夫

　　　　153-0041 東京都目黒区駒場 4-5-29
　　　　電話 03-6407-1069　Fax 03-6407-1991
　　　　振替 00160-6-59964

印刷所　大日本法令印刷株式会社
製本所　誠製本株式会社

ⓒ 2015 Keiko Kashiwagi
ISBN 978-4-13-006529-0　Printed in Japan

[JCOPY]〈㈳出版者著作権管理機構 委託出版物〉
本書の無断複写は著作権法上での例外を除き禁じられています．
複写される場合は，そのつど事前に，㈳出版者著作権管理機構
（電話 03-3513-6969, FAX 03-3513-6979, e-mail:info@jcopy.or.jp）
の許諾を得てください．

「UPコレクション」刊行にあたって

学問の最先端における変化のスピードは、現代においてさらに増すばかりです。日進月歩（あるいはそれ以上）のイメージが強い物理学や化学などの自然科学だけでなく、社会科学、人文科学に至るまで、次々と新たな知見が生み出され、数か月後にはそれまでとは違う地平が広がっていることもめずらしくありません。

その一方で、学問には変わらないものも確実に存在します。それは過去の人間が積み重ねてきた膨大な地層ともいうべきもの、「古典」という姿で私たちの前に現れる成果です。

日々、めまぐるしく情報が流通するなかで、なぜ人びとは古典を大切にするのか。それは、この変わらないものが、新たに変わるためのヒントをつねに提供し、まだ見ぬ世界へ私たちを誘ってくれるからではないでしょうか。このダイナミズムは、学問の場でもっとも顕著にみられるものだと思います。

このたび東京大学出版会は、「UPコレクション」と題し、学問の場から、新たなものの見方・考え方を呼び起こしてくれる、古典としての評価の高い著作を新装復刊いたします。

「UPコレクション」の一冊一冊が、読者の皆さまにとって、学問への導きの書となり、また、これまで当然のこととしていた世界への認識を揺さぶるものになるでしょう。そうした刺激的な書物を生み出しつづけること、それが大学出版の役割だと考えています。

一般財団法人　東京大学出版会